Christoph Schulze

Rechtsextremismus

»Leider ist es eine typisch deutsche Eigenschaft, den Gehorsam schlechthin für eine Tugend zu halten. Wir brauchen die Zivilcourage, ›Nein‹ zu sagen.«
Fritz Bauer

»Können Sie erahnen, wie es sich für mich als Kind angefühlt hat, sowohl meinen toten Vater als auch meine ohnehin schon schwer gezeichnete Mutter unter Verdacht zu sehen? Heute stehe ich hier, trauere nicht nur um meinen Vater, sondern quäle mich auch mit der Frage: Bin ich in Deutschland Zuhause? Ja klar bin ich das. Aber wie soll ich mir dessen noch gewiß sein, wenn es Menschen gibt, die mich hier nicht haben wollen und die zu Mördern werden, nur weil meine Eltern aus einem fremden Land stammen?«
Semiya Şimşek

CHRISTOPH SCHULZE

RECHTS-
EXTREMISMUS

GESTALT UND GESCHICHTE

S. Marix Verlag

INHALT

EIN SOMMER IN DEUTSCHLAND

»Widerstand! Widerstand!«, hallt es durch die Straßen von Chemnitz. Es herrscht ein mildes Wetter an diesem 1. September 2018, aber die Stimmung auf der Demonstration in der sächsischen Großstadt ist aufgeheizt.

Seit 2015, also seit drei Jahren, befindet sich die extreme Rechte republikweit im Kampagnenmodus. Mit aggressiver Rhetorik, wütenden Demonstrationen und flankiert von Gewalttaten macht das Spektrum mobil. Es geht gegen die Aufnahme von Flüchtlingen, denen pauschal und abwertend ein Hang zur Kriminalität und invasorische Absichten unterstellt werden. An den Aufmärschen sind besonders am Anfang Menschen beteiligt, die vielleicht nur eine Unsicherheit angesichts der steigenden Flüchtlingszahlen verspüren oder konkretere rassistische Ressentiments pflegen, die jedoch keine geschlossene rechtsextreme Ideologie vertreten. Später vereindeutigt sich das Bild: Die Proteste werden immer radikaler. Es gebe einen sinisteren Plan, ausgedacht von dunklen, volksfeindlichen Mächten, von der Merkel-Regierung: Mit dem »großen Austausch«, so die rechtsextreme Propaganda, soll mithilfe der Flüchtlinge die Abschaffung des deutschen Volkes erreicht werden. Diese Erzählung über eine deutschenfeindliche Verschwörung ist wirksam. Wer das apokalyptische Szenario für realistisch hält, sieht sich als befugt an, zu drastischen Gegenmaßnahmen zu greifen.

Der Ruf nach »Widerstand« steht im Rahmen der flüchtlingsfeindlichen Kampagne seit 2015 in einer politischen Tradition. Ab 1970 mobilisierte in der alten Bundesrepublik das rechtsextreme Milieu zur »Aktion Widerstand«, einem wichtigen Markstein auf dem Weg zum neueren rechten Terrorismus. Damals ging es noch nicht gegen Flüchtlinge, sondern gegen die Ostpolitik der Bundesregierung von Kanzler

Willy Brandt, dem von rechts der Verrat an deutschen Interessen vorgeworfen wurde.

Bei einem gut besuchten Stadtfest in Chemnitz am 25. August 2018 kommt es wegen einer Nichtigkeit zu einer Auseinandersetzung zwischen zwei Personengruppen. Dabei wird Daniel H. mit einem Messer tödlich verletzt. Der schnell ermittelte und festgenommene Hauptverdächtige ist ein syrischer Flüchtling. Rechtsextreme Gruppen nutzen dieses Tötungsdelikt als willkommenen Anlass, um ihre Antiflüchtlings-Kampagne zu einem neuen Höhepunkt zu treiben. In den Sozialen Medien werden schon Stunden nach der Tat absurde Gerüchte und Lügen über das Geschehene verbreitet, wodurch die Stimmung in der Stadt angeheizt wird. Rechte Hooligans schreiten voran – hunderte marschieren am 26. August durch die Stadt: »Wir sind die Krieger, wir sind die Fans, Adolf-Hitler-Hooligans«. Menschen, die für Flüchtlinge gehalten werden, werden aus der Demonstration heraus verfolgt und angegriffen. Auch Polizeikräfte werden attackiert. Am nächsten Tag kommt es zu einem neuen Aufmarsch, etliche weitere sollten folgen. Abends wird das einzige jüdische Restaurant der Stadt unter antisemitischen Parolen überfallen und der Inhaber verletzt. Der Ehrenvorsitzende der AfD, Alexander Gauland, erklärt die Ausschreitungen bei den Protesten ausdrücklich für normal: »Wenn eine solche Tötungstat passiert, ist es normal, dass Menschen ausrasten.«

Die Appelle der Familie des Erstochenen Daniel H., den Tod ihres Angehörigen nicht für rassistische Mobilmachung zu missbrauchen, interessieren die Rechtsextremen nicht. Daniel H., ein Deutschkubaner, war zu Lebzeiten selbst Rassismus ausgesetzt. Ein Justizbeamter verstößt derweil gegen seine professionellen Pflichten und stellt den Haftbefehl gegen den Hauptverdächtigen online. Weitere rechtsextreme Gruppen beginnen, nach Chemnitz zu mobilisieren und beteiligen sich an den Demonstrationen.

Am 1. September ziehen dann tausende Rechtsextreme durch Chemnitz, intensiv begleitet von den Kameras und Mikrofonen der ihnen nahestehenden »alternativen« Presseorgane. Zu diesem Aufmarsch haben Landesverbände der AfD, »Pegida« aus Dresden und »Pro Chemnitz« aufgerufen. Vorne stehen AfD-Funktionäre wie Björn Höcke und Andreas Kalbitz, weiter hinten versammeln sich die militanten Neonazis. Mit dabei ist der spätere Mörder des Kasseler CDU-Politikers Walter Lübcke.

Nach dieser Demonstration, so der Attentäter später, »stand fest, dass wir das machen«. Auch die Gruppe »Revolution Chemnitz«, deren Mitglieder später wegen der Planung terroristischer Anschläge verurteilt werden, ist mit dabei. Erneut werden Menschen gejagt. Ein von Vermummten verprügelter Afghane muss im Krankenhaus behandelt werden. Aufgrund einer Blockade durch einen Gegenprotest kommt die Demonstration zwischendurch zum Stehen. Die Neonazis werden noch aggressiver – der Aufzug endet in Chaos und Randalen.

Die Gegenbewegung zu den rassistischen Aufmärschen wächst schließlich an und beginnt sich Tage später durchzusetzen. Am Konzert »Wir sind mehr« mit Bands wie den Toten Hosen und der Chemnitzer Band Kraftklub nehmen am 3. September Zehntausende teil, um gegen die rechtsextreme Eskalation Stellung zu beziehen. Derweil sorgen Äußerungen des amtierenden Verfassungsschutzpräsidenten Hans-Georg Maaßen für Irritationen, als er sich trotz der vielfachen und wohldokumentierten Gewalt festlegt, dass es in Chemnitz keine »Hetzjagden« gegeben habe. Schließlich wird der CDU-Mann in den einstweiligen Ruhestand versetzt.

Auch wenn seit den Ereignissen von Chemnitz mittlerweile einige Zeit vergangen ist: Was sich in diesen Tagen im Sommer 2018 abspielte, wirft Licht auf wichtige Facetten des gegenwärtigen Rechtsextremismus in Deutschland. Rechtsextremismus ist eine gewachsene, vielgestaltige und ausdifferenzierte politische Erscheinung. In immer wieder aufflammenden, mal machtvolleren und mal fehlschlagenden Kampagnen greift die extreme Rechte gesellschaftliche Entwicklungen und Diskussionen auf, und versucht so, die politischen Verhältnisse und die Regeln des sozialen Zusammenlebens zu beeinflussen und letztendlich zu kippen. Dem Rechtsextremismus stehen eigene oder mit ihm zumindest verbundene Medien und Mobilisierungskanäle zur Verfügung. Die Möglichkeiten des Internets allgemein und speziell die Stimmungsmache in Sozialen Medien werden massentauglich eingesetzt. Rechtsextremismus erscheint in Gestalt von politischen Parteien, in Straßenbewegungen, im Netz. Bei Anlässen wie in Chemnitz agieren Rechtsextreme gemeinsam, auch wenn sie sonst häufig genug über Fragen der Haltung, der Strategie und des Programms zerstritten sind. Ein radikaler, exkludierender Nationalismus und Rassismus sind die weltanschaulichen Säulen, und immer wieder tritt ein aggressiver Antisemitismus zutage. Rechtsextreme beschwören Krisenszenarien, rufen zur Tat, verherrlichen die Durchsetzungskraft – darum kommt es aus ihren Reihen heraus zur Anwendung von Gewalt, ja sogar zum Terrorismus. In seiner jahrzehntelangen Geschichte hat der Rechtsextremismus in der Bundesrepublik eigene Traditionen entwickelt, die sich regelmäßig bemerkbar machen: In Chemnitz verwiesen die »Widerstands«-Rufe auf die »Aktion Widerstand« von 1970, also auf eine fast 50 Jahre alte Episode der eigenen Bewegung. Solche Traditionen werden aufrechterhalten, auch wenn sich der Rechtsextremismus in einer sich wandelnden Gesellschaft immer wieder selbst hat wandeln müssen. Viele Phänomene, die mit dem deutschen Rechtsextremismus verbunden sind, lassen sich auch in anderen europäischen und westlichen Ländern übereinstimmend oder in Varianten auffinden. Doch mit der Vergangenheit des Nationalsozialismus und dessen millionenhaftem Morden hat er im Land der Täterinnen und Täter besondere Bedingungen: Nach den konkreten Erfahrungen der deutschen Geschichte haben radikaler Nationalismus und Rassismus *eigentlich* doch jede legitimatorische Grundlage verloren.

Wie stark sich Rechtsextreme entfalten können, hängt von den politischen Gelegenheiten ab, die sich ihnen bieten, und auch davon, ob sie in der Lage sind, diese auszunutzen. Rechtsextreme agieren nicht in einem Vakuum, sondern sind in die Gesellschaft eingebettet. Ihnen schlägt vielfältiger Widerstand entgegen, der sich sozial, kulturell und politisch in Form von Gegenmaßnahmen und Gegendemonstrationen äußert und der ihre Handlungsoptionen begrenzt. Zu anderen politischen Strömungen hält er Kontakt und kann sich in seiner Agitation auf ein Reservoir an Vorurteilen und Diskriminierungsmustern in Teilen der Bevölkerung stützen. Der Staat wird durch den Rechtsextremismus herausgefordert, hat auf ihn zu reagieren und ihm Grenzen zu setzen. Allerdings gibt es auch – konstant über die Jahrzehnte – in den Behörden Trägerinnen und Träger rechtsextremer Ideen, Verharmlosungen oder sogar Mittun.

Der deutsche Rechtsextremismus hat einen Doppelcharakter. Er stellt einerseits ein zersplittertes, minoritäres Lager dar, das oft stark auf sich selbst bezogen ist und sich seit 1945 in der Opposition befindet. Andererseits ist das entsprechende Denken in vielen Teilen der Bevölkerung zu finden, zumindest in Fragmenten. Das rechtsextreme Lager vermochte es, sich am Leben zu halten und immer wieder Einfluss auf die Gesellschaft zu nehmen. In der AfD hat es in den vergangenen Jahren wie bisher nie zuvor eine Partei gefunden, mit der Wahlerfolge erstritten werden und durch die es Einfluss und Finanzkraft generieren kann.

Weiter gehen vom Rechtsextremismus Gefahren für das gesellschaftliche Zusammenleben und die Demokratie aus – und, weniger abstrakt, sind durch ihn Freiheit, Leib und Leben von Menschen gefährdet.

Ein solides Wissen ist ein Rüstzeug, um den Gefahren des Rechtsextremismus begegnen zu können. Zu diesem Zweck bietet dieses Buch einen Überblick zur Gestalt und Geschichte dieses politischen Lagers. Es ist in drei Hauptkapitel gegliedert. Zunächst wird das Begriffsinstrumentarium diskutiert (»Begriffe und Dimensionen«). Die gängigen Definitionsansätze des Rechtsextremismus (bzw.: Rechtsradikalismus, Rechtspopulismus und ähnliches) werden besprochen und zudem werden die damit verbundenen Inhalte und Hauptideen skizziert.

Zweitens werden im Kapitel »Geschichte und Erscheinungen« das Gewirr der rechtsextremen Organisationen entknotet und die wichtigen Formationen genannt und eingeordnet – ob sie nun regelmäßiger Gegenstand von Presseberichterstattung sind oder weitgehend unbeachtet von der Öffentlichkeit existieren. Die Perspektive, die dieses Kapitel einnimmt, betont also die Akteursebene und stellt somit die extreme Rechte und ihre Kampagnen selbst zentral. Die Parteien werden gemeinsam behandelt, ebenso Milieuorganisationen oder die subkulturellen Phänomene. Um ein vollständiges Bild anbieten zu können und um die Wirkmöglichkeiten der extremen Rechten verstehen zu können, müssen auch Übergangsbereiche beachtet werden. Darum wird der Blick – zumindest kursorisch – auch auf die rechtsextremen Anteile in Milieus und Organisationen gerichtet, die für sich genommen nicht oder nicht vollständig rechtsextrem sind. Genauso werden rechtsextreme Tendenzen, wie sie in staatlichen Institutionen vorkommen, eingeordnet. Derweil ist vieles, was in der Berichterstattung zum Rechtsextremismus als Neuigkeit erscheint, keinesfalls beispiellos. Darum werden die gegenwärtigen Phänomene historisch informiert anhand ihrer Entstehung und ihrer Entwicklung in der Zeitgeschichte Deutschlands ab 1945 dargestellt und hergeleitet. Als ein Fallbeispiel für das konkrete Agieren von Rechtsextremen wird die sogenannte »Neue Rechte« und deren jüngste Inkarnation in der »Identitären Bewegung« vorgestellt.

Im dritten Hauptkapitel »Verbreitung und Ursachen« wird der Blick von der Akteursebene gelöst und auf die Rahmenbedingungen gerichtet. Einerseits werden die Erkenntnisse zur Verbreitung rechtsextremer Einstellungen in der Bevölkerung – also die potenzielle Nachfrage zu den Angeboten, die die extreme Rechte macht – diskutiert. Andererseits werden mehrere Ansätze dargestellt, die die Ursachen für den Rechtsextremismus identifizieren.

Als Quellen dienen Dokumente aus der extremen Rechten selbst, aber vor allem schöpfen sich die hier versammelten Informationen aus wissenschaftlicher und journalistischer Literatur über und gegen die extreme Rechte. Auch wenn dieses Buch nicht den Anspruch hat, einen vollständigen Verweisapparat anzubieten, werden einige der Forscherinnen und Forscher, die die Auseinandersetzung mit dem Rechtsextremismus prägten, genannt und wichtige Publikationen im Anhang aufgeführt.

Dieses Buch spiegelt notwendigerweise den Stand des Wissens zum Thema und kann darum nicht geeignet sein, bestehende Schwächen zu überwinden und Lücken zu schließen. Es handelt sich um ein Überblickswerk zum deutschen Rechtsextremismus, der in den hiesigen Traditionslinien des rechten deutschen Nationalismus steht. Darum ist es nicht leistbar, denjenigen Rechtextremismus in Deutschland, der sich primär auf den Nationalismus in anderen Ländern bezieht, erschöpfend einzubeziehen. Beispielsweise können die Präsenz der »Grauen Wölfe« in türkischstämmigen Communitys in Deutschland oder Gruppen, die mit der faschistischen Ustaša-Bewegung in Kroatien sympathisieren, hier nicht mitbehandelt werden. Ebenso wenig können andere Phänomene wie der islamistische Fundamentalismus – der mit dem Rechtsextremismus einige Gemeinsamkeiten teilt – diskutiert werden.

BEGRIFFE UND DIMENSIONEN

Worüber reden wir, wenn wir von Rechtsextremismus reden? Was ist damit gemeint und was nicht? Die Antwort auf diese Fragen ist diffiziler, als es zunächst erscheinen mag. Noch immer werden manche Presseberichte zum Thema mit Archivfotos von klobigen Skinhead-Springerstiefeln illustriert. Doch gerecht wird man dem Phänomen mit Stereotypen nicht. Anhand von Kleidung, Symbolen oder brachialen Parolen ist Rechtsextremismus selten identifizierbar. Nur kleinere Fraktionen der Rechtsextremen bekennen sich tatsächlich über die Mode nach außen zu ihrer Gesinnung. Ein Fokus auf Äußerlichkeiten vereinfacht zu stark und suggeriert irrtümlich, dass Rechtsextremismus ein Problem randständiger Schlägertypen sei: Rechtsextreme, das sind die anderen, die mit uns nichts zu tun haben.

In diesem Kapitel werden dem Begriff Rechtsextremismus und verwandten Bezeichnungen eine Kontur verliehen. Dafür werden die gängigen Herangehensweisen vorgestellt, eingeordnet und gegebenenfalls auf jeweilige analytische Vor- und Nachteile hingewiesen. Der Schwerpunkt liegt auf der sozialwissenschaftlichen Beschäftigung mit diesem Problem, doch auch das davon abzugrenzende behördliche Verständnis wird berücksichtigt. Vertiefend wird auf ausgewählte Elemente des rechtsextremen Denkens eingegangen und an Beispielen die Spannbreite der teils widersprüchlichen Positionen skizziert, die im Rechtsextremismus zu gesellschaftlichen Fragen zu finden sind.

Was ist Rechtsextremismus?

Kaum jemand bezeichnet sich selbst als »rechtsradikal« oder »rechtsextrem«. Sicherlich gibt es prominente Ausnahmen, wie das bis 2013 erschienene Magazin *Hier & Jetzt*, das sich an das NPD-Milieu wendete und den Claim »radikal rechte Zeitschrift« prominent im Untertitel führte. Die allermeisten Rechtsextremen hingegen weisen solche Einordnungen von sich und bestehen darauf, vielleicht seltener gewordene aber doch respektable, demokratische Inhalte zu vertreten. Schon die Rede von »Radikalität« wird von ihnen als aufgezwungener Platzanweiser in der politischen Landschaft verstanden. Selbst ihr Rechtssein weisen viele zurück und reklamieren stattdessen, einen soliden Konservatismus zu vertreten. Andere wollen für »gesunden Menschenverstand« jenseits von »rechts« und »links« und anderem »Schubladendenken« stehen. Durch die Geschichte der Bundesrepublik waren Eigenbezeichnungen wie »Nationale«, »nationales Lager«, »nationale Opposition« oder simpel »Patrioten« gängig und werden auch weiterhin verwendet.

Mit der »extremen Rechten« ist im Kern ein bestimmtes politisches Milieu gemeint. Es wird durch ein – manchmal enges, manchmal loseres – Wir-Gefühl zusammengehalten, das sich aus ideologischen und weltanschaulichen Grundüberzeugungen, aus der Geschichte und aus sozialen, personellen und organisatorischen Verbindungen nährt. Freilich grenzt die extreme Rechte an andere politische Milieus an und in bestimmten Bereichen sind Überlappungen zu finden. Manche Rechtextreme bewegen sich auch in nicht-rechtsextremen Organisationen. Obendrein ist rechtsextremes Denken als Einstellungsmuster in der Bevölkerung verbreitet, hat also auch eine unorganisierte und nicht notwendig mit konkreten Handlungen verknüpfte Dimension.

Folgt man dem italienischen Rechtsphilosophen Norberto Bobbio, dann können links und rechts als Pole verstanden werden, die einander entgegenstehende soziökonomische Vorstellungen betreffen. Der linke Pol des politischen Spektrums ist egalitär orientiert und strebt dementsprechend das Abfedern sozioökonomischer Schieflagen zwischen Menschengruppen oder gar das Erreichen sozialer Gleichheit an. Am rechten Pol wird die grundsätzliche Gleichheit von Menschen bestritten. Die Extremposition: Ungleichheit zwischen Menschen und Menschengruppen ist kein Unrecht und kein Produkt menschlichen Handelns, sondern ein Naturzustand, den es zu bejahen, zu bewahren und zu verwalten gilt. Für die Abbildung politischer Überzeugungen ist ergänzend zu diesen sozioökonomischen Polen eine zweite, politisch-kulturelle Achse hinzuzudenken. In der Frage nach den Grundvorstellungen bezüglich staatlicher und sozialer Ordnung bildet diese die Antagonismen Autoritarismus und Libertarismus ab, unterscheidet also zwischen strikter, pluralismusfeindlicher Herrschaft und größtmöglichen Handlungsfreiheiten.

Mit der extremen Rechten ist das politische Milieu gemeint, welches für eine scharfe Ablehnung des Gleichheitsgedankens einsteht und in aller Regel scharf autoritaristisch orientiert ist. Dabei ist es in politischen Einzelfragen, in ihren Strategien und sozial nuanciert. Generell aber will die extreme Rechte mit der Durchsetzung eines harten und ethnozentrischen Nationalismus dem Ungleichheitsgedanken in ihrer Weltanschauung die ihrer Ansicht nach gebührende politische Geltung verschaffen. Oft werden dafür die Ideen der Aufklärung und des Universalismus radikal verworfen, mindestens wird ihren Prämissen misstraut. Hierin liegt ein markanter Unterschied zwischen dem Rechtsextremismus und einem modernen, konstitutionellen und aufgeklärten Konservatismus.

Die grundsätzlich unterschiedlichen Menschen könnten laut den rechtsextremen Ideen ihr Potenzial zum Wohle der nationalen Gemeinschaft am besten entfalten, wenn diese an den ihnen qua Natur (oder: qua göttlichem Willen) zustehenden Positionen in der Gesellschaft lebten und arbeiteten. Eine soziale Mobilität der Volksangehörigen ist nur in einem geringen Maße vorgesehen. Ein Arbeiter ist Arbeiter und sollte Arbeiter bleiben. Identität ist hergebracht, den Individuen eingeschrieben und nur ihre Aufrechterhaltung und Entfaltung verspricht, die Ordnung zu bewahren. Staat und Gesellschaft werden oft als ganzheitliche Körper beschrieben, deren Fortexistenz davon abhänge, dass ihre Gliedmaßen die jeweiligen Funktionen erfüllen können und »Wucherungen« nicht zugelassen werden. Wenn alle Volksangehörigen an ihrem Platz wirkten, werde Harmonie erreicht. Ambivalenzen und gesellschaftlichen Interessenkonflikten wird tendenziell die Legitimität abgesprochen. Um den nötigen Zusammenhalt zu gewährleisten, seien Staat und Gesellschaft auf eine hierarchische Gliederung angewiesen, in der sich die Ungleichheit der Menschen organisch abbilde. Legitimen Anspruch auf Gleichheit gebe es nur unter Gleichrangigen – die sozialen Bindungskräfte, etwa bei der Pflichterfüllung im Militärdienst, gelten als kameradschaftliche Tugend. Dieses Grundprinzip von Ungleichheit und Hierarchie erstreckt sich auf die meisten gesellschaftlichen Felder, von der Arbeitswelt über das Geschlechterverhältnis bis hin zu politischen Mitspracherechten. Verbunden mit dem völkischen Nationalismus steht im Rechtsextremismus darum das Ansinnen im Zentrum, »Ordnungen der Ungleichheit« (so Stefan Breuer über die deutsche radikale Rechte von 1871 bis 1945) zu schaffen und zu sichern. Häufig blickt die extreme Rechte mit Bewunderung auf ausgewählte ältere und archaische Gesellschaften, von denen sie zu wissen glaubt, dass in ihnen eine »natürliche Ordnung« gewahrt war. Aus Sicht des Rechtsextremismus ist die eigene Politik gewissermaßen eine Art angewandte Anthropologie. Was den Menschen (bzw.: die Völker oder die »Rassen«) ausmacht, ist entweder unabänderlich oder das zu bewahrende und zu respektierende Produkt von gigantischen Werdungsprozessen. Aufgabe von Politik ist in diesem Verständnis weniger die Gestaltung von Gesellschaft, sondern eher die Gerechtigkeit gegenüber dem ohnehin Gegebenen. Die NPD etwa behauptet von sich, ein »lebensrichtiges Menschenbild« zu vertreten, das »auf der Natur des Menschen« aufbaue und die Naturgesetze in das politische Handeln einbeziehe. Das Menschenbild des Rechtsextremismus neigt zu einem starken Bezug auf vermeintlich verhaltensbiologisch bedingte Konstanten. Instinkte und Konkurrenzempfinden trieben menschliches Handeln an und Kampf und Auseinandersetzung seien darum zu bejahen. Sozialdarwinistisch wird das Recht des Stärkeren affirmiert: »Leben ist Kampf«, und wer sich durchsetzt, hat Recht.

Den hauptsächlichen Bezugsrahmen bildet für die extreme Rechte das Begriffspaar von Nation und Volk, verstanden als staatliche Formgebung bzw. als ethnisch weitgehend homogene Einheit. Wer sich zum Volk zählen darf, wird mit einer Mischung aus essenzialistisch-kulturellen und biologisch-rassistischen Argumenten begründet. Veränderungen und Verschiebungen, welche die vermeintliche Einheit des Volkes betreffen, werden von Rechtsextremen abgelehnt oder nur mit großer Trägheit und Verzögerung akzeptiert – das Deutschsein der Nachfahrinnen und Nachfahren der polnischen Einwanderung ins Ruhrgebiet im 19. Jahrhunderts wird auch von heutigen Rechtsextremen nicht mehr in Zweifel gezogen.

Rechtsextreme vertreten in Übereinstimmung mit ihren Ungleichheitsvorstellungen auf kultureller Ebene in aller Regel eine drastische Gegenwartskritik. Die von ihr als natürlich angesehene Ordnung sei aus den Fugen geraten und müsse darum restauriert werden – anders könne dem von ihr beständig diagnostizierten »Verfall« kein Einhalt geboten werden. Dass ausgerechnet die Nation das Fundament ist, auf der die vermeintlich natürliche Ordnung der Gesellschaft aufgebaut werden soll, ist eigentlich ein Paradoxon. Denn natürlich ist die Idee der Nation selbst keine übergeschichtliche Konstante, sondern ein vergleichsweise junges Produkt menschlichen Denkens und Handelns. Die heutigen Vorstellungen von Nationalstaatlichkeit sind erst im 18. Jahrhundert entstanden. Somit ist die extreme Rechte selbst ein modernes Phänomen – trotz ihrer Sehnsucht nach der Wiederherstellung alter Zustände. Im »Reichs«- und »Abendland«-Denken vieler Rechtsextremer gehen Nationalismus, idealistisch-mythische Vorstellungen und imperiale und auch kolonialistische Ideen ineinander über. Das Verhältnis von Rechtsextremen zur Moderne ist generell ambivalent. Bestimmte »Exzesse« bekämpft sie. Oft versteht sie ihr Tun selbst als »reaktionär«, als Verteidigung gegen die Zumutungen der heutigen Zeit. Nur in obskureren Varianten aber will sie alle Erscheinungen der Moderne wieder abschaffen. In gewisser Hinsicht ist die extreme Rechte sogar eine Meisterin in der Nutzung neuer Möglichkeiten – moderne Kommunikationstechnologie in der Propaganda werden von ihr nicht verschmäht, sondern vorbehaltlos eingesetzt.

In der öffentlichen und auch wissenschaftlichen Beschäftigung mit dem Themenfeld ist eine ausgesprochene Vielfalt von unterschiedlichen Bezeichnungen anzutreffen, die für Verwirrung sorgen kann. Heißt es nun Rechtsextremismus? Rechtsradikalismus? Wie steht es um andere Bezeichnungen wie Rechtspopulismus oder Neofaschismus? Meinen diese dasselbe Phänomen? Es lohnt, diese Fragen knapp zu diskutieren, da die Begriffe eine jeweils eigene Geschichte haben und ihre Verwendung Akzente setzen kann. Zunächst ist festzuhalten, dass diese Begriffe in verschiedenen gesellschaftlichen Bereichen und somit auch in unterschiedlichen Bedeutungszusammenhängen angewendet werden. Zu nennen ist der Gebrauch zur Markierung der Illegitimität von Positionen in öffentlichen Debatten, der Gebrauch im staatlich-administrativen Bereich sowie, drittens, der Gebrauch in den Sozialwissenschaften.

Erstens ist die öffentliche Debatte zu beachten. Wenn von Rechtsextremismus oder Rechtsradikalismus die Rede ist, werden in der Regel Grenzen des Hinnehmbaren markiert. Hier geht es um die Assoziation zum geschichtlichen Erbe des historischen Nationalsozialismus, zu dem sich die Gesellschaft positionieren und mit dem sie sich kritisch auseinandersetzen sollte – je nachdem, wohin die Debatte pendelt, mittels Repression und Abgrenzung oder Dialog und Integration. Demzufolge handelt es sich um politische Begriffe, da mit ihnen die Legitimität eines politischen Akteurs bewertet wird. In ihren Diskursstrategien versuchen Rechtsextreme durch Provokationen und die ständige Wiederholung von Parolen, einerseits ihre Sichtweisen in die gesellschaftliche Diskussion einzubringen und so zu normalisieren (also: die Grenzen des »Sagbaren« und »Machbaren« zu ihren Gunsten zu erweitern). Andererseits betreiben sie, wenn es in der öffentlichen Selbstdarstellung als opportun erscheint, eine »Mimikry« (so der Rechtsextreme Karlheinz Weißmann) bzw. eine »Selbstverharmlosung« (Götz Kubitschek) und stellen sich selbst und ihre Forderungen als moderater dar, als sie tatsächlich sind. Der Einsatz solcher Mittel dient dem Zweck, einer Etikettierung als rechtsextrem in öffentlichen Debatten zu entkommen. Zudem versuchen Rechtsextreme mit gleicher Intention, Begriffe aufzuweichen, um sie zu entwerten. Etwa durch Retorsionen, das heißt vergeltende Erwiderungen: Kritikerinnen und Kritikern wird vorgeworfen, wie eine »SAntifa« zu agieren, oder die kritische Thematisierung von Rassismus wird als eigentlicher oder »antideutscher« Rassismus zu brandmarken versucht.

Zweitens handelt es sich um behördliche Termini. Als sich in der jungen Bundesrepublik Rechtsextreme wieder organisierten und zur Tat schritten, wurde 1952 die »Sozialistische Reichspartei« (SRP) durch das Bundesverfassungsgericht verboten. Das Gericht definierte in der Urteilsfindung die »freiheitlich-demokratische Grundordnung«, gegen dessen Feinde sich der Staat durch Verbote zur Wehr setzen dürfe. In Abkehr von der ursprünglichen »antifaschistisch-demokratischen Politik« der Alliierten wurde in diesem Zuge ein »antitotalitärer Grundkonsens« zur Norm. Als »wehrhafte Demokratie« müsse sich die Bundesrepublik gegen den Radikalismus sowohl von links als auch von rechts verteidigen. 1956 wurde die »Kommunistische Partei Deutschlands« (KPD) verboten. Ausführlich begründete das Bundesverfassungsbericht in diesem Urteil, dass für ein Parteienverbot eine Ablehnung der »freiheitlich-demokratischen Grundordnung« (»verfassungsfeindlich«) nicht genüge, sondern auch, dass diese Ablehnung mit einer konkreten, »aktiv kämpferischen, aggressiven Haltung« einhergehen müsse (»verfassungswidrig«). Unterdessen gab es bisher nur die beiden genannten Verbote von Parteien in der Bundesrepublik. Zwei Verbotsverfahren gegen die NPD (2001–2003 und

2013–2017) wurden eingestellt. Das erste ausgerechnet aufgrund der hohen Durchsetzung der Partei mit V-Leuten des Verfassungsschutzes, das zweite mit der bemerkenswerten Begründung, dass diese Partei zwar verfassungswidrige Ziele verfolge, aber organisatorisch nicht in der Lage sei, diese umzusetzen. Auch Verbote gegen andere Gruppierungen wie etwa Vereine werden nicht häufig ausgesprochen, was aus der Perspektive politischer Grundrechte durchaus begrüßenswert sein kann. Dies heißt jedoch auch: Rechtsextremismus und auch Rassismus oder Nationalismus sind in der Bundesrepublik grundsätzlich keineswegs verboten. Entsprechende Bestrebungen sind gegebenenfalls lediglich unter Beobachtung gestellt. Die Geheimdienste, unter anderem die Verfassungsschutzbehörden des Bundes und der Länder, sprachen zur Bezeichnung ihrer Beobachtungsobjekte bis in die 1970er-Jahre von »Radikalismus« und schwenkten dann auf den Extremismusbegriff um. Sie unterscheiden dabei vorrangig Rechtsextremismus, Linksextremismus, Islamismus und »extremistische Bestrebungen von Ausländern«, die allesamt in fundamentalem Widerspruch zur freiheitlich-demokratischen Grundordnung stünden.

Der Begriff »Radikalismus« wird in den Publikationen des Verfassungsschutzes kaum mehr verwendet. Wenn doch, dann dient er als Bezeichnung für die Randbereiche des prinzipiell mit dem Grundgesetz vereinbaren politischen Spektrums, das also (noch) nicht extremistisch sei und darum nicht Beobachtungsgegenstand der Behörden sein darf. Zur praktischen Bestimmung der Aufgabenbereiche eines Geheimdienstes mag die Orientierung am Verhältnis der fraglichen politischen Erscheinungen zum Grundgesetz und diese Unterteilung in Teilbereiche Vorteile haben. Analytisch ergeben sich jedoch Leerstellen. Die Vorstellung etwa, dass es einen »Ausländerextremismus« gebe, wird der Realität nicht gerecht. Tatsächlich werden in dieser Rubrik Gruppierungen kategorisiert, die in ideologischer Hinsicht unterschiedlicher kaum sein könnten und von der kurdischen PKK bis zur rechtsextremen türkischen Ülkücü-Bewegung reichen. Bei großen Teilen der jeweiligen Anhängerschaft handelt es sich zudem mitnichten um »Ausländer«, sondern um deutsche Staatsbürgerinnen und Staatsbürger mit Migrationsgeschichte.

Drittens gibt es – in den letzten Jahren verstärkt – eine wissenschaftliche Beschäftigung mit dem Themenfeld. Hier ist die Begriffsvielfalt besonders ausgeprägt. Auch durch seine Verbreitung in den Sicherheitsbehörden und seine öffentliche Nutzung ist »Rechtsextremismus« am häufigsten anzutreffen. Eine allgemein anerkannte Definition existiert aber nicht. Große Akzeptanz hat gleichwohl die Definition des Politikwissenschaftlers Hans-Gerd Jaschke aus dem Jahr 1994 gefunden, die weitgehend mit den eingangs angestellten Betrachtungen korrespondiert:

> »Unter ›Rechtsextremismus‹ verstehen wir die Gesamtheit von Einstellungen, Verhaltensweisen und Aktionen, organisiert oder nicht, die von der rassisch oder ethnisch bedingten sozialen Ungleichheit der Menschheit ausgehen, nach ethnischer Homogenität von Völkern verlangen und das Gleichheitsgebot der Menschenrechts-Deklarationen ablehnen, die den Vorrang der Gemeinschaft vor dem Individuum betonen, von der Unterordnung des Bürgers unter die Staatsräson ausgehen und die den Wertepluralismus einer liberalen Demokratie ablehnen und Demokratisierung rückgängig machen wollen.«

Daran schließt eine weitere, 2001 von elf Sozialforscherinnen und Sozialforschern erarbeitete Definition an, die etwas weniger sperrig formuliert ist und den Fokus auf Einstellungsmuster legt:

> »Der Rechtsextremismus ist ein Einstellungsmuster, dessen verbindendes Kennzeichen Ungleichwertigkeitsvorstellungen darstellen. Diese äußern sich im politischen Bereich in der Affinität zu diktatorischen Regierungsformen, chauvinistischen Einstellungen und einer Verharmlosung bzw. Rechtfertigung des Nationalsozialismus. Im sozialen Bereich sind sie gekennzeichnet durch antisemitische, fremdenfeindliche und sozialdarwinistische Einstellungen.«

Mithilfe solcher Definitionen lässt sich das Phänomen für die empirische Forschung hinreichend eingrenzen. Sie eint, dass sie im Rechtsextremismus eine Kombination verschiedener Teilelemente sehen – diesen also als Syndrom verstehen. Welche Teilelemente im Zentrum stehen, ist Gegenstand von anhaltenden Debatten über diesen – manchmal etwas flapsig als »shopping list approach« kritisierten – Ansatz. Der niederländische Politikwissenschaftler Cas Mudde zählte schon in der Mitte der 1990er-Jahre 26 Definitionen in der Forschungsliteratur, in denen insgesamt 58 verschiedene Teilelemente vorkamen.

Anders konstruiert ist das Modell, das von der generischen Extremismusforschung vorgeschlagen wird. Dieser kommt durch ihre Nähe zum und ihre Funktion für den staatlichen Sicherheitsapparat eine besondere Deutungsmacht zu. Die generische Extremismusforschung geht von der Existenz eines politischen Extremismus aus, der sich in verschiedene, miteinander konkurrierende Subspektren unterteilen lasse. Die Extremismen seien durch bestimmte übereinstimmende Merkmale gekennzeichnet, etwa dadurch, dass sie sich jenseits des normativen Rahmens der freiheitlich demokratischen Grundordnung befänden, einen Wahrheitsanspruch der eigenen Ideologie behaupten und Mehrdeutigkeiten nicht zuließen. Ein besonders in früheren Jahren häufig bemühtes Bild: Wie die Enden eines Hufeisens befänden sich die extremistischen Ränder der Gesellschaft nahe beieinander und in recht großer Distanz zur Mitte. Links- und Rechtsextremismus stünden zwar in Konkurrenz zueinander, seien sich aber in wichtigen Punkten strukturell ähnlich. Extremistisch seien, so der Politologe Steffen Kailitz, alle Bestrebungen, »die auf die Bewahrung oder Errichtung einer autoritären oder totalitären Diktatur zielen« und die sich in Gegnerschaft zu den Ideen des demokratischen Verfassungsstaats befinden, also »Kernmerkmale der Demokratie« wie freie Wahlen, Gewaltenteilung, den Rechtsstaat oder die Menschenrechte angreifen.

Kritisiert wird an der generischen Extremismusforschung, dass ihre Konzeption normsetzend und künstlich sei. Die Phänomene, die sie unter Extremismus subsummiert, seien in der Realität weit voneinander entfernt und verfolgten völlig entgegengesetzte Ziele. Ein radikaler linker Antikapitalismus und der Neonazismus beispielsweise haben kaum etwas gemein. Die einen beklagen, dass das Gleichheitsversprechen in liberalen kapitalistischen Systemen nicht eingelöst werde, während die anderen die Gleichheit als solche verneinen. Kaum zu bestreiten ist hingegen, dass gewisse Ideologeme sowohl bei radikalen Linken als auch bei Rechtsextremen zu finden sind – beispielsweise gibt es nicht nur rechten, sondern auch linken Antisemitismus. Aber mit dieser Feststellung ist – so die Kritik –, noch nichts über den Charakter, die Herkunft, Verbreitung und Wirkung des jeweiligen Antisemitismus gesagt und auch nicht darüber, wo

Antisemitismus in der Gesellschaft jenseits von Linken und Rechten aufzufinden ist. Solche Probleme externalisiere die generische Extremismusforschung und erkläre sie zu Randerscheinungen, während die Mitte von ihnen freigesprochen werde. Als ein Hinweis auf die Stichhaltigkeit der generischen Extremismusforschung kann der Umstand gelten, dass es Beispiele für Menschen gibt, die von einem radikalen Lager ins andere wechselten. Tatsächlich sind Biografien wie die von Horst Mahler und seine Wandlung vom RAF-Mitglied zum neonazistischen Holocaustleugner erklärungsbedürftig. Andererseits sind solche Wechsel eher Ausnahmen. Viel mehr Rechtsextreme haben ihr politisches Engagement in demokratischen Organisationen begonnen. Frank Schwerdt, eine Schlüsselfigur im Neonaziumfeld der Terrorgruppe »Nationalsozialistischer Untergrund«, war über ein Jahrzehnt lang CDU-Funktionär, bevor er sich rechtsextremen Gruppen anschloss.

Es gibt in den Sozialwissenschaften somit zwei Hauptinterpretationen von »Rechtsextremismus«: das insgesamt breiter anerkannte, welches Rechtsextremismus als Syndrom verschiedener antiegalitärer Ideologeme in den Blick nimmt, und jenes der generischen Extremismusforschung, das näher an der Behördenpraxis ist. Teilweise werden in der ersteren Forschungsrichtung sprachliche Hilfskonstruktionen wie »extrem rechts« verwendet, um eine Abgrenzung zur generischen Extremismusforschung zu unterstreichen.

Gegen die Verwendung von »Rechtsradikalismus« wird eingewandt, dass dieses Wort fälschlicherweise impliziere, dass das besagte politische Spektrum gesellschaftliche Probleme grundsätzlich und von der Wurzel her lösen wolle, während es tatsächlich Probleme zuspitze und verschärfe. Der lateinische Wortstamm »radix« bedeutet »Wurzel«. Der marxistische Philosoph Ernst Bloch befand darum, dass die Rede von Rechtsradikalismus ein »Unding« sei: »radikal ist links«. Das Radikale am Rechtsradikalismus, so lässt sich der Begriff gegen diesen Einwand verteidigen, ist jedoch nicht in seiner Problemlösungskompetenz zu finden, sondern in seiner fundamentalen Verneinung des Gleichheitsgedankens. In der deutschsprachigen Forschung und auch international werden »Rechtsradikalismus« und »Rechtsextremismus« teilweise ergänzend zueinander genutzt. Der in den USA forschende Politikwissenschaftler Cas Mudde etwa schlägt den Übergriff »far right« (in etwa: »Äußere Rechte«) vor, die in die nicht vollständig systemfeindliche »radical right« und die offen demokratiefeindliche »extreme right« zu unterteilen sei. Der Politikwissenschaftler Michael Minkenberg wiederum sieht den Rechtsextremismus als besonders aggressive und demokratiefeindliche Variante des für ihn als Überbegriff fungierenden Rechtsradikalismus. Eine Beschränkung auf den Superlativ »Rechtsextremismus« erschwere es, die unterschiedlichen ideologischen Härtegrade und eingesetzten Mittel des politischen Kampfes im fraglichen Spektrum erfassen zu können.

Mit dem Rechtspopulismus kursiert derweil ein weiterer Begriff in den öffentlichen Diskussionen zum Themenfeld. Auch hier gibt es keinen Konsens über seine Bedeutung. Populismus kennzeichne allgemein, so definiert die große Mehrheit der Forschung das Minimalkriterium, dass er eine Kluft zwischen der herrschenden Politik und dem Volk beschwöre und abzuschaffen verspricht: »Die da oben tun nicht (mehr), was die Menschen wollen und brauchen.« Dazu gehört die – der komplexen und von Interessenkonflikten durchzogenen Realität der Gegenwart widersprechende – Idee eines »eigentlichen«, eines essenziellen Volkswillens. Populismus reklamiert für gewöhnlich für sich, demokratisch zu sein, da er die als korrupt dargestellten Eliten entmachten und den vorgestellten Volkswillen umsetzen wolle. Umstritten ist, ob die Existenz einer charismatischen Führungsfigur nötig ist, um von Populismus zu sprechen. Bei einigen unter dem Populismusparadigma diskutierten Erscheinungen liegt dies vor (etwa bei der Politik Geert Wilders in den Niederlanden), bei anderen scheint dies zu fehlen – je nachdem, wie Charisma definiert wird.

Teilweise wird in öffentlichen Debatten »Rechtspopulismus« gleichbedeutend mit »Rechtsextremismus« oder »Rechtsradikalismus« genutzt. Andere nutzen ihn als Scharnierbegriff, also als Bezeichnung für das Feld zwischen demokratischen Kräften und dem antidemokratischen Rechtsextremismus, etwa wenn die AfD nicht als rechtsextrem, aber als mit dem Rechtsextremismus in Berührung stehend porträtiert wird. Rechtspopulismus ist in diesem Verständnis eine Art Rechtsextremismus light.

In der Forschung sind zwei Strömungen in der Analyse des Populismus auszumachen. Einerseits wird in der »Wir gegen die da oben«-Logik des Populismus eine eigene Ideologie gesehen, die für sich genommen jedoch »schwach« oder »dünn« sei (»thin ideology«) und sich darum unweigerlich mit anderen Ideologien verbinden müsse. Spielarten des Populismus seien links und rechts zu finden: »Die Politik steht im Dienst der Banken und vernachlässigt das Volk« (Linkspopulismus) oder »Die Politik überschwemmt uns mit Einwanderern, obwohl dies dem Volk schadet« (Rechtspopulismus). Andererseits wird von anderen Forschenden infrage gestellt, ob es sich beim Populismus um eine eigene Ideologie handele. Stattdessen wäre Populismus ein kommunikativer Stil bzw. eine Strategie, eine Methode in der politischen Reklame. Mit populistischer Rhetorik ließen sich fast alle Inhalte verpacken, egal, wo sie auf einer Rechts-Links-Skala einzuordnen sind. Auch wirtschaftsliberale Positionen könnten populistisch beworben werden: »Die Regierung gängelt uns, weil sie uns überhöhte Steuern abpresst.« Das Verständnis von Populismus als Stil ermöglicht eine Differenzierung zwischen Ideologie bzw. Inhalten sowie dem öffentlichen Auftreten von politischen Akteurinnen und Akteuren. Auch die neonazistische Weltanschauungspartei NPD setzt schlichte und populistische Parolen in ihrer Wahlwerbung ein. Populismus sei in der gesamten Historie rechtextremer Politik zu finden und darum sogar als »genuiner Kernbestandteil des Rechtsextremismus« zu verstehen, so die Einschätzung des Politikwissenschaftlers Richard Stöss. Nicht selten sind inzwischen auch Varianten anzutreffen, in denen verschiedene Begriffe kombiniert werden, wenn beispielsweise von einer »populist radical right« gesprochen wird.

Faschismus (oder für Nachkriegserscheinungen: Neofaschismus) ist derweil ein weiterer Begriff, der in den gegenwärtigen Diskussionen anzutreffen ist. Von der marxistisch-leninistischen Lesart, die im Faschismus ein Instrument der Bourgeoise und einen durch Krisen zugespitzten Kapitalismus sieht, hat sich der Terminus dabei größtenteils gelöst. Manchmal wird Faschismus auf die konkrete historische Bewegung unter Benito Mussolini in Italien reduziert. Häufiger werden darunter verschiedene internationale Bewegungen gefasst, die ihren Anfang in den ersten Jahrzehnten des 20. Jahrhunderts hatten. Der Nationalsozialismus kann als eine deutsche Spielart des Faschismus aufgefasst werden, der sich durch das Spezifikum eines besonders radikalen und eliminatorischen Antisemitismus auszeichnete. Der britische Historiker und Faschismusforscher Roger Griffin sieht es als gerechtfertigt an, einen generischen Faschismusbegriff zu nutzen. Faschismus sei eine populistische und antiliberale Ideologie, die nach einer Palingenese (Neugeburt) der Nation strebe und sich dabei revolutionärer Mittel bediene. Die Nation werde, so

Griffin, mythisch überhöht und als organische Einheit betrachtet. Faschismus und Neofaschismus eignen sich begrifflich, um eine Subkategorie des aktuellen Rechtsextremismus zu bestimmen. Dies trifft beispielsweise auf Gruppierungen zu, die sich auf den historischen Nationalsozialismus beziehen, ist aber auch auf einige weitere rechtsextreme Spektren anwendbar. So kann es in Anbetracht seiner palingenetischen Äußerungen nicht nur im juristischem Sinne legal, sondern auch analytisch sinnvoll sein, den AfD-Politiker Björn Höcke einen »Faschisten« zu nennen. Am Faschismusbegriff Griffins wird zuweilen kritisiert, zu sehr den sakralen Charakter des Faschismus (»politische Religion«) zu betonen und Ideologieelemente wie Rassismus zu wenig zu berücksichtigen.

Ideologie-Kern und gesellschaftliche Grundvorstellungen

Rechtsextremismus basiert in weiten Teilen nicht auf einem geschlossenen, in sich logischen und systematischen Denksystem. Auf eine theoretische Unterfütterung, die versucht, bestehende Defizite und Lücken zu schließen und Widersprüche aufzulösen, wird im Vergleich zu anderen politischen Strömungen wenig Wert gelegt.

Trotz der Theoriearmut gibt es hervorstechende Kernelemente rechtsextremer Ideologie. Welche Formen von Nationalismus, Rassismus und Antisemitismus im Rechtsextremismus zusammenwirken, wird im Folgenden skizziert. Nur für sich genommen handelt es sich bei solchen Erscheinungen um keine Alleinstellungsmerkmale des Rechtsextremismus. Nationalismus und Rassismus gibt es in zahlreichen Varianten. Ein Rechtsextremismus ohne Nationalismus hingegen oder einer, der auf Rassismus zugunsten eines universalistischen Menschenbildes verzichtet, sind kaum denkbar. Auch in weiteren bedeutenden politischen und sozialen Feldern sind im Rechtsextremismus Positionen zu finden, die im Einzelnen je nach Subspektrum variieren, sich aber immer in einer bestimmten Richtung zuspitzen. Dies gilt etwa für die rechtsextremen Vorstellungen in Hinsicht auf Geschlechterrollen und Familien, die in rechtsextremen Gesellschaftsideen zentral gesetzt und rigide ausgelegt werden. Es ließen sich weitere Beispiele nennen: Betreffend der inneren Sicherheit beschwören die meisten Rechtsextremen die Gefahr einer ausufernden Kriminalität und befürworten deshalb autoritäre Ordnungsvorstellungen, eine strenge Strafverfolgung und erweiterte Befugnisse für die Polizei.

In anderen Bereichen hingegen sind die rechtsextremen Positionen je nach Subspektrum unterschiedlich ausgeprägt. Einer Demokratisierung der Gesellschaft im Sinne der Schaffung von umfassenden Partizipationsmöglichkeiten aller Menschen steht die extreme Rechte unisono ablehnend gegenüber. Zur Demokratie allgemein existieren jedoch Meinungsverschiedenheiten: Manche wollen explizit die Demokratie und das bestehende System revolutionär stürzen und eine Führerdiktatur errichten; andere streben eine Systemtransformation an und sehen die von ihr präferierte Herrschaft als »wahre Demokratie« an. Analog im Bereich der Wirtschaft: Prinzipiell werden Leistungs- und Konkurrenzprinzip bejaht, doch manche Rechtsextreme sehen sich selbst als vehement antikapitalistisch und andere wiederum als explizit »Mittelstands-« oder »wirtschaftsfreundlich« an. Sehr weit reicht die Vielfalt der rechtsextremen Positionen in der Religionsfrage: von Indifferenz und Opportunismus über die Betonung eines christlichen Charakters von Deutschtum und Abendland bis zur heidnischen Position, in der dem Christentum ein verwerfliches universalistisches Menschenbild vorgeworfen wird.

Nationalismus

Rechtsextremes Denken ist das Denken in starr gefassten Gemeinschaften, deren Priorität gegenüber Individuen und ihren Rechten betont wird. Als zentrale Makrokategorien von Gemeinschaften werden von Rechtsextremen »Rasse«, »Volk« und »Nation« betrachtet, die je nach Subströmung unterschiedlich gewichtet werden. Der Beschwörung dieser Großgemeinschaften kommt die Aufgabe zu, die kollektive Identität eines übergeordneten »Wir« herzustellen und zu erhalten. In der Form einer Nation erhalte das Volk einen Modus, in dem es geeint agieren und sich entfalten könne: alle Volksangehörigen trügen an den jeweils ihnen zustehenden Positionen zum gemeinsamen Wohlergehen bei. Dieser idealisierte Zustand wird von vielen Rechtsextremen als »Volksgemeinschaft« bezeichnet. Neben der integrativen Funktion nach innen soll die Nation auch nach außen wirken, also helfen, als »eigene Interessen« markierte Forderungen gegenüber anderen Nationen durchzusetzen.

Allgemein bezeichnet Nationalismus die politische Forderung nach Schaffung oder Erhaltung eines Nationalstaates und kann auch mit linken, liberalen oder religiösen Inhalten verknüpft werden. Nationalismus kann beispielsweise als Mittel zur Befreiung von Unterdrückung verstanden werden oder expansionistische und imperialistische Ziele haben. Nationen sind immer gewachsene Gebilde, also das Ergebnis historischer, menschengemachter Prozesse. Im Rechtsextremismus wird die Nation als ganzheitliche Über-Idee behandelt und als zentraler Bezugspunkt politischen Handelns überhöht. Zumeist wird die geschichtliche Nationswerdung stärker noch als in anderen politischen Richtungen mit Gründungsmythen ausgestattet.

Historisch dominierten im deutschen Nationalismus bis zur Reichsgründung 1871 liberale, national-freiheitliche Elemente. Bald begannen sich aber ein konservativ-autoritärer, illiberaler und aggressiver Reichsnationalismus und schließlich der radikal-rassistische, antisemitische und expansionistische völkische Nationalismus zu entwickeln. An diese beiden letztgenannten, anti-emanzipativen Traditionen knüpft der rechtsextreme Nationalismus an. Die Fortführung des Reichsgedankens – mit mythischen Bezügen auf die Geschichte, Blut und Boden – war für den frühen Nachkriegsrechtsextremismus ein ursprüngliches und leitendes Konzept. Eine besondere Faszination geht zudem für viele Rechtsextreme vom historischen Vorbild des Preußentums aus. Dem Reichsdenken weiter verbunden blieben auch später alt-nationalistische Formationen (wie Neonazis und Deutschnationale). Andere Rechtsextreme aktualisierten das nationalistische Vokabular und entwickelten neu-nationalistische Positionen, in denen die veränderte geopolitische Konstellation nach dem Zweiten Weltkrieg Widerhall fand.

Aufgabe von »nationaler« Politik ist es aus Sicht von Rechtsextremen, die Nation zur Blüte zu bringen und das, was ihnen als »nationale Interessen« gilt, zum Maßstab der Politik zu machen. Geschichte und Politik erscheinen Rechtsextremen als Ringen zwischen Völkern, »Rassen« und eben von Nationen. Auf der Ebene der Nationalstaaten können je nach aktuellen Erfordernissen auch Bündnisse mit anderen Nationen eingegangen werden, generell wird jedoch von einer Überlegenheit der eigenen gegenüber anderen Nationen ausgegangen (Chauvinismus). Im deutschen Rechtsextremismus wird Deutschland wenig überraschend der Anspruch auf eine führende Rolle in Europa und der Welt zugedacht.

Die Nation befindet sich nach Ansicht von Rechtsextremen in einer permanenten Krise, da sie von äußeren wie von inneren Feinden bedroht sei. Von außen kommend bedrohen andere Nationen oder Zuwanderer die eigene Nation, von innen gilt es, Angriffe durch Linke und den Feminismus, durch »schmarotzende« Gesellschaftssegmente und andere Gefährdungen abzuwehren. Bevölkerungspolitische, »rassenhygienische« und eugenische Maßnahmen zur vermeintlichen Sicherung und Aufwertung der Qualität des Volkes sind nicht selten Bestandteil rechtsextremer Ideen. Ausgegrenzt und bekämpft werden von Rechtsextremen alle, die von vornherein nicht zum nationalen »Wir« gezählt werden, und zudem auch jene, die sich den in der nationalen Gemeinschaft zugewiesenen Aufgaben durch abweichendes Verhalten als unwürdig erweisen (»Volksverräter«).

Deutschland, so die anhaltende Analyse des deutschen Rechtsextremismus seit 1945, sei eine durch fremde Mächte am Boden gehaltene, unterdrückte und nicht-souveräne Nation. Als geschichtliche Bezugspunkte dienen, je nach Spektrum, mystische Vorstellungen von Germanentum oder des mittelalterlichen Reiches, des Kaiserreiches oder des Nationalsozialismus, deren grundsätzliche Gesellschaftskonfiguration auf nationaler Ebene wiederhergestellt werden solle. Bei wachsender zeitlicher Distanz wird auch auf die Gesellschaft der frühen Bundesrepublik positiver Bezug genommen. Der Prozess der Globalisierung und übernationale Institutionen wie die Europäische Union oder die Vereinten Nationen werden von Rechtsextremen negativ bewertet, da in ihnen eine Gefahr für den Bestand und die Handlungsfähigkeit der Nation bzw. ein »globalistischer« Ungeist gesehen wird.

Rassismus

Rassismus, so eine klassische Definition des französischen Soziologen Albert Memmi aus dem Jahr 1982, ist »die verallgemeinerte und verabsolutierte Wertung tatsächlicher oder fiktiver Unterschiede zum Vorteil des Anklägers und zum Nachteil seines Opfers, mit der seine Privilegien oder seine Aggressionen gerechtfertigt werden sollen«. Memmi argumentierte, dass Rassismus in drei Schritten vorgehe: Unterschiede zwischen Menschengruppen hebe er hervor oder konstruiere sie erst, dann folge eine Wertung und schließlich werde diese Wertung vom »Ankläger« für eigene Interessen gebraucht. Als fremd markierten Gruppen würden also (unabhängig von Staatsangehörigkeit und Sozialisation) bestimmte Eigenschaften zugeschrieben und daraus Schlüsse gezogen. Angehörige von Fremdgruppen werden, so Memmi, tendenziell auf eben ihre Gruppenzugehörigkeit reduziert und somit entindividualisiert. Klassisch berief sich der Rassismus vor allem auf vermeintliche biologische Merkmale. Forschende wie Stuart Hall oder Étienne Balibar haben seit dem Ende der 1980er-Jahre darauf hingewiesen, dass sich daneben auch ein »Rassismus ohne Rassen« entwickelt hat, der die Konstruktion des »Anderen« (was in der Fachdiskussion »othering« genannt wird, was sich grob als »Andersmachung« übersetzen lässt) vor allem über den Hinweis auf kulturelle Unterschiede vornehme. Dieser »Neo-Rassismus« komme teilweise ohne die Behauptung einer Überlegenheit bestimmter Gruppen gegenüber anderen aus. Er beschränke sich, so formuliert es Balibar, gegebenenfalls darauf, »die Schädlichkeit jeder Grenzverwischung und die Unvereinbarkeit der Lebensweise und Traditionen zu behaupten«. Rassismus stellt eine soziale Hierarchie her und nimmt so auf die Verteilung von sozialer Macht und Ressourcen Einfluss. Er ist nicht nur ein Vorurteil oder ein Einstellungsmuster im Denken von Individuen, sondern eine geschichtlich gewachsene Struktur, die etwa in die Kolonialzeit zurückreicht und die ganze Gesellschaft beispielsweise in Form von Wissensbeständen, Stereotypen und im Handeln von Menschen und Institutionen durchzieht.

Der rechtsextreme Rassismus ist auf vielfältige Art verwoben mit dem Rassismus, der allgemein in der Gesellschaft vorzufinden ist, er soll hier jedoch analytisch von diesem unterschieden werden. Rassismus als gesellschaftliches Machtverhältnis betrifft alle Angehörigen der deutschen Gesellschaft zu ihrem Vor- oder Nachteil und wirkt sich beispielsweise in Form von strukturellen und alltäglichen Diskriminierungen aus (etwa im Berufsleben oder auf dem Wohnungsmarkt). Im Rechtsextremismus ist Rassismus hingegen radikalisiert, ideologisiert und wird in politische Forderungen und Handlungen übersetzt. Der zugrundeliegende Gedanke der Ungleichheit der Menschen wird zum erhaltenswerten Naturzustand erklärt.

Schon der Nationalismus der extremen Rechten ist blutsgebunden und hat einen rassistischen Charakter. In ihrer Vorstellung ist die Nation vollständig oder weitestgehend ethnisch homogen. Dem Volk stehe demnach ein mehr oder minder exklusives Recht auf einen angestammten Lebensraum zu – Blut und Boden sind aneinander geknüpft. Die angestrebte, als harmonisches und organisches Zusammenspiel des Volkes konzipierte Gemeinschaft sei also nur zu erreichen oder abzusichern, wenn ein hohes Maß von ethnischer Homogenität bestehe. Diese Homogenität wird in der Regel als eine Homogenität im biologischen Sinn konkretisiert, weil sie streng auf der Abstammung, auf dem Blut basieren müsse *(ius sanguinis)*. Dieses Denkprinzip wird manchmal von Rechtsextremen verleugnet, indem sie behaupten, dass es ihnen schlicht um Kultur und Identität gehe, deren Fortexistenz durch das Zäumen von Fremdeinflüssen gesichert werden müsse. Häufiger aber sind beide Prinzipien verkoppelt: Blut und Kultur bedingten einander auf die eine oder andere Art. Besonders nach den Terroranschlägen des 11. September 2001 hat indes auch in Deutschland ein antimuslimischer Rassismus an Profil gewonnen, der im Rechtsextremismus verbreitet ist und die abzulehnende Andersartigkeit zuvorderst über ein kulturelles Merkmal – das der Religion – konstruiert. Parallel dazu leben andere Rassismen wie etwa Antiziganismus (gegen Sinti und Roma gerichtet) und der Antislawismus weiter. Zudem wird das geschichtliche Erbe des deutschen Kolonialismus kleingeredet, verharmlost oder als positive Episode verherrlicht.

Das moderne Verständnis von Staatsbürgerschaft, das ein Übermaß von oft als »Papierdeutschen« verunglimpften Bürgerinnen und Bürgern hervorbringe, wird von Rechtsextremen abgelehnt. Die Realitäten einer Zuwanderungsgesellschaft samt den Problemen und Möglichkeiten gesellschaftlicher Diversität werden von der extremen Rechten als Zerfallsprozesse beschrieben und beklagt. Millionen von Deutschen werden also exkludiert und ihre »wirkliche« Zugehörigkeit zum Land infrage gestellt oder verneint. Zur deutschen Nation gehörten nur Deutsche, und »Deutschtum« wird ethnisch, biologisch und kulturell starr gefasst.

Die zu wahrenden Identitäten seien aufzufinden auf der regionalen Ebene (etwa: Schwaben), auf der nationalen (Deutsche), aber auch auf darüber hinausreichenden Ebenen: Die Ordnung der Welt beruhe auf Großeinheiten, zu denen etwa das Abendland oder Europa gehöre. Europa sei ein weißer Kontinent, und die Vorherrschaft der Weißen müsse gesichert werden. Die damit verbundene rassistische Ausgrenzung und Abwertung betrifft vehement schwarze Menschen, während beispielsweise einem (selbstverständlich als weiß vorgestellten) Schweden durchaus die Möglichkeit zugestanden werden kann, qua Assimilierung deutsch zu werden. Abseits von Assimilation ist Deutschwerdung für Rechtsextreme kaum vorstellbar. Hybride, mehrgestaltige Identitäten, wie sie in modernen Gesellschaften an der Tagesordnung sind und von vielen gelebt werden, lehnen Rechtsextreme als letztlich substanzzerstörend ab oder behandeln sie als im Einzelfall duldbare Sonderfälle. Menschen sind aus rechtsextremer Sicht verpflichtet, vor allem Fortträger »ihrer« Gene und Kultur zu sein. Vermischungen und Aneignungen gelte es zu verhindern.

In ihren rassistischen Kampagnen nehmen Rechtsextreme den gesellschaftlichen Rassismus auf, versuchen die Kritik oder Ablehnung von Zuwanderung zuzuspitzen oder sich als Bollwerk zur Verteidigung der Vorrechte der Eingesessenen (Nativismus) in Szene zu setzen.

Antisemitismus

Als ein regelrechtes Weltdeutungsmuster fungiert der Antisemitismus im rechtsextremen Lager. Die Schuld an Störungen der eigentlich harmonischen und natürlichen Ordnung sei nach Ansicht von Rechtsextremen im verdammenswerten Tun von Feinden zu suchen, die aus Herrsch- und Profitsucht Volk und Nation angriffen und auflösen wollten. Durch die Geschichte rechtsextremer Politik ziehen sich Erzählungen über solche volksfeindlichen Elemente, die im Geheimen handelten – rechtsextremes Denken neigt zum Glauben an Verschwörungen. Klassischer Ausdruck hiervon ist der Antisemitismus. Jüdinnen und Juden wird eine ganze Reihe von (sich teils widersprechenden) Eigenschaften zugeschrieben, durch die sie als besondere Erscheinung qualifiziert werden: ort- und wurzellos, materialistisch und gierig, egoistisch, als verschworene Gemeinschaft, als mächtig und verstohlen, künstlich und intellektuell, mal als Religion, mal als eigene Abstammungsgemeinschaft auftretend, dazu arrogant, weil sie sich für auserwählt und für das Volk Gottes hielten. Im Judentum wären letztlich die Strippenzieher auszumachen, die das Fortkommen der Nation hinderten und ihre Zerstörung verursachten. Sie seien die steuernde Macht hinter den Verwerfungen der Welt und schuld an Kriegen oder an den negativen Auswirkungen des Kapitalismus. Internationalismus oder Kommunismus, aber auch liberale Gesellschaftsvorstellungen und der »Verfall« von Werten und Moral gingen auf ihr geheimes, auf Spaltung und Destruktion zielendes Wirken zurück. Sei es das Bild des »Bolschewismus«, das die Nazis verbreiteten, die Anklagen gegen die Kritische Theorie der Frankfurter Schule oder jüngst die Anwürfe gegen den Holocaustüberlebenden und Philanthropen George Soros – in den Kampagnen der extremen Rechten tauchen regelmäßig jüdische oder als jüdisch markierte und so zu denkende Feindbilder auf.

Antisemitische Denkfiguren sind aus der politischen Praxis der extremen Rechten also kaum wegzudenken. Allerdings hat sich der Modus der Präsentation des Antisemitismus nach dem Massenmord des Holocaust verschoben und ist seitdem weiteren konjunkturellen Änderungen unterworfen gewesen: die Abwehr und Relativierung der deutschen Schuld und die Agitation gegen den Staat Israel als eigentlichen Profiteur des Holocausts sind hinzugetreten (»sekundärer Antisemitismus«).

Viele Rechtextreme vertreten einen offenen Antisemitismus, gängiger sind aber eine Kommunikation über Umwege und die Kodierung antisemitischer Topoi geworden. Entschädigungsleistungen und die Erinnerung an den Holocaust werden als ungerechtfertigte Bevorteilung von Jüdinnen und Juden, als Ausdruck von Schwäche und Selbstkasteiung und als anti-deutsch abgelehnt; Judenfeindschaft wird als Antizionismus oder als Kritik am Handeln des Staates Israel dargestellt. Wie zentral die antisemitischen Anteile im Denkgebäude von Rechtsextremen stehen, hängt indes vom jeweiligen Spektrum ab. In der AfD sind klassische und radikale Antisemitinnen und Antisemiten anzutreffen, die Partei als Ganzes stellt sich jedoch als israelfreundlich dar. Im antimuslimischen Rassismus ist durchaus ein antisemitisch strukturiertes Verschwörungsdenken gängig, doch werden Jüdinnen und Juden teilweise als Bündnispartner im Kampf gegen den Islam angesprochen oder bestimmte politische Forderungen und Maßnahmen der israelischen Rechten begrüßt.

Geschlechter- und Familienvorstellungen

Die extreme Rechte vertritt traditionalistische Vorstellungen von Familie und von Geschlechterrollen. Als gesellschaftliche Grundeinheit und als Ideal gilt ihr die heteronormative, also aus Mann und Frau sowie Kindern zusammengesetzte Kernfamilie, die bevorzugt an einen größeren und weitere Generationen übergreifenden Familienverbund angeschlossen ist.

Die Besonderheit der rechtsextremen Vorstellungen von Familie ist die Rigidität, mit der sie vertreten werden. Die Bedeutung heteronormativer Familien wird meist mit ihrer reproduktiven Funktion begründet. Individuelle Entscheidungen, wahrgenommenes Glück und die Lebensqualität der Menschen sind ihr tendenziell nachrangig. Dass die »klassische« Familie der Ort ist, an dem sexualisierte Gewalt vorrangig stattfindet, wird ignoriert und die Kernfamilie als Organisationsgrundlage der Gesellschaft verabsolutiert. Ihr wird ein geradezu ewiger Wert zugesprochen, obwohl sie tatsächlich ein Produkt der industriellen Revolution ist.

Liberalisierungsprozesse – weit mehr als jede dritte Ehe wird heutzutage geschieden – gelten als Bedrohungen des nationalen Zusammenlebens. »Regenbogen«-Familien, alleinerziehende Elternschaft und andere Optionen, die die Möglichkeiten des familiären Lebens erweitern, werden genauso problematisiert. Auch wenn die meisten Rechtextremen in ihrer Lebenspraxis die Möglichkeiten gesellschaftlicher Auflockerungen für sich selbst durchaus in Anspruch nehmen, bleibt das »bürgerliche« Modell von Familie ihr Ideal. Zumindest betrifft dies Deutsche im völkischen Sinne – Menschen mit Migrationsgeschichte wird – in rassistischer Logik durchaus konsequent – nicht selten gerade das Festhalten an traditionellen Familienvorstellungen und Geschlechterrollen und ein damit verbundener Kinderreichtum vorgeworfen.

Die Forscherin Renate Bitzan weist darauf hin, dass im Rechtsextremismus – wie selbstverständlich auch in weiten Teilen der Gesellschaft – von zwei aufs Deutlichste zu unterscheidenden Geschlechtern ausgegangen wird. In Absehung sozialwissenschaftlicher Erkenntnisse aber auch in Absehung eines Bundesverfassungsgerichts-Urteils von 2017, das die Geschlechtskategorie »divers« ermöglichte, beharren Rechtsextreme auf einer strikten, biologisch begründeten Einteilung in Männer und Frauen. Die Existenz von Inter- oder Transsexualität wird verleugnet oder als krankhaft dargestellt. Nicht heterosexuelles Leben – also etwa Homosexualität – betrachten Rechtsextreme als einzuhegendes Problem, schon weil es mit ihrem Familienideal kollidiert.

Die Vorstellungen über die Rollen der Geschlechter sind im Rechtsextremismus analog dazu ausgesprochen traditionalistisch und werden auf biologische Veranlagungen zurückgeführt. Die sozialen Geschlechterrollen sind aus Sicht von Rechtsextremen natürliche Tatsachen, die nur durch Störungen aus der Balance geraten sind: wenn endlich keine schädlichen Ideologien die vermeintlich natürliche Ordnung mehr bedrohten, könnten Frauen wieder Frauen und Männer wieder Männer sein. Das Spektrum der als akzeptabel und erstrebenswert geltenden Männlichkeits- und Weiblichkeitsmodelle ist vergleichsweise eng. Kampf, Kultur, Politik und Herrschaft gelten im Rechtsextremismus als männliche Sphären, während Reproduktion, Fürsorge, Natur, Privatheit und Ausgleichsstreben als weiblich betrachtet werden. Von Rechtsextremen wird zumeist betont, dass die Geschlechter zwar als »nicht gleichartig« aber als »gleichwertig« anzusehen seien, da sie sich in der Form der Familie gegenseitig komplettierten. Tatsächlich ist (beispielsweise soldatisch, hypermaskulin oder proletarisch geprägte) Männlichkeit jedoch die ausgesprochene oder unausgesprochene Norm, und ihr ist Herrschaft und Gestaltung der Gesellschaft vorbehalten. Der rechtsextreme Funktionär Martin Sellner forderte 2015, dass »der schlafende Furor teutonicus, das ewig unzivilisierbare, urdeutsche Fieber« wiedererweckt werden müsste. Solche Appelle beschwören eine kämpferische, archaische Männlichkeit und verorten die Pflicht und Fähigkeit zum politischen Handeln bei Männern. Explizit proklamierte der AfD-Politiker Björn Höcke im gleichen Jahr: »Nur, wenn wir unsere Männlichkeit wiederentdecken, werden wir mannhaft. Und nur, wenn wir mannhaft werden, werden wir wehrhaft, und wir müssen wehrhaft werden!«

Maskulinität kommt im rechtsextremen Geschlechtermodell also die vorrangige politische Entscheidungsgewalt zu. Der Feminismus wird als universalistische und zerstörerische Tendenz abgelehnt und für sittlichen Verfall, Entmännlichung der Männer, für Kinderarmut und Abtreibungen verantwortlich gemacht. Bis auf seltene Ausnahmen betonen auch weibliche Rechtsextreme ihren Antifeminismus. Eine Befreiung von Frauen wird dennoch zuweilen in Aussicht gestellt. Damit gemeint ist zweierlei: Zum einen die Befreiung hin zu den als gefährdet angesehenen traditionellen Geschlechterrollen, also ihre Restauration gegen die Ziele des Feminismus. Zum anderen werden Frauenrechte positiv angesprochen, allerdings in der Regel durch ihre Ethnisierung. Die deutschen Frauen müssten vor Bedrohungen durch männliche Zuwanderer geschützt werden.

Auch wenn es homosexuelle Rechtsextreme gibt, ist die Homophobie wesentlich schärfer ausgeprägt als in anderen Teilen der Gesellschaft. Bekannte Homosexuelle in den eigenen Reihen werden eher nur geduldet und müssen potenziell mit Anfeindungen aufgrund ihrer Sexualität rechnen.

Demokratie und Autoritarismus

Die Kleinstpartei »Die Rechte« stellt sich in ihrem Programm an prominenter Stelle als eine entschieden demokratische Kraft dar: »vollinhaltlich und ohne jeden Vorbehalt« bekennt sich die Gruppierung zur freiheitlich-demokratischen Grundordnung der Bundesrepublik und zum Grundgesetz. Tatsächlich aber hat »Die Rechte« – eine klar als neonazistisch einzuordnende Gruppe – mit Demokratie und Grundgesetz nichts am Hut. Wenn sie sich positiv auf solche Begriffe bezieht, geht es ihr darum, sich gegen drohende Repressionen oder ein Verbot abzusichern. Bekenntnisse zur Demokratie dienen Rechtsextremen häufig nur dazu, ihre wirklichen Ziele zu verschleiern. Nur eine Minderheit der Rechtsextremen lehnt Demokratie und Grundgesetz offen ab, wie etwa »Der III. Weg«, eine weitere Neonazipartei, die umstandslos das »Grundgesetz als Organisationsform der Fremdherrschaft« geißelt.

Jedoch ist das Verhältnis der extremen Rechten zur Demokratie komplexer, und nicht nur auf die Frage nach einer offenen oder verschleiernden Kommunikation ihrer politischen Ziele zu reduzieren. Manche der demokratiepolitischen Forderungen aus der extremen Rechten sind nicht ohne weiteres als antidemokratisch einzuordnen. Zu ihrem Arsenal gehört es, plebiszitäre Entscheidungsfindungen, also Elemente direkter Demokratie, zu befürworten. Die »Alternative für Deutschland« etwa legt nicht nur Wert darauf, sich als grundgesetz-treue Partei zu präsentieren, sondern will auch »Volksentscheide nach Schweizer Vorbild« einführen. Direktdemokratische Elemente werden sogar aus der neonazistischen Rechten gefordert. Zum vollständigen Langnamen von »Die Rechte« gehört der Beititel »Partei für Volksabstimmung, Souveränität und Heimatschutz«. Diese Neonazigruppe nimmt also ebenfalls in Anspruch, direktdemokratische Volksabstimmungen fördern zu wollen. Dies trifft ebenso auf »Der III. Weg« zu und auch das Parteiprogramm der NPD sieht die »Stärkung der Gesetzgebung durch Volksentscheide auf allen Ebenen« vor. Ganz verwundern muss dies nicht, selbst im Nationalsozialismus fanden schließlich einige Wahlen statt und es wurden Volksbefragungen durchgeführt.

Die Unterstützung für direktdemokratische Elemente aus der extremen Rechten dient freilich nicht dazu, die Mitsprache von allen Gesellschaftsmitgliedern zu stärken. Rechtsextremes Denken ist immer Denken in Hierarchien. Dem Menschenbild des Rechtsextremismus zufolge sind in der Gesellschaft wenige zur Führung und Herrschaft prädestiniert, während die »Masse« nur für niedere Aufgaben geeignet seien. Daraus ergibt sich eine Logik von Autorität und Gehorsam, die alle gesellschaftlichen Fragen durchzieht und mit zeitgemäßen Vorstellungen von Demokratie nicht in Einklang zu bringen ist. Eine Gesellschaft aus mündigen, selbstbestimmten, gleichberechtigten und umfassend partizipierenden Bürgerinnen und Bürgern ist aus rechtsextremer Sicht – Lippenbekenntnissen zum Trotz – eine lebensfremde und gefährliche Utopie. Eine Elite soll herrschen, deren politische Legitimität an ihre Volksnähe und die Wahrung der »nationalen Interessen« zurückgekoppelt ist. Häufig wird ein präsidiales System vorgeschlagen, in dem das Staatsoberhaupt mit umfangreichen Befugnissen ausgestattet ist, um ohne Umwege und mit starker Hand regieren zu können. Der in einer rechten Interpretation des *volonté générale* (Jean-Jacques Rousseau) als tendenziell homogen gedachte Volkswille soll vom Staatsoberhaupt (oder einem kleinen Führungskreis) also erkannt und direkt umgesetzt werden. Was die Führung tut und was die Geführten wollen, wäre tendenziell ohnehin identisch.

Die extreme Rechte sieht sich dementsprechend als Anwältin des Volksinteresses. Diese Konstellation erklärt zum einen, warum die extreme Rechte in den allermeisten Erscheinungsformen einen populistischen Einschlag hat. Zum anderen begründet sich so ihre Stellung zur liberalen, repräsentativen Demokratie. Je nach Spektrum wird diese rundweg abgelehnt (etwa im Neonazismus) oder soll beschnitten und gezäumt werden (in den in dieser Hinsicht gemäßigteren Varianten). Staatlichen Institutionen tritt die extreme Rechte in ihrer Oppositionsrolle skeptisch oder ablehnend gegenüber, wenn diese aus ihrer Sicht das vermeintliche nationale Interesse nicht wahren oder ihm gar Schaden zufügen. Sie sollen geschwächt oder abgeschafft werden.

In Anlehnung an die Schriften des Staatsrechtlers Carl Schmitt argumentieren manche Rechtsextreme, dass es einen regelrechten Gegensatz zwischen Parlamentarismus und Demokratie gebe, da Demokratie ein hohes Maß an Homogenität brauche, die durch den parlamentarischen Pluralismus untergraben werde – »nötigenfalls« brauche Demokratie »die Ausscheidung oder Vernichtung des Heterogenen«. Parteien sind aus Sicht von Rechtsextremen ein Inbegriff für Fehlstellungen im gegenwärtigen politischen System, da die Parteien volksfern agierten und eine ziellose

Schwatzhaftigkeit kultiviert hätten. Die Parteiendemokratie wird von der extremen Rechten verdächtigt, den Staat handlungsunfähig zu machen. Korrupterweise hätten sich die Parteien den »Staat zur Beute gemacht« (eine gern zitierte Wendung von Hans Herbert von Arnim), dabei den Volkswillen verraten und seien nicht organisch. In der Bundesrepublik herrsche deshalb keine »wahre« Demokratie. Demokratie ist für den Rechtsextremismus zudem auf Grundlage eines ethnisch-identitären Volksbegriffes zu denken. Eine Teilhabe ist nur für die »Eigenen« vorgesehen, die anhand von Kultur und Geschichte, aber immer auch aufgrund der Herkunft definiert werden.

Viele rechtsextreme Formationen erheben in ihrer Praxis (natürlich sachlich begründbare) Forderungen wie die nach einer Verkleinerung des Bundestages oder der Einschränkung der Parteienfinanzierung. Auch die AfD kündigt in ihrem Programm an, »die Macht der Parteien beschränken« zu wollen. Je nach Spektrum soll der Parlamentarismus überwunden oder gezähmt werden. In qualitativer Hinsicht liegt hierin natürlich ein Unterschied, weswegen der Politikwissenschaftler Cas Mudde in seiner Konzeption der »far right« darum zwischen einem rundweg antidemokratischen Pol und einem Pol, der reformistisch auftritt und die liberale Parteiendemokratie in Richtung Illiberalität transformieren will, unterscheidet. Für viele Rechtsextreme sind autoritär geprägte, illiberale Demokratien wie in Russland oder Ungarn darum auch jenseits geostrategischer Überlegungen positive Bezugspunkte. Aus ihrer Sicht stehe dort das jeweilige nationale Interesse im Mittelpunkt der Politik. Öffentlich-rechtliche Sender in Deutschland vehement als »Staatsfunk« und »Propaganda« zu kritisieren und gleichzeitig Propaganda und Einschränkungen der Pressefreiheit in illiberalen Staaten zu begrüßen, stellt für Rechtsextreme darum nicht unbedingt einen Widerspruch dar.

Kapitalismus und Anti-Kapitalismus

Zu den Fragen der sozialen Gerechtigkeit und zur Ablehnung oder Befürwortung des Kapitalismus sind in der extremen Rechten sehr unterschiedliche Positionen zu finden. Was sie eint, ist darum nur in allgemeinen Kategorien beschreibbar. Auch im ökonomischen und sozialen Bereich geht die extreme Rechte von einer natürlichen Ungleichheit der Menschen aus. Die Ausdifferenzierung der Gesellschaft muss und soll sich aus ihrer Sicht auch ökonomisch widerspiegeln. Auf diejenigen, denen fehlende Leistungsfähigkeit und -bereitschaft und »Schmarotzertum« vorgeworfen wird, blickt die extreme Rechte herab. Linke und sozialistische Modelle, die ein hohes Maß von sozialer Mobilität und eine größere oder völlige Überwindung sozialer Ungleichheit anstreben, lehnt die extreme Rechte ab. Klassischen Gewerkschaften wird regelmäßig »Klassenkampf« und ähnliches vorgeworfen, da sie gesellschaftliche Unruhe stifteten. Von »sozialer Ungleichheit« ist im Rechtsextremismus damit übereinstimmend nie die Rede, da aus seiner Sicht das Soziale ohnehin immer von Ungleichheit geprägt zu sein hat. Sehr wohl aber bezieht er sich positiv auf den Begriff der »sozialen Gerechtigkeit« – was genau als gerecht eingestuft werden kann, bleibt freilich strittig.

Der hauptsächliche Rahmen, auf den sich die extreme Rechte in ihrer Wirtschafts- und Sozialpolitik bezieht, ist die Nation. Sie stelle die Voraussetzungen bereit, die allen Angehörigen des Volkes erlaubten, hierarchisch gegliedert aber harmonisch aufeinander abgestimmt zu wirtschaften und zu arbeiten. Durch alle Spektren der extremen Rechten zieht sich eine Tendenz zur Ethnisierung der Sozialen Frage. Für soziale Probleme werden Migrantinnen und Migranten oder ausländische und internationale Einflüsse verantwortlich gemacht. Im Parteiprogramm der NPD heißt es beispielsweise: »Wir Deutschen müssen uns zwischen Sozialstaat und Einwanderungsstaat entscheiden«. Migrantinnen und Migranten wären unproduktiv, neigten zu Kriminalität, raubten Sozialleistungen, gefährdeten darum die nationalen Sicherungsnetze oder machten den Deutschen Arbeitsplätze streitig. Durch internationale Organisationen hingegen würden zum Nachteil der Nation hierzulande erarbeitete Güter mit ungenügenden Gegenleistungen ins Ausland transferiert und die nationale Souveränität angegriffen. Wo die extreme Rechte soziale Sicherungsmechanismen befürwortet, meint sie dies immer im Sinne einer exkludierenden Solidarität im nationalen Rahmen, von der sowohl »schmarotzende« Deutsche als auch Menschen, die in ihrem Verständnis nicht deutsch sind, tendenziell ausgeschlossen bleiben sollen.

Mit welcher Rhetorik diese Inhalte beschrieben werden und welche konkreten Maßnahmen umgesetzt werden sollen, wird in den verschiedenen Strömungen der extremen Rechten unterschiedlich gehandhabt. Wirtschafts- und sozialpolitische Forderungen sind dabei auch im Fluss und werden, je nachdem, wie es opportun erscheint, als flexibles Instrument zur Ansprache unterschiedlicher Zielgruppen eingesetzt. Die Mittelschichten werden gemeinhin als wirtschaftliches Rückgrat der Nation umworben und etwa die Bekämpfung von ausufernder Bürokratie oder von mittelstandsfeindlicher, übertriebener Steuerbelastung versprochen. Wirtschaftseliten hingegen sind in der Geschichte der Bundesrepublik bisher nicht die hauptsächlichen Zielgruppen von Rechtsextremen gewesen. Bekannt gewordene Großspenden an entsprechende Organisationen illustrieren aber, dass es auch dort Sympathien für rechtsextreme Gruppierungen gibt. Insbesondere die Versprechen marktradikaler Rechtsextremer, Einmischungen des Staates in das Wirtschaftsleben zu minimieren, kommen der Interessenlage wirtschaftlicher Eliten entgegen.

Neben der Mittelstands-Rhetorik gibt es auch eine rechtsextreme Ansprache, in der erweiternd betont wird, die Interessen des »kleinen Manns« und des »hart arbeitenden Volkes« zu vertreten. Damit sind zum einen Mittelständlerinnen und Mittelständler gemeint, aber auch Anliegen von Arbeitnehmerinnen und Arbeitnehmern werden von Rechtsextremen aufgenommen, ein Mindestlohn gefordert oder der Ausbau und der Schutz der Sozialsysteme in die Programme aufgenommen. Im Neonazismus wird die Soziale Frage sogar überwiegend aus der Perspektive des »einfachen Volkes« beantwortet und ein »Antikapitalismus von rechts« propagiert. Diese Selbstbezeichnung ist irreführend, weil keineswegs eine Aufhebung des Privateigentums an Produktionsmitteln und der auf Konkurrenz basierenden Marktwirtschaft beabsichtigt ist. Allerdings aber sind Arbeiterschaft oder das Handwerk die Hauptadressaten der Neonazipolitik. Durch einen starken und protektionistischen Staat sollen diese gestärkt werden. Als Feindbilder dienen Großkonzerne, sofern diese international auftreten, und der als nichtproduktiv kritisierte Finanzsektor. Das »schaffende« (und als »deutsch« gedachte) Kapital soll nach Vorstellung der Neonazis also gefördert und das »raffende« Kapital bekämpft werden. Hinter dieser Unterscheidung verbirgt sich ein Antisemitismus in nationalsozialistischer Tradition, wie er etwa beim NS-Wirtschaftstheoretiker Gottfried Feder zu finden war. Internationalismus, Schrankenlosigkeit, »Globalismus« und die damit einhergehende Zerstörung von Nation und tradierten Bindungen werden als »jüdisch« betrachtet. Neonazis verachten Sozialismus und Liberalismus als zwei Seiten derselben materialistischen, antinationalen und jüdischen Medaille, gegen die sie ihr Verständnis von nationalistischem Idealismus stellen. Die NPD nennt ihr Modell einer »harmonisch ausgewogenen« ökonomischen Ordnung »raumorientierte Volkswirtschaft«. Andere Rechtsextreme vertreten eine romantische Kapitalismuskritik, die ökonomisiertes und konsumorientiertes Denken als leere und oberflächliche Haltungen angreift und überwinden will. Dafür bedürfe es nur stellenweise einer Zähmung der Wirtschaft, vor allem aber müsse eine geistige Erneuerung bewirkt werden. Forderungen nach Arbeitszeitverkürzungen oder Lohnerhöhungen wird von diesen Rechtsextremen mit Skepsis begegnet, da sie ebenfalls ökonomistischem Denken entspringen würden und darum nur Scheinlösungen für ein anders gelagertes Problem seien.

In anderen Teilen der extremen Rechten wird hingegen auf den wirtschaftlichen Liberalismus positiv Bezug genommen und zuweilen werden offensiv Kapitalismus und Marktwirtschaft gepriesen. Das Konkurrenzprinzip im wirtschaftlichen Feld müsse sich frei entfalten können, um zum Wohle der Nation und im Sinne der sozialen Gerechtigkeit die Starken und die Leistungsfähigen zu ihrem Recht kommen zu lassen. Ein »ausufernder« Wohlfahrtsstaat führe zu einer Erschlaffung der Gesellschaft und letztlich zu ihrer Selbstauflösung. Soziale Sicherungssysteme werden darum manchmal abgelehnt oder nur als wohldosierte Befriedungs- und Sicherungsmaßnahmen des Staates befürwortet. Breiteren Partizipationsmöglichkeiten durch leicht zugängliche Bildung und Teilhabe steht dieses Spektrum mit der Begründung ablehnend gegenüber, dass so die natürlichen Prozesse der sozialen Selektion und der Elitenbildung aus dem Gleichgewicht gebracht werden. Der Staat soll gleichermaßen schlank und stark sein, sich Eingriffen in das Wirtschaftsleben und sozialer Umverteilung enthalten, Regulationsmechanismen abbauen und lediglich mit harter Hand dafür sorgen, als notwendig erachtete Rahmenbedingungen aufrechtzuerhalten. Dazu gehören Homogenität in ethnischer und kultureller Hinsicht sowie eine Beschränkung von politischer Teilhabe und Pluralität. Rechtextreme dieser Couleur fürchten die Gefahren, die der Ordnung durch »funktionslose Unterschichten« im Volk und durch unqualifizierte Einwanderung drohten. Gegen die Bestürmung der Gesellschaft durch Parteien und Partikularinteressen habe der Staat sowohl sich selbst als auch die Wirtschaft zu schützen. Nicht selten wird der Politik der Bundesrepublik vorgeworfen, in Wahrheit eine sozialistische Gesellschaft schaffen zu wollen oder bereits geschaffen zu haben. Manche Elemente dieser rechtsextremen Sichtweisen auf Wirtschafts- und Sozialpolitik haben Berührungs- und Überschneidungspunkte mit dem Ordo- und Neoliberalismus; positiver Bezug wird beispielsweise auf die Theoretiker der sozialen Marktwirtschaft der Freiburger Schule genommen. In der AfD und in der ihnen nahestehenden Publizistik finden zudem Ansichten Resonanz, die etwa auf die österreichische Schule der Nationalökonomie (Friedrich August von Hayek, Ludwig Mises) oder auf Ideen der Chicagoer Schule (Milton Friedman) rekurrieren.

Religion

Die Frage, welche Position sie zur Religion beziehen soll, ist für die extreme Rechte von einiger Bedeutung. Je nach Spektrum fallen die Antworten unterschiedlich aus. Auch wenn es durchaus Schnittmengen gibt, ist die extreme Rechte selbst vom religiösen Fundamentalismus zu unterscheiden. International und in der Geschichte hat es aber durchaus Beispiele gegeben, in der rechtsextreme Ideologie und die organisierte Religion eng miteinander verknüpft wurden, etwa im spanischen Franquismus. Im Nationalsozialismus gab es christlichen Widerstand, aber eben auch christliche Kreise, die das NS-Regime begrüßten und mit ihm kooperierten.

In ihrer Mehrheit nimmt die extreme Rechte für sich in Anspruch, Verteidigerin des »Abendlandes« zu sein. Dieser Begriff wurde in der Geschichte der Rechten mit unterschiedlichen Bedeutungen unterlegt und beispielsweise mit dem Reichsgedanken verknüpft. Inbegriffen war eine Deutung des Abendlandes als Überbegriff für das christliche Westeuropa mit Deutschland im Zentrum. Die christliche Tradition wurde als ein zu schützender oder wiederherzustellender Kernbestandteil der europäischen Kultur betrachtet. Mit nationalistischen Ideen vereint wurde das Christentum an die eigenen Europakonzeptionen gekoppelt. In nicht geringen Ausmaß bildeten sich dabei auch konfessionelle Auseinandersetzungen zwischen Katholizismus und Protestantismus ab. Die historische völkische Bewegung war beispielsweise größtenteils antikatholisch ausgerichtet.

In jüngerer Zeit sind die Bezüge, die die extreme Rechte auf Christentum und Abendland nimmt, nicht unbedingt seltener geworden, aber sie haben sich entkonkretisiert. An den großen Kirchen wird zumeist harsche Kritik geübt. Ihnen wird vorgeworfen, zu zeitgeistkonform zu agieren. Stellenweise kommt es hierbei zu Überschneidungen von christlichen Rechten mit dem Rechtsextremismus. Als abstrakter Bestandteil des europäischen und damit auch deutschen Erbes wird das Christentum jedoch viel häufiger und auf vielfältige Weise beschworen. Dabei spielen in der Gesamtheit die konkreten religiösen Inhalte und Praktiken eine immer geringere Rolle. Die im weithin säkular geprägten Ostdeutschland ansässigen »Patriotischen Europäer gegen die Islamisierung des Abendlandes« (Pegida) erklärten in einem früh veröffentlichten Manifest ausdrücklich, »den Schutz unserer christlich-jüdisch geprägten Abendlandkultur« erreichen zu wollen. Im tatsächlichen Aktivismus dieses Zusammenschlusses spielt das Christentum – vom Judentum ganz zu schweigen – hingegen kaum eine Rolle. Aus dem Dunstkreis der »Identitären Bewegung« wird stellenweise gleichfalls eine Re-Christianisierung des Abendlandes gefordert, obgleich diese rechtsextreme Gruppe keineswegs christlich geprägt ist. Der Bezug auf das Christentum dient in solchen Zusammenhängen eher als ein Symbol für die angestrebte Stärkung von Traditionen. Es wird in erster Linie nicht als konkreter Glaube adressiert, sondern dient als Merkmal, durch das sich Europa und Deutschland von anderen Regionen der Welt abgrenzen lasse.

Die Idee eines christlichen Abendlandes ist freilich nicht ohne ein entsprechendes Gegenstück zu denken. Das »Morgenland« und mit ihm der Islam wird von der extremen Rechten als Gegenentwurf zu den eigenen Werten präsentiert und ist im antimuslimischen Rassismus zu einem umfassenden Feindbild ausgebaut worden. Manche Rechtsextreme zeichnen den Islam dabei als unzivilisiert und zivilisationszerstörend, als eine durch und durch totalitäre und aggressive Ideologie. Friedfertigkeit und Kultur seien die dagegen zu verteidigenden christlichen Werte. Andere Rechtsextreme erkennen den Islam als eine – konkurrierende – Kultur an, die zwar in Deutschland und Europa raumfremd sei, jedoch in »ihren« Weltregionen eine Daseinsberechtigung habe. Die erste Variante nutzt zumeist die drastischere Rhetorik, und verunglimpft den Islam beispielsweise als Pädophilenreligion. Gleichzeitig aber eignet sie sich universalistische und mit dem Rechtsextremismus schwer in Übereinstimmung zu bringende Begriffe an: Der Islam sei barbarisch und müsse im Interesse von Menschenrecht und Grundgesetz abgewehrt werden. Die zweite Variante ist in dieser Hinsicht konsequenter und radikaler, da sie Universalismus und Menschenrecht von vorneherein verwirft. Eine strenge Segregation von Islam und Christentum, von Abendland und Morgenland ergebe sich weniger aus bestimmten behaupteten oder tatsächlichen Charakteristika des Islam, sondern allein daraus, dass der Islam nicht zum »Eigenen« gezählt wird.

Dem Islam werden zuweilen sogar positive Eigenschaften zugeschrieben. Durch Aufklärung, Marxismus, Feminismus und andere Einflüsse verursachte Zerfallsprozesse hätten eine Erschlaffung und Entmännlichung der deutschen und verwandter Gesellschaften bewirkt – eine »thymotische Unterversorgung«, wie es zuweilen in Anlehnung an einen Begriff aus Platons Philosophie formuliert wird. Ein Wiedererwecken von Kampfgeist und Aggressivität sei darum nötig, also explizit keine Stärkung der Zivilisation, sondern das Abschneiden eines »überzivilisierten« Überhangs zur Rettung derselben. Im Islam und speziell unter männlichen Muslimen hingegen seien diese gesunden Regungen lebendig und könnten auf dieser Ebene als Vorbild zur Rettung des Eigenen dienen. Durch einige weitere Anknüpfungspunkte, beispielsweise in den Feldern des Antisemitismus und Antiamerikanismus, gibt es zudem gewisse inhaltliche Konvergenzen zwischen Teilen des Rechtsextremismus und dem islamistischen Fundamentalismus. Versuche zur konkreten politischen Zusammenarbeit sind jedoch bisher marginal geblieben.

Besonders im Neonazismus sind hingegen auch neuheidnische und radikal antichristlich-antisemitische Positionen zu finden. Das wiederherzustellende Ideal wird hier im Unterschied zu anderen Strömungen des Rechtsextremismus nicht als Mythos einer in der christlich-abendländischen Welt angesiedelten Nation entworfen. Stattdessen werden nordische, germanische und vorchristliche Traditionen angesprochen und als Vorbild inszeniert. Das Christentum wird als Verlängerung des Judentums diffamiert. Es handele sich um eine letztlich jüdische Erfindung, die in Europa unterdrückerisch und gewaltsam durchgesetzt worden sei. Christliche Konzepte wie die »Nächstenliebe« widersprächen der Natur des Menschen bzw. der Natur der weißen »Rassen« und seien Ausdruck von Schwäche. Zur Befreiung von der Fremdherrschaft müsste daher das Christentum überwunden werden und an seine Stelle eine neu zu entdeckende heidnisch-germanische Religiosität treten. Manche Kleingruppen wollen einen »Artglauben« einführen, in dem die Vergöttlichung der europäisch-weißen »Rassen«, also die Vergottung des eigenen »Blutes«, im Zentrum steht. Weniger als tatsächliche Glaubenspraxis aber in Form eines symbolischen Repertoires haben heidnische Vorstellungen im subkulturellen Rechtsextremismus einen bedeutenden Einfluss. Zahlreiche Rechtsrockbands besingen Gottheiten wie Thor oder nutzen Runen-Schriftzeichen oder den Thorshammer (Mjölnir) als Embleme.

Im internationalen Kontext

In diesem Buch wird der Rechtsextremismus in Deutschland in den Blick genommen, also die Erscheinungen, die geschichtlich gesehen im radikalen, rechten Nationalismus Deutschlands verwurzelt sind und vor dem Hintergrund der deutschen Geschichte agieren. Gleichwohl gilt: Rechtsextreme Ideologie ist mit jeweils eigenen nationalen Spezifika ausgestattet, hat aber weltweite Verbreitung, und die Organisationen sind europaweit und stellenweise global vernetzt.

Internationale neofaschistische Bewegungen, besonders in Ländern, die mit dem historischen Nationalsozialismus verbündet waren oder starke pro-nationalsozialistische Vorläufer hatten, beziehen sich in der Regel positiv auf Deutschland und den deutschen Rechtsextremismus. Anderswo ist das Deutschlandbild ambivalenter und von geschichtlichen Belastungen geprägt, da sich die jeweiligen nationalistischen Interessen von denen des deutschen Rechtsextremismus unterscheiden. Manche Rechtsextreme in der Tschechischen Republik, in Polen oder Italien misstrauen ihrer politischen Verwandtschaft in Deutschland, da sie den dort anzutreffenden großdeutschen Grenzrevisionismus ablehnen müssen. Mit der Globalisierung hat sich jedoch auch der Rechtsextremismus globalisiert.

Durch Globalisierung und das Internet haben sich die transnationale Vernetzung und die Zusammenarbeit in Kampagnen vereinfacht und dynamisiert. So stark wie aktuell haben internationale autoritäre und rechtsextreme Bewegungen wohl noch nie kooperiert und sich gegenseitig beeinflusst. Im Stil ihrer Internetkommunikation und im Einsatz von Desinformationskampagnen fallen internationale Ähnlichkeiten auf. So wie radikale Republikaner-Anhängerinnen und -Anhänger in den USA nachweislos Wahlmanipulationen zuungunsten Donald Trumps anprangerten, versuchen auch AfD-nahe Vereine Misstrauen gegen die Legitimität von Wahlen in Deutschland zu säen. In ihrer Ablehnung des »Globalismus« sind sich Rechtsextreme global einig. Und in vielen Ländern versuchen sie gleichermaßen, kulturkämpferisch Gegensätze zwischen dem kosmopolitischen Leben der »anywheres« in Metropolen und dem Leben von bodenständig-verwurzelten »somewheres« herauszustellen, zu befeuern und in politisches Kapital zu verwandeln.

Rechtsextreme Europakonzeptionen lassen internationale Kooperationen von radikalen nationalistischen Kräften auf dem Kontinent, die auf den ersten Blick widersprüchlich wirken, ohnehin zu. Auch der Rassismus dieses Lagers hat sich flexibel gezeigt. Die Einschätzung, dass eine Islamisierung Europas und eine Überflutung des Kontinents bzw. der christlichen Welt mit »Kulturfremden« drohe, eint internationale rechtsextreme Bewegungen und hat ihre Zusammenarbeit im »Counter Jihad« ermöglicht. Deutsche und osteuropäische Neonazis sehen über den mörderischen historischen Antislawismus der Nazis hinweg und betonen ihre »rassische« Ähnlichkeit: »Nie wieder Bruderkrieg« und »White Pride Worldwide«. Das auch in Deutschland aktive (wenn auch seit 2000 verbotene) Neonazi-Skinhead-Netzwerk »Blood & Honour« wurde ab Ende der 1980er-Jahre eine Vorreiterorganisation für internationale Kooperationen im Bereich rechtsextremer Subkultur.

Der Aufschwung autoritärer und rechter Politik in den letzten Jahren ist ein internationales Phänomen. Schon seit Jahrzehnten feiern die »Freiheitliche Partei Österreichs« (FPÖ) und der »Rassemblement National« in Frankreich (RN, vor 2018: »Front National«) Wahlerfolge. Beide Parteien waren Gründungen der extremen Rechten, formulieren ihre politischen Forderungen aber mittlerweile moderater. Ihre Anbindung zum Rechtsextremismus haben sie jedoch keineswegs gekappt und vertreten eine autoritäre, antiliberale und migrationsfeindliche Politik. »Radikal rechtspopulistische Parteien« (Cas Mudde) haben mittlerweile in fast allen europäischen Ländern an Bedeutung gewonnen, führen in Polen und Ungarn die Regierungen an und sind in weiteren an Regierungskoalitionen beteiligt. Auch die Präsidentschaft Donald Trumps in den USA oder die Wahl des Rechtsextremen Jair Bolsonaro zum Staatspräsidenten Brasiliens im Jahr 2018 sind in die internationale Konjunktur von nationalistischer, autoritär-illiberaler Politik einzuordnen. Beide Staatschefs kamen bemerkenswerterweise über Parteien ins Amt, die ein zwar konservatives, aber keineswegs rechtsextremes Profil hatten. Ein für rechtsextreme Einflussnahmen und den populistischen Politikstil offener Konservatismus, das politische, rechtsevangelikale Christentum und nativistische und marktradikale Formationen hatten Trump zusammen mit rechtsextremer Unterstützung zur Macht verholfen. Das Ausmaß rechtsextremer Gewalt stieg in den USA während der Präsidentschaft Trumps sprunghaft an und die dortigen Rechtsextremen stimmten mit der nationalen Abschottungsagenda Trumps überein. Zu Recht sahen die rechtsextremen Militanten, die im Januar 2021 das Capitol stürmten, um den Machtwechsel zu verhindern, in Trump einen Verbündeten. Der Sturz der amerikanischen Demokratie misslang bekanntlich. Aber: Rechtsaußenpolitik ist ohne Frage international im Mainstream angekommen. Auch außerhalb der westlichen Welt gibt es starke rechtsautoritäre Tendenzen. In Indien stellt die fast 150 Millionen Mitglieder zählende rechte, hindunationalistische »Bharatiya Janata Party« seit 2014 mit Narendra Modi den Ministerpräsidenten. Natürlich bilden sich diese internationalen Entwicklungen auch in Deutschland ab: Die Erfolge der rechtsextrem dominierten »Alternative für Deutschland« in der Bundesrepublik sind auch als hiesiger Ausdruck rechter Mobilisierungen weltweit zu verstehen.

GESCHICHTE UND GESTALT

In diesem Kapitel werden das Spektrum des deutschen Rechtsextremismus und seine sozialen wie auch politischen Milieus vorgestellt und eingeordnet. Ziel ist es, eine Landkarte dieses politischen Lagers zu zeichnen, die geeignet ist, die Vielfältigkeit des Phänomens zu verdeutlichen und die eingesetzten Methoden und Themenschwerpunkte zu illustrieren. Mehr noch: Auch die zeitgeschichtliche Genese und Markpunkte der rechtsextremen Inhalte, des entsprechenden Handelns und der Kampagnen werden beschrieben.

Aktuell kann der Rechtsextremismus in drei besonders relevante Lager unterteilt werden. Zum einen ist das Feld um den Neonazismus zu nennen, der sich in Subkulturen und in Organisationen wie »Kameradschaften«, »Bruderschaften« und einigen Parteien zeigt. Ein eigenes Segment stellt der Rechtsextremismus in der »Alternative für Deutschland« und ihren Vorfeld- und Umfeldorganisationen dar. Drittens existiert ein neuerer, fluider Rechtsextremismus, der sich in Online-Subkulturen, in Verschwörungsszenen und im Bereich rund um »Reichsbürger« formiert hat. Die Grenzen zwischen diesen Lagern sind nicht immer klar gezogen und es gibt auch Überlappungen in andere politische Milieus.

Wieviel Rechtsextreme gegenwärtig in der Bundesrepublik politisch tätig sind – also ein Mindestmaß an Aktivitäten an den Tag legen –, kann nur geschätzt werden. Der Verfassungsschutz zählte für das Jahr 2020 rund 33 300 Personen, die im Berichtszeitraum als politisch aktive Rechtsextreme aufgefallen sind, darunter 13 300, die als gewaltbereit eingestuft werden. Die rechtsextrem dominierte AfD hat insgesamt rund 32 000 Mitglieder, die Umfeld- und Vorfeldorganisationen größtenteils nicht mit eingerechnet. Die Zahl der Menschen, die sich in unterschiedlichen Intensitätsgraden am kleinteiligen und niedrigschwelligen rechtsextremen Onlineaktivismus beteiligen, ist unbekannt. Sie dürfte im sechsstelligen

Bereich liegen. Aus dieser Sphäre rekrutiert sich wahrscheinlich die Mehrheit der Menschen, die mit rechtsextremer Gesinnung an »Querdenken«-Protesten und anderen Straßenmobilisierungen teilnehmen. Das Spektrum der »Reichsbürger und Selbstverwalter« wird vom Verfassungsschutz mit 20 000 beziffert (die als »staatsfeindlich« beobachtet werden, von denen nach den Maßstäben der Behörde aber nur eine Minderheit dezidiert rechtsextrem orientiert sei). Jenseits von Neonazismus, AfD und fluiden Erscheinungen dürften Rechtsextreme in diversen anderen Zusammenhängen zusätzlich insgesamt einige tausend Personen zählen – von völkischen Siedlerinnen und Siedlern über Diskussionszirkel und unabhängige kulturelle Zusammenschlüsse bis hin zu den Resten rechtsextremer Vertriebenen-Vereine.

Je nach Spektrum sind rechtsextreme Organisationen sozial und demografisch sehr unterschiedlich zusammengesetzt. Zum Anteil und zur Rolle von Frauen seien hier einige Anmerkungen gemacht. Der organisierte Rechtsextremismus ist männlich dominiert, und zwar stärker noch, als es in anderen politischen Organisationen üblich ist. Bei rechtsmotivierten Straftaten liegt der Anteil der dafür verantwortlichen Männer bei über 90 Prozent. Auf der Führungsebene von Parteien und anderen Gruppierungen rangiert der Männeranteil bei Werten um 80 Prozent. Auf der Ebene der einfachen Mitgliedschaft sind Frauen etwas stärker vertreten. Mit erstaunlicher Konstanz wurden rechtsextreme Parteien in den vergangenen Jahrzehnten zu ungefähr zwei Dritteln von Männern und zu einem Drittel von Frauen gewählt. Auf der Ebene der Verbreitung von rechtsextremen Einstellungsmustern in der Bevölkerung sind die Unterschiede zwischen den Geschlechtern weit geringer.

Trotz der Dominanz von Männern und der allgemeinen Orientierung an Männlichkeit wird das Mitwirken von Frauen in rechtsextremen Organisationen prinzipiell begrüßt. Teils, weil sie als werbewirksame Aushängeschilder angesehen werden, teils aber auch, weil die »Sicht von Frauen« für eine »ganzheitliche« Organisation als nötig erachtet wird. Weibliche Rechtsextreme sind häufig – und im Spannungsverhältnis zu den propagierten rechtsextremen Familienmodellen – berufstätig, nehmen die Möglichkeit zur Kitabetreuung von Kindern in Anspruch oder artikulieren Unzufriedenheit über das Gebaren von Männern in den eigenen Organisationen. Die Sozialarbeitsprofessorinnen Esther Lehnert und Heike Radvan warnen davor, die Beiträge von Frauen am Rechtsextremismus zu unterschätzen. Frauen partizipieren in relevantem Umfang und artikulieren oft selbstbewusst ihre nicht minder radikalen Ansichten. Weil Frauen gesellschaftlich oft stereotyp Friedfertigkeit und ein geringeres Interesse an Politik unterstellt werde, bleibe ihr Tun mitunter unsichtbar und werde systematisch unterschätzt.

Der Rechtsextremismus verfügt in seinen unterschiedlichen Ausdifferenzierungen über verschiedene Dichtegrade der organisatorischen Verfasstheit. Es gibt klassische Zusammenschlüsse wie Parteien oder Vereine, seine Verlage treten auch als Wirtschaftsunternehmen auf, zudem existieren lose und informell vernetzte intellektuelle Zirkel und fluide, sich immer wieder selbst erneuernde und umformende informelle Sphären wie die Subkulturen. Die folgende Darstellung richtet sich in erster Linie an diesen Orientierungspunkten aus. Allerdings sind die jeweiligen programmatischen Schwerpunkte der politischen Subspektren bei der Kartierung des Rechtsextremismus ebenfalls zu beachten. Die Subspektren verfolgen unterschiedliche Strategien, durch die bedingt ihr politisches Handeln sehr verschieden ausfällt. Die Strategien reichen vom Versuch, am politischen System der Bundesrepublik teilzuhaben und sich dessen Regeln zumindest temporär zu unterwerfen, um es legal gemäß den eigenen Vorstellungen zu verändern, bis hin zu einem systemantagonistischen Fundamentalismus, der eine Revolution herbeiführen will und dafür den systematischen Einsatz von Gewalt für gerechtfertigt hält.

Ein Kern der folgenden Darstellung stellt das rechtsextreme Parteienspektrum in der Bundesrepublik dar. Der AfD als der in den vergangenen Jahren fraglos relevantesten und erfolgreichsten Partei ist ein eigener Abschnitt gewidmet. Auch wenn es streitbar bleibt, ob mittlerweile alle ihre Gliederungen dem Rechtsextremismus zuzuschlagen sind, so ist die AfD als Gesamtpartei doch klar rechtsextrem dominiert und zum Gravitationszentrum des gesamten Spektrums geworden. Als weitere Ebenen des Rechtsextremismus werden ferner die Kultur- und Milieuorganisationen und die Publizistik behandelt sowie die Subkulturen, der organisierte Neonazismus und die terroristischen Erscheinungen. Erwähnung finden auch Milieus, die zwar nicht rechtsextrem sind, für die soziale und politische Basis des Rechtsextremismus jedoch relevant und in manchen Zeiten sogar prägend waren. Hierzu zählen soldatische Traditionsverbände oder die Studentenverbindungen.

Wegen der Präsenz von Rechtsextremen im Staatsdienst – bei Polizei und Armee –, welche mit Verweis auf immer wieder publik werdende Skandale nachvollziehbar ist, und den massiven sicherheitspolitischen Implikationen, die daraus folgen, findet auch dieser Aspekt Beachtung. Eine Entgrenzung, Entformalisierung und Ausweitung ist derweil in jüngeren, fluiden Ausformungen des Rechtsextremismus zu beobachten. Die rechtsextremen und entsprechend beeinflussten Milieus im Internet, die Verschwörungsszenerien und die Szene um die »Reichsbürger« werden porträtiert. Die Bedeutung, die ihnen mittlerweile innerhalb des Rechtsextremismus zukommt, rechtfertigt diese Darstellung.

Abschließend wird der Blick auf das politische Handeln des Rechtsextremismus um eine weitere Perspektive ergänzt. Mit welchen Themen und Problemdeutungsangeboten versuchen Rechtsextreme, auf sich aufmerksam zu machen und Einfluss zu generieren? Dafür werden einige Beispiele für bedeutende rechtsextreme Kampagnen und Kampagnenketten vorgestellt – beispielsweise die Kampagnen gegen »Überfremdung« und zur nationalistischen Neubewertung der deutschen Geschichte. Als ein Fallbeispiel für ein politisches Submilieu dient die »Neue Rechte« in der Bundesrepublik. Entstehung und Gehalt dieses Begriffs und die »Identitäre Bewegung« als eine aktuellere Erscheinungsform dieses Spektrums werden porträtiert.

Geschichtliche Konjunkturen

Generell gilt: Rechtsextremismus ist ein vergleichsweise junges Phänomen, dass sich erst im 19. Jahrhundert aus dem zeitgenössischen Nationalismus entwickelte und mit völkischen, antisemitischen, rassistischen und kolonialistischen Tendenzen verband. Im parteipolitischen Bereich entstanden im Kaiserreich (mäßig erfolgreiche) antisemitische Organisationen wie die »Deutschsoziale Partei« (1889 gegründet, auch »Deutschsoziale Antisemitische Partei«) oder die »Deutsche Reformpartei« (1890 als »Antisemitische Volkspartei« gegründet). Seitdem blühte eine lebendige und verzweigte politische Subkultur aus rechtsextremen Verbänden und Zirkeln auf. Im parlamentarisch orientierten Bereich entstand unter dem Eindruck der nahenden deutschen Niederlage im Ersten Weltkrieg 1917 unter Mitwirkung des späteren Putschisten Wolfgang Kapp mit der

»Deutschen Vaterlandspartei« (DVLP) eine erste Partei auf deutschem Boden, die über ein vollständig rechtsextremes Profil im heutigen Sinn verfügte und die sich stark auf Militärkreise stützte. Die Existenz der DVLP endete allerdings bereits 1919. In der Weimarer Republik waren die monarchistische »Deutschnationale Volkspartei« (DNVP) und die »Nationalsozialistische Deutsche Arbeiterpartei« (NSDAP) die bedeutendsten rechtsextremen Formationen im Parteienspektrum. Letztere wurde in der Diktatur des »Dritten Reichs« bekanntlich zur Staatspartei.

Die folgenden historischen Einordnungen beschränken sich in diesem Kapitel jedoch auf die Zeit nach dem Zweiten Weltkrieg. Wo angebracht, findet der Rechtsextremismus in der DDR Beachtung, auch wenn er sich dort schon aufgrund der allgemeinen politischen Repression nicht über ein bestimmtes Niveau hinaus entfalten konnte. Die extreme Rechte in der DDR blieb im Vergleich insgesamt subkutan und eher subkulturell. Wandlungsprozesse betrafen eher die kulturellen Ausdrucksformen, etwa durch die Entstehung rechtsextremer Skinhead- und dann »Fascho«-Szenen in den 1980er-Jahren.

Die Entwicklungen in den westalliierten Besatzungszonen und dann in der Bundesrepublik waren wesentlich ausgeprägter. Sie lassen sich in mehrere Perioden einteilen und dabei auch in Beziehung zu weltweiten Prozessen setzen. Auf internationaler Ebene teilt der Politologe Cas Mudde in Anlehnung an Vorarbeiten seines deutschen Kollegen Klaus von Beyme die Entwicklung der »äußeren Rechten« anhand dominierender Erscheinungsformen und Wahlerfolge in vier Wellen ein: Neofaschismus (1945–1955), Rechtspopulismus (1955–1980), radikale Rechte (1980–2000) sowie eine seit dem Jahrtausendwechsel andauernde vierte Welle, die von neuen Erfolgen, einem Ankommen im politischen Mainstream und einer Heterogenisierung gekennzeichnet ist. Forschende wie Richard Stöss, Gideon Botsch, Juliane Wetzel oder Armin Pfahl-Traughber haben den Rechtsextremismus in der Bundesrepublik in davon teils abweichende Zeitabschnitte eingeteilt. Zumeist fanden dafür die spezifische gesellschaftliche Entwicklung Westdeutschlands als äußerem Faktor und die Erfolge und Misserfolge der rechtsextremen Organisationen als Binnenfaktor Beachtung. In Anlehnung an diese Modelle wird hier eine mögliche Variante einer Vier-Phasen-Einteilung (1945–1969, 1970–1989, 1990–2010, 2010–heute) skizziert.

Der Zeitraum 1945 bis 1969 erfasst den Rechtsextremismus unter den Bedingungen der bundesdeutschen Nachkriegsgesellschaft. Die ehemaligen Trägerinnen und Träger des nationalsozialistischen Regimes wurden dabei größtenteils in das neue System integriert. Sie wurden in den Aufbau der neuen Institutionen eingebunden und prägten diese auf vielfältige Weise mit. Nicht wenige behielten ihre Ansichten bei, brachten diese in den neuen Staatapparat ein und nutzten ihre Positionen, um ihresgleichen zu protegieren. Das Nachleben des Nationalsozialismus *in* der Demokratie sei angesichts der nichtaufgearbeiteten jungen Vergangenheit und der deutschen Schlussstrich-Sehnsüchte bedrohlicher als das Nachleben faschistischer Tendenzen *gegen* die Demokratie, urteilte der Philosoph Theodor Adorno im Jahr 1959. Daneben begannen einige ehemalige Nazis, neue Strukturen aufzubauen und stellten ihre Organisationen als Interessenvertretungen der Vertriebenen und der ehemaligen Soldaten auf. In weiten Teilen hielten sie zunächst am alten Reichsgedanken fest. Vor dem Hintergrund der Blockkonfrontation Ost gegen West betonte die extreme Rechte ihren Antikommunismus und trug zum größeren Teil den Regierungskurs der Westbindung mit. Daneben bestanden aber auch neutralistische Tendenzen, die ein vereintes Europa als Kraft zwischen USA und UdSSR oder eine separate Entwicklung Deutschlands in Äquidistanz zu allen Machtblöcken vorschlugen. Pro-östliche (nationalbolschewistische) Strömungen blieben in der krassen Minderheit.

Zur bedeutendsten Kraft entwickelte sich zunächst die »Deutsche Reichspartei«. Die »Deutsche Gemeinschaft« als Organisation des neuen Nationalismus verschwand hingegen schnell in der Bedeutungslosigkeit. Der organisierte Rechtsextremismus blieb in dieser Phase schwach, da sich das politische System der Bundesrepublik als stabil erwies und die ökonomische Entwicklung (»Wirtschaftswunder«) positiv verlief. Als im Verlauf der 1960er-Jahre ein wirtschaftlicher Abschwung einsetzte, die industrielle Strukturkrise begann und Ende 1966 dann eine Große Koalition aus Union und SPD gegründet wurde, stieg die bereits 1964 gegründete NPD zur wichtigsten rechtsextremen Partei auf. Jedoch verpasste sie 1969 den sicher geglaubten Einzug in den Bundestag.

Zwischen 1970 und 1989 befand sich der Rechtsextremismus in einer Übergangsphase. Mit der »Aktion Widerstand«, einer Kampagne aus dem Spektrum der niedergehenden NPD, setzte eine Radikalisierung ein. Die im Zuge der 68er-Bewegung einsetzende gesellschaftliche Liberalisierung lehnten Rechtsextreme vehement ab. Die 1969 gebildete sozialliberale Koalition aus SPD und FDP wurde zum Feindbild. Zu einer regelrechten Hassfigur avancierte SPD-Bundeskanzler Willy Brandt, dem seine auf Entspannung zielende Ostpolitik als Verrat an deutschen Interessen vorgeworfen wurde. Rechtsterroristische Taten häuften sich und ein junger, generationell nicht mehr von der »Erlebnisgeneration« geprägter Neonazismus begann sich zu formieren. Einige Rechtsextreme strebten unter dem Stichwort »Neue Rechte« eine intellektuelle Erneuerung des Rechtsextremismus an, unter anderem in Anlehnung an antidemokratische Vorlagen aus der Weimarer Republik und im Austausch mit Rechtsextremen in Frankreich und weiteren europäischen Ländern. Versuche von weiteren Rechtsextremen, mit den oppositionellen CDU und CSU gemeinsame Sache zu machen, schlugen trotz entsprechender Signale von den rechten Rändern der Unionsparteien fehl. Neben dem Kampf um die Deutung der deutschen Geschichte und der »Deutschen Frage« (also: der Wiedervereinigung) entwickelte der Rechtsextremismus ab der Mitte der 1970er-Jahre eine weitere, nämlich eine rassistische Kampagne: Die »Überfremdung« Deutschlands durch Migration wurde fortan zu einem zugkräftigen Schlagwort in der Agitation. Zusätzlich beschäftigten sich einige Rechtsextreme mit der ökologischen Frage und brachten sich in den Gründungsprozess der Partei »Die Grünen« ein. Aus rechtsextremer Sicht versäumte die seit 1982 wieder regierende CDU, die von Kanzler Helmut Kohl versprochene »geistig-moralische Wende« gegen die Liberalisierung der Republik umzusetzen. Die extreme Rechte begab sich darum auch zur konservativen Regierung auf Konfrontationskurs. Daran anschließend und mit ihrem Einsatz gegen den Zuzug von »Ausländern« werbend stiegen »Die Republikaner«, eine 1983 als CSU-Abspaltung gegründete Formation, bis zum Ende der 1980er-Jahre zur wichtigsten rechtsextremen Partei auf. Die NPD und die 1987 zur Partei umgewandelte Gruppe »Deutsche Volksunion« führten im Vergleich ein Schattendasein.

1990 begann die dritte Phase des deutschen Nachkriegsrechtsextremismus, in der sich das Spektrum unter den Bedingungen der deutschen Einheit neu orientieren musste. Der Umbruch 1989 und 1990 traf den Rechtsextremismus – wie andere politische Strömungen – völlig unvorbereitet. Mit der Wiedervereinigung war eine seiner hauptsächlichen politischen Forderungen unversehens und ohne eigenes Mittun erfüllt worden; freilich exklusive der nach dem Zweiten Weltkrieg verlorenen Gebiete wie Schlesien und dem Sudetenland. Während besonders auf dem Gebiet der ehemaligen DDR rechtsextreme Subkulturen aufblühten und damit einhergehend die rassistische Gewalt eskalierte, blieben die rechtsextremen Wahlparteien im Osten zunächst erfolgloser als im Westen. Aus den rechtsextremen Subkulturen und dem organisierten Neonazismus gründete sich die Terrororganisation »Nationalsozialistischer Untergrund«. Die »Überfremdungs«-Kampagne wurde schließlich endgültig zum wichtigsten Zugpferd der extremen Rechten und im Laufe der Jahre mehrmals variiert: Waren zuvor die »Gastarbeiter« der hauptsächliche Fokus der rassistischen Agitation, traten die Flüchtlinge (etwa aus den Jugoslawienkriegen) hinzu. Rassistische Morde, Anschläge und Ausschreitungen wie in Rostock, Hoyerswerda, Solingen und Mölln prägten die 1990er-Jahre. Nach den Anschlägen des 11. September 2001 wurde schließlich ein antimuslimisch ausgerichteter Rassismus wichtiger. »Die Republikaner« verloren in den 1990er-Jahren wieder an Einfluss. Stattdessen gewannen die älteren rechtsextremen Parteien DVU und die sich in Richtung Neonazismus transformierende NPD ab 1998 Fraktionen in ostdeutschen Landesparlamenten. Die Erfolge der weltweiten, politisch linksstehenden Antiglobalisierungsbewegung und stärker noch die Proteststimmung gegen die »Hartz IV«-Sozialreformen der seit 1998 regierenden rotgrünen Bundesregierung sorgten für eine Hinwendung des Rechtsextremismus zur Sozialen Frage.

Der Beginn der vierten, aktuell andauernden Phase in der Entwicklung des bundesdeutschen Rechtsextremismus lässt sich auf das Jahr 2010 datieren. Mit dem in diesem Jahr erschienenen Bestseller *Deutschland schafft sich ab* des ehemaligen Berliner SPD-Finanzsenators Thilo Sarrazin setzte eine verschärfte gesellschaftliche Diskussion über die Themen Islam, Zuwanderung und das Sozialsystem ein. Die extreme Rechte reagierte euphorisch auf die sich ihr dadurch unverhofft eröffnenden Diskursräume – die Grenzen zwischen dezidiert rechtsextremen Positionen und denen der gesellschaftlichen Mitte verschwammen. Derweil löste sich mit der DVU eine altgediente rechtextreme Partei zugunsten ihrer einstigen Konkurrentin NPD auf. Letztere konnte davon jedoch nicht profitieren. Im Jahr 2011 glückte ihr letztmalig der Einzug in ein Landesparlament. Es folgten Neugründungen von kleineren Neonaziparteien. Die Auswirkungen der weltweiten Finanzkrise (die bereits 2007 begann) und der Eurokrise ab 2010 schufen indes weitere politische Interventionsmöglichkeiten für rechtsgerichtete Politik, insbesondere unter Betonung der »Souveränität« der Bundesrepublik gegenüber der Europäischen Union. 2013 gründete sich als rechte Sammlungspartei die »Alternative für Deutschland« (AfD), zunächst in Opposition zur Eurorettungspolitik von CDU-Kanzlerin Angela Merkel als im Kern wirtschaftsliberale Partei rechts von CDU und FDP. Alsbald setzte ein Radikalisierungsprozess ein, der die AfD ins rechtsextreme Lager geführt hat. Hintergrundbedingung war die »Flüchtlingskrise« ab 2015, die von der AfD im Zusammenspiel mit Protestbündnissen wie »Pegida« mittels migrationsfeindlicher Parolen zur politischen Werbung in eigener Sache genutzt wurde. 2017 zog die AfD in den Bundestag ein und ist spätestens zu diesem Zeitpunkt zum Gravitationszentrum des Rechtsextremismus geworden. In anderen Bereichen bildeten sich fluide Erscheinungsformen des Rechtsextremismus jenseits der tradierten Formen heraus.

Zur Geschichte rechtsextremer Parteien

Ein Tumult im ersten deutschen Bundestag: Der Bundestagsabgeordnete Wolfgang Hedler gab im März 1950 im Ruhesalon des Bonner Parlaments ein Interview und hetzte dabei gegen Widerstand im Nationalsozialismus. Schon im Herbst 1949 hatte Hedler, einst Mitglied im »Stahlhelm« und der NSDAP, in einer Rede sein Denken offenbart: »Ob das Mittel, die Juden zu vergasen, das gegebene gewesen ist, darüber kann man geteilter Meinung sein. Vielleicht hätte es auch andere Wege gegeben, sich ihrer zu entledigen.« Erst nach öffentlicher Empörung über diese Bemerkung entschloss sich die regierungsbeteiligte »Deutsche Partei«, Hedler aus ihrer Bundestagsfraktion auszuschließen. In Bonn wurde es nach dessen neuerlicher Hetze handgreiflich. SPD-Abgeordnete um Herbert Wehner zerrten Hedler aus seinem Sessel, drängten ihn durch die Gänge des Parlaments; auch Fäuste flogen. Hedler stürzte durch eine Glastür und zog sich dabei Blessuren zu, bevor ihn die Sozialdemokraten vor die Tür setzten: »Raus, du Nazi-Lump!« Wehner und ein weiterer SPDler wurden später zur Zahlung von Schmerzensgeld verurteilt. Alte, eingefleischte Nazis und andere Rechtsextreme waren schon seit der Grünung die Bundesrepublik immer wieder in deutschen Parlamenten und Parteien vertreten und stellten permanent eine Herausforderung und Provokation für demokratische Kräfte dar. Parteiförmige Politik ist ein Hauptbetätigungsfeld von Rechtsextremen und als solche ein Teil der bundesdeutschen Geschichte geworden. Im Folgenden wird ein Überblick über die Entwicklung der rechtsextremen und rechtsextrem beeinflussten Parteien in Deutschland seit 1945 gegeben, der die wichtigsten Formationen, ihre jeweilige Ausrichtung und Erfolge und Misserfolge berücksichtigt.

Nach dem Ende des Zweiten Weltkrieges vereinbarten die alliierten Siegermächte USA, Sowjetunion, Großbritannien und Frankreich eine anfangs gemeinsame Politik der Entnazifizierung, die eine Demokratisierung und Entmilitarisierung des besetzten Deutschlands bezweckte. In den westlichen Zonen dauerte diese Politik bis 1951 an (und stieß zusehends auf Unwillen in der deutschen Bevölkerung und politischen Widerstand). Insgesamt waren zwischen 1945 und 1950 rund 290 000 Personen interniert. In der sowjetischen Besatzungszone lag diese Zahl bei rund 150 000 Personen (darunter auch willkürlich verhaftete Jugendliche, angebliche Spione und nicht-nationalsozialistische Gegnerinnen und Gegner der Sowjetbesatzung). Aufgrund der schlechten Versorgungslage kamen mehrere zehntausend in »Speziallagern« ums Leben. Durch die Enteignung des »Monopolkapitals« meinte man, die Wurzeln des Faschismus ausgerottet zu haben und betonte, dass die DDR in der Tradition eines heroischen Widerstandes der Arbeiterklasse stehe. Tatsächlich wurden bis 1950 über eine halbe Million und damit ein hoher Anteil der ehemaligen NSDAP-Mitglieder aus öffentlichen Positionen entfernt. Und doch zeigte sich die DDR-Führung interessiert, viele der »kleinen Täter« zu integrieren und für den Aufbau des Staates zu gewinnen, einige Dutzend davon als Abgeordnete in der Volkskammer.

In den Westzonen wurden mehrere Millionen Deutsche auf ihre vorige Verwicklung in das nationalsozialistische Regime überprüft – und nur ein verschwindend geringer Anteil davon als Hauptschuldige oder »Belastete« eingestuft. Nach der Gründung der Bundesrepublik konnte die große Mehrheit der ehemaligen Nazis ihre Karrieren weitgehend unbehelligt fortsetzen oder neue beginnen. Sie integrierten sich teilweise still (ohne dabei notwendigerweise ihre Gesinnung zu ändern), teilweise bildeten sie Netzwerke zur gegenseitigen Unterstützung und suchten innerhalb der Institutionen nach Wegen, den neuen Staat nach ihren Vorstellungen mitzugestalten. Der 1933 in die USA emigrierte österreichische Zeithistoriker Kurt Tauber hatte in seiner 1967 veröffentlichten wegweisenden Studie zum radikalen Nationalismus im Nachkriegsdeutschland auf die »Kooption« und Infiltration demokratischer Organisationen durch diese systemintegrierten Rechten hingewiesen. Nur ein Beispiel: Am Ende der 1950er-Jahre bestanden zwei Drittel der Leitungsebene des Bundeskriminalamts aus ehemaligen Mitgliedern der SS, der Anteil der ehemaligen NSDAP-Mitglieder lag noch höher. Nicht zuletzt ging es aus Perspektive der neuen Staaten um Pragmatismus: Man glaubte, darauf angewiesen zu sein, die professionellen Fähigkeiten der alten Funktionsträgerschaft nutzbar zu machen.

Die Alliierten hatten 1945 alle nationalsozialistischen Organisationen aufgelöst und auch die Schaffung von NSDAP-Nachfolgeparteien untersagt. Sehr wohl aber gründeten sich in den westlichen Zonen und dann in der jungen Bundesrepublik rechtsextreme Parteien, die teilweise an Vorläufer aus der Weimarer Republik anschlossen. Regional agierten etwa die »Nationaldemokratische Partei« (NDP) in Hessen und die »Deutsche Konservative Partei – Deutsche Rechtspartei« (DKP-DRP) in der britischen Besatzungszone. 1950 schlossen sich diese beiden Parteien zur »Deutschen Reichspartei« (DRP) zusammen und bildeten ein erstes bundesweites Sammelbecken rechtsextremer Kräfte, mit einer Agenda zur Wiederherstellung des Deutschen Reiches als einendes Band. In ihr waren deutschnationale, monarchistische und teilweise auch nationalsozialistische Strömungen versammelt.

Schon zuvor, bei den ersten Bundestagswahlen 1949, hatte der DRP-Vorläufer »Deutsche Konservative Partei – Deutsche Rechtspartei« (DKP-DRP) im Bündnis mit der nicht zu einem eigenen Wahlantritt zugelassenen »Gemeinschaft unabhängiger Deutscher« (GUD) 1,8 Prozent der Stimmen erreicht und konnte dank des recht guten Abschneidens in Niedersachsen (8,1 Prozent) fünf Abgeordnete in den insgesamt 410-köpfigen ersten Bundestag entsenden. Darunter befanden sich der spätere NPD-Vorsitzende Adolf von Thadden und der unter dem falschen Namen »Franz Richter« lebende ehemalige Nationalsozialist und Propagandafunktionär Fritz Rößler. 1952 wurde der Letztgenannte enttarnt, während einer Bundestagssitzung verhaftet und schließlich zu einer eineinhalbjährigen Haftstrafe verurteilt. Die unter altnationalistischem Einfluss stehende »Wirtschaftliche Aufbau-Vereinigung« (WAV) kam auch dank der Unterstützung von Vertriebenengruppen auf 2,9 Prozent der Stimmen und erhielt 12 Mandate. Zu nennen ist auch die »Deutsche Partei«, deren 4,0 Prozent für 17 Mandate ausreichten. Die DP schloss an ihre Vorgängerin in der Weimarer Republik an und vertrat als Mittelstandspartei mit regionalem Schwerpunkt in Niedersachsen einen protestantischen Konservativismus, der durchaus an der Grenze zum Rechtsextremismus stand und diese stellenweise überschritt. Vor den Wahlen hatte die DP, in der viele Ex-NSDAP-Mitglieder aktiv waren, über einen gemeinsamen Antritt zusammen mit der DKP-DRP und der NDP verhandelt. Von 1949 bis 1955 war der DP-Politiker Heinrich Hellwege, der ein stark konservatives aber kein rechtsextremes Profil hatte, im Kabinett von Bundeskanzler Konrad Adenauer Bundesminister für Angelegenheiten des Bundesrates und anschließend Ministerpräsident von Niedersachsen. Hans-Christoph Seebohm, der später zur CDU wechselte, diente als Verkehrsminister.

In der Summe hatten bei den ersten Bundestagswahlen die rechtsextremen und rechtsextrem beeinflussten Parteien knapp neun Prozent der Stimmen erreicht. Im Laufe der Legislaturperiode gab es zwischen Mitgliedern dieser Parteien harsche Konflikte, aber auch Kooperationen untereinander oder zum Beispiel mit der FDP, ferner kam es auch zu Umgruppierungen in den Fraktionen. Die 1950 in Schleswig-Holstein gegründete Klientelpartei »Gesamtdeutscher Block / Bund der Heimatvertriebenen und Entrechteten« (BHE) und die rechtsextreme, neutralistische »Deutsche Gemeinschaft« (DG) konnten durch Übertritte im ersten deutschen Bundestag kurzzeitig eine fünfköpfige Fraktion bilden. Die Abgeordneten der aus der DKP-DRP hervorgegangenen »Deutschen Reichspartei« hatten keinen Fraktionsstatus.

In der DKP-DRP kam es bereits 1949 zu einem innerparteilichen Konflikt, als die nationalsozialistische Strömung die Dominanz anstrebte. Noch im gleichen Jahr spaltete sich die »Sozialistische Reichspartei« (SRP) ab. Vorsitzender wurde der aus der DKP-DRP ausgeschlossene Bundestagsabgeordnete Fritz Dorls, ein ehemaliges SA- und NSDAP-Mitglied. Bei den Versammlungen der SRP ging es, so lässt es sich anhand von zeitgenössischen Schilderungen nachvollziehen, nicht nur um politische Diskussionen. Vielmehr wurden auch soziale und kulturelle Bedürfnisse der Anhängerschaft bedient. Die Versammlungsräume wurden mit Reichssymbolen geschmückt, ein uniformierter Ordnerdienst hielt Wache. Von einer Blaskapelle und einem Spielmannszug wurden musikalisch Erinnerungen an vergangene Zeiten wachgerufen, wenn diese die Parteihymne »Heil Dir Deutschland« oder den schon von der NSDAP propagandistisch genutzten »Badenweiler Marsch« aufführten. Zu Beginn der Veranstaltungen wurde Gefallenen gedacht, an Vermisste und Kriegsgefangene erinnert und den »Opfern des Nürnberger Galgens« – also den in den Nürnberger Prozessen verurteilten Nazis – gehuldigt.

Die DKP-DRP verlor nach der SRP-Abspaltung an Einfluss, während letztere auf rund 10 000 Mitglieder anwuchs und 1951 bei den niedersächsischen Landtagswahlen (11 Prozent, 16 Mandate) sowie bei den Wahlen zur Bremer Bürgerschaft (7,7 Prozent, 8 Mandate) Erfolge erzielte. Der SRP-Parteivorsitzende Dorls bemühte sich im gleichen Jahr gemeinsam mit dem WAV-Vorsitzenden Alfred Loritz (der Jahre zuvor einige Monate lang als Staatsminister für Entnazifizierung in Bayern fungiert hatte) die beiden Parteien zu fusionieren und schloss sich zu diesem Zweck der WAV-Bundestagsfraktion an. Die Vereinigung scheiterte am Widerwillen der WAV-Bundestagsabgeordneten. Die SRP war in ihrem Programm klar nationalsozialistisch ausgerichtet. Sie forderte Treue zum Reichsgedanken, behauptete die faktische Weiterexistenz des Deutschen Reichs und versprach eine »Lösung der Judenfrage«. Prominentes Gesicht der Partei wurde Otto Ernst Remer, der als Wehrmachtgeneral an der Niederschlagung des Putschversuches gegen Hitler vom 20. Juli 1944 führend beteiligt gewesen war und der aus seiner anhaltenden Treue zur nationalsozialistischen Ideologie keinen Hehl machte. Wie Parteichef Dorls war Remer in der Nachkriegszeit schon in der »Gemeinschaft unabhängiger Deutscher« tätig gewesen. Als weiterer SRP-Unterstützer mit prominenter NS-Weltkriegsbiografie trat der hochdekorierte Kampfflieger Hans-Ulrich Rudel auf. Im Oktober 1952, gerade drei Jahre nach ihrer Gründung, wurde die SRP durch das Bundesverfassungsgericht wegen ihrer verfassungsfeindlichen Ausrichtung verboten. Als Auffangbecken für ehemalige SRP-Mitglieder diente zeitweise die weiterhin existierende »Deutsche Reichspartei« (DRP). Trotz Versuchen gelang es Dorls und seinem Vertrauten Rudolf Aschenauer nicht, eine Ersatzorganisation zu etablieren. Der Rechtsanwalt Aschenauer, der auch als V-Person für den Verfassungsschutz tätig war, gehörte gleichzeitig zum »Naumann-Kreis«. Diese konspirative Gruppierung ehemaliger Nazis um den NS-Staatssekretär Werner Naumann versuchte, die unter anderem in Nordrhein-Westfalen ohnehin stark nationalistisch ausgerichtete FDP zu unterwandern, um sie zu einer rechtsextremen Sammlungspartei umzufunktionieren. Die später so genannte »Gauleiter-Verschwörung« flog auf, und führende Mitglieder des »Naumann-Kreises« wurden 1953 durch britische Behörden verhaftet.

Bei den zweiten Bundestagswahlen 1953 trat die DRP mit Hans-Ulrich Rudel als Spitzenkandidat an, erreichte jedoch nur 1,1 Prozent der Stimmen. Weitere klar rechtsextreme Zusammenschlüsse wie der »Dachverband der Nationalen Sammlung«, die »Partei der guten Deutschen« und die »Vaterländische Union« blieben chancenlos. Die »Deutsche Partei« scheiterte mit 3,3 Prozent zwar an der seit dieser Wahl geltenden Fünfprozentklausel, konnte durch den Gewinn von Direktmandaten aber trotzdem 15 Abgeordnete in den Bundestag entsenden. Auch an der zweiten Bundesregierung unter Adenauer war die DP beteiligt und stellte mit Hans-Joachim von Merkatz (Justiz), Hans-Christoph Seebohm (Verkehr) und Heinrich Hellwege (Angelegenheiten des Bundesrats) drei Minister. Der »Gesamtdeutsche Block / Bund der Heimatvertriebenen und Entrechteten« erzielte 5,9 Prozent und wurde ebenfalls Teil der CDU-Regierung. Waldemar Kraft, der jedoch schon 1956 zur CDU wechselte, wurde trotz seiner NSDAP-Vergangenheit Minister für »besondere Aufgaben«.

Als stärkste Kraft im eindeutig rechtsextremen Spektrum blieb die DRP übrig, die unter dem zwischenzeitlich zum Vorsitzenden gewählten Adolf von Thadden jedoch keine großen Erfolge erzielen konnte. Immerhin aber zog die Partei 1955 erneut in den niedersächsischen Landtag ein und errang 1959 in Rheinland-Pfalz ein Landtagsmandat. 1963 gelang im Bündnis mit der sich im Niedergang befindlichen DP der knappe Einzug in die Bremer Bürgerschaft (5,2 Prozent).

In der Folgezeit sollte ein neues Sammlungsprojekt die politischen Chancen der extremen Rechten erhöhen. Am 28. November 1964 wurde in Hannover die »Nationaldemokratische Partei Deutschlands« (NPD) gegründet. Federführend war die sich auflösende DRP, doch auch Mitglieder von anderen rechtsextremen Gruppen und Funktionäre der DP schlossen sich der Partei an. Bundesvorsitzender wurde der ursprünglich aus der CDU stammende DP-Funktionär Friedrich Thielen, auf den 1967 Adolf von Thadden folgte. Die frühe NPD legte Wert darauf, sich als bürgerlich-gemäßigte und pro-demokratische Kraft zu präsentieren und vertrat ein durchaus rechtsextremes, aber nationalkonservativ geprägtes Programm: besitzbürgerlich und systemimmanent. Drastische ideologische Elemente in internen Schriften wie dem »Politischen Lexikon« aus der Feder des nationalsozialistischen Journalisten Dieter Vollmer belegten jedoch, dass das um Reputation bemühte Auftreten der NPD nur Fassade war. Bei den Bundestagswahlen 1965 erzielte die NPD mit 2,0 Prozent der Stimmen einen Achtungserfolg und entwickelte sich in den Folgejahren zum Gravitationsfeld der extremen Rechten. Zwischen 1966 und 1968 trat sie bei acht Landtagswahlen an und schaffte es, in sieben Landesparlamente gewählt zu werden. Das beste Ergebnis wurde 1968 mit 9,8 Prozent in Baden-Württemberg erzielt. Der Einzug in den nächsten Bundestag galt als fast sicher. Bei den Wahlen 1969 kam die NPD jedoch überraschend auf lediglich 4,3 Prozent und verfehlte den Parlamentseinzug. Prompt setzten innerparteiliche Streitigkeiten ein, die einen Mitgliederschwund (1969: 28 000, 1972: 14 500), Abspaltungen und eine Radikalisierung zur Folge hatten. Es entstanden eine außerparlamentarische »Neue Rechte« und militante Gruppierungen. Die zur Rekonsolidierung und Bündnisschließung gedachte Kampagne »Aktion Widerstand« gegen die Ostpolitik der Bundesregierung im Jahr 1970 scheiterte. 1971 ging der Parteivorsitz von Thadden auf den ehemaligen Angehörigen des verbotenen »Bundes Nationaler Studenten«, Martin Mußgnug, über. Unter Mußgnug verlor die NPD bei den folgenden Wahlen nach und nach ihre Landtagsmandate.

In den 1970er-Jahren befand sich der parteiförmige – und analog der parteiunabhängige – Rechtsextremismus als Folge davon in einer Krise. Die NPD als weiterhin wichtigste Partei erzielte bei den beiden Bundestagswahlen in diesem Jahrzehnt unter ein Prozent der Stimmen und kam ab 1971 auch bei Landtagswahlen kaum über die Einprozentmarke hinaus. Ab 1970 versuchten einige Rechtskonservative auf die CDU politischen Druck aufzubauen. »CSU-Freundeskreise« entstanden bundesweit, um das Drohszenario einer bundesweiten Ausdehnung der CSU, die weiter rechts als ihre Schwesterpartei CDU stand, zu schaffen. Schnell gerieten diese »Freundeskreise« durch die Beteiligung von Rechtsextremen wie Berthold Rubin oder Jürgen Rieger ins Zwielicht. Auch die ab 1975 darauf aufbauende »Aktionsgemeinschaft Vierte Partei« (AVP) verschwand schnell wieder in der Versenkung.

Eine aussichtsreiche rechtsextreme Partei trat erst in den 1980er-Jahren wieder in Erscheinung. Die Initiative kam direkt aus dem Umfeld der bayerischen CSU, also zunächst nicht aus dem rechtsextremen Milieu. »Die Republikaner« wurden im November 1983 von den beiden CSU-Bundestagsabgeordneten Ekkehard Voigt und Franz Handlos sowie dem Fernsehjournalisten Franz Schönhuber in München gegründet. Auslöser war die rechtskonservative Empörung über die vom CSU-Vorsitzenden Franz Josef Strauß vermittelten Milliardenkredite an die DDR. Schönhuber war schon zuvor von seinem Arbeitgeber, dem Bayerischen Rundfunk, entlassen worden, nachdem er 1981 das autobiografische Buch *Ich war dabei* veröffentlicht hatte, in dem er apologetisch über seine Zeit als Mitglied der Waffen-SS berichtet hatte. Der »Republikaner«-Vorsitzende Handlos wollte eine bundesweite Partei etablieren, die sich abgesehen von der DDR-Politik programmatisch wenig von der CSU unterschied. Durch den Parteinamen wurde die Assoziation mit der »Republican Party«, der »Grand Old Party« der USA, gesucht, die in den 1980er-Jahren unter Ronald Reagan einen scharf antikommunistischen Kurs eingeschlagen hatte. 1985 wurde Handlos durch Schönhuber vom Bundesvorsitz verdrängt und die »Republikaner« verfolgten fortan einen radikalen Rechtskurs nach Vorbild des französischen »Front National«. Neben wirtschaftsliberalen Positionen vertraten die »Republikaner« eine vehemente Ablehnung von Migration sowie einen Grenz- und Geschichtsrevisionismus. Mit dem Siegburger Manifest 1985 rückten die »Republikaner« entgegen ihrer Selbstdarstellung als rechtsbürgerliche Kraft erkennbar in das rechtsextreme Lager. Ihr Programm von 1987 trug offen antidemokratische und rassistische Züge. Zuvor, bei den bayerischen Landtagswahlen 1986, hatten die »Republikaner« mit 3,0 Prozent einen beachtenswerten Wahlerfolg erzielt und konnten im selben Jahr erste Mandate in zwei bayerischen Bezirkstagen erringen. 1989 zog die Partei nach mit rassistischen Parolen geführten Wahlkämpfen in das Berliner Abgeordnetenhaus (7,5 Prozent) und in das Europaparlament (7,1 Prozent) ein. Ihren organisatorischen Zenit erreichte die Partei um 1990, nachdem die Partei in einem Jahr von 8000 auf 25 000 Mitglieder angewachsen war.

Der Umbruch in der DDR und die sich ankündigende Vereinigung der deutschen Staaten veränderte in der Folge jedoch das gesamtgesellschaftliche Klima drastisch zugunsten der CDU und damit zuungunsten der »Republikaner« und anderer rechtsextremer Parteien. Organisatorisch und programmatisch war der Rechtsextremismus auf die Vereinigung der deutschen Staaten – immerhin seine jahrzehntelange Kernforderung –

nicht vorbereitet. Auf das Propagandamaterial, das die »Republikaner« bei den Montagsdemonstrationen in der DDR verteilten, reagierten nur Teile der Protestierenden positiv. Das Potenzial der rasant wachsenden rassistischen, rechtsextremen und gewaltgeneigten Jugendszenen wurde nicht von Parteien abgeschöpft, sondern von Neonazigruppen, die allenfalls pro forma als Parteien organisiert waren und strategisch nicht auf Wahlteilnahmen setzten. Die 1990 in Leipzig gegründete »Deutsche Soziale Union« (DSU) hatte ein rechtskonservatives Profil und war als Teil des Bündnisses »Allianz für Deutschland« mit der CDU und dem »Demokratischen Aufbruch« Siegerin der letzten DDR-Volkskammerwahlen 1990, zu der sie 6,3 Prozent der Stimmen beisteuerte. Mit Peter-Michael Diestel, der noch 1990 zur CDU wechselte, stellte die DSU für einige Monate den Vize-Ministerpräsidenten und Innenminister der letzten DDR-Regierung. Die DSU entwickelte sich in der Folge in Richtung Rechtsextremismus und verlor gleichzeitig damit an Bedeutung.

Bei der Bundestagswahl 1990 schnitten die »Republikaner« mit 2,1 Prozent weit unter den eigenen Erwartungen ab. Von 1992 an bis 2007 wurde die Gesamtpartei vom Bundesamt für Verfassungsschutz beobachtet. 1992 erreichte sie bei den Landtagswahlen in Baden-Württemberg allerdings 10,9 Prozent der Stimmen und stellte dort fortan die drittstärkste Fraktion. 1996 gelang mit 9,1 Prozent überraschend der Wiedereinzug in den Stuttgarter Landtag. Damit konnte zum ersten Mal seit den 1950er-Jahren eine rechtsextreme Partei eine Fraktion in eine zweite Legislaturperiode bringen. Allerdings war dieses Ergebnis der letzte Wahlerfolg der »Republikaner« oberhalb der kommunalen Ebene. Äußere politische Umstände, eine chaotische parlamentarische Performance, parteiinterne Richtungskämpfe, finanzielle Unregelmäßigkeiten, autoritäre Strukturen und persönliche Animositäten sorgten für eine Erosion der Parteistrukturen. Ständige Diskussionspunkte waren der Härtegrad der Programmatik und die Frage der Abgrenzung zu anderen rechtsextremen Parteien. Schönhuber verlor 1994 den Parteivorsitz und verließ die Partei. Unter seinem bis 2014 amtierenden Nachfolger Rolf Schlierer wurde der bereits eingeleitete Abgrenzungskurs zu anderen Organisationen verstetigt. Die Partei verlor seither kontinuierlich an Mitgliedern und politischem Einfluss.

Schon 1971 hatte der Münchener Verleger Gerhard Frey die »Deutsche Volksunion« (DVU) gegründet, die in Vereinsform nach dem Wahldesaster der NPD 1969 als Schirmorganisation für »Patrioten« dienen sollte.

Dieser Anspruch wurde nie eingelöst. Vielmehr wurde die DVU (und dazu Vorfeldorganisationen wie der »Ehrenbund Rudel« oder die »Aktion Oder-Neiße«) von ihrer Münchener Zentrale aus autoritär gesteuert und diente als politischer Sammlungsort für die Leserinnen und Leser von Freys Publikationen wie der *National-Zeitung*. 1987 wurde die DVU zu einer Partei umgewandelt. Im gleichen Jahr reichten aufgrund dortiger wahlrechtlicher Besonderheiten 3,4 Prozent für den Einzug in die Bürgerschaft Bremens. Doch auch die DVU profitierte von der deutschen Wiedervereinigung weniger, als sie erhofft hatte. 1991 wurde das Ergebnis in Bremen allerdings auf 6,2 Prozent gesteigert. 1992 erreichte die DVU mit rund 26 000 einen Höchststand an (größtenteils inaktiven) Mitgliedern und kam beim Wahlantritt in Schleswig-Holstein trotz direkter Konkurrenz durch die »Republikaner« auf 6,3 Prozent. Nach nur einem Jahr zerfiel die Fraktion im Kieler Landtag Mitte 1993. Vier der sechs Abgeordneten liefen zumindest zeitweise zur »Deutschen Liga für Volk und Heimat« (DLVH) über, ein 1991 zunächst unter anderem Namen gegründetes Bündnisprojekt, dass die in DVU, NPD und »Republikaner« und einige Kleinstparteien zersplitterte rechtsextreme Parteienlandschaft einen wollte. Obwohl weiterexistierend versank die DLVH schon Mitte der 1990er-Jahre in der Bedeutungslosigkeit.

Ein bundesweit beachteter Paukenschlag erfolgte 1998, als die DVU bei ihrem ersten Landtagswahlantritt in den neuen Bundesländern in Sachsen-Anhalt 12,9 Prozent der Stimmen und 16 Mandate holte. Bei den 18- bis 20-Jährigen wurde die DVU sogar stärkste Partei. Dieser Erfolg glückte den fragilen Parteistrukturen im Land zum Trotz durch eine millionenschwere Wahlkampffinanzierung aus der bayerischen Parteizentrale. Flächendeckend hatte die Partei während des Wahlkampfes populistische Werbeplakate aufhängen lassen und sich als Stimme für die rassistisch unterfütterte ostdeutsche Unzufriedenheit mit der Bundesrepublik präsentiert (»Protest wählen – Deutsch wählen«). Die DVU-Abgeordneten erwiesen sich auch im Magdeburger Landtag in kürzester Zeit als unfähig, parlamentarische Arbeit zu leisten. Der weiterhin autoritär wachenden Bundeszentrale gelang es nicht, die Fraktion zusammenzuhalten. Die Abgeordneten machten vor allem durch verbale Ausfälle, einen korrupten Umgang mit Fraktionsgeldern und sogar kriminelle Machenschaften auf sich aufmerksam. Ein Abgeordneter hatte seinen Hund in einen Brunnen geworfen und wurde deshalb wegen Tierquälerei strafrechtlich verfolgt. Über einen anderen wurde seine Vergangenheit als Stasi-Mitarbeiter publik. Am Ende der Legislaturperiode waren von den 16 Abgeordneten nur 8 in der DVU-Fraktion verblieben. Zwei wurden fraktionslos und weitere sechs hatten sich der eigens zu diesem Zweck gegründeten und Episode gebliebenen Abspaltung »Freiheitliche Deutsche Volkspartei« angeschlossen. 1999 gelang der DVU trotz ihres desaströsen Gebarens in Sachsen-Anhalt der Einzug in einen zweiten ostdeutschen Landtag. Der erneut finanzintensive Wahlkampf in Brandenburg resultierte in einem Ergebnis von 5,3 Prozent. Im Zuge der bundesweiten Einführung von Hartz IV erzielte die Partei bei den folgenden brandenburgischen Landtagswahlen 2004 mit 6,1 Prozent sogar ein leichtes Stimmenplus. Die fünf und später sechs Brandenburger DVU-Abgeordneten verhielten sich größtenteils loyal zur Bundespartei. Trotz gelegentlicher Provokationen und handwerklich schlechter Parlamentsarbeit erwies sich die brandenburgische DVU als stabil genug, um zumindest zwei Legislaturperioden lang nicht zu kollabieren.

Mit langem Vorlauf gelang es derweil in den 2000er-Jahren der NPD, ihre Bedeutungslosigkeit zu überwinden. Zuvor hatte sich die Partei umfassend radikalisiert. Nach einer kurzen Interimsphase übernahm 1991 der Gymnasiallehrer Günther Deckert den Parteivorsitz von Martin Mußgnug. Deckert öffnete seine Partei für Neonazis, von denen viele nach einigen Verboten in der ersten Hälfte der 1990er-Jahre ihrer Organisationen beraubt waren, und stärkte programmatisch unter anderem das Themenfeld des Geschichtsrevisionismus. Deckert musste 1995 eine Haftstrafe antreten, nachdem er einen Vortrag des US-Holocaustleugners Fred Leuchter zum Thema »Mythos Auschwitz« zustimmend kommentiert hatte. 1996 wurde der aus Nordrhein-Westfalen stammende ehemalige Bundeswehr-Hauptmann Udo Voigt zum Bundesvorsitzenden. Er transformierte die NPD endgültig zu einer Neonazipartei. Im Zuge einer »Dreisäulenstrategie« (»Kampf um die Köpfe«, »Kampf um die Straße« und »Kampf um die Parlamente«) gelang es ihm, die NPD als eine führende Kraft in der neonazistischen Demonstrationspolitik zu etablieren und vor allem in Ostdeutschland eine basisnahe »Graswurzelarbeit« einzuleiten. Spätestens zu diesem Zeitpunkt wurde die NPD von einer klassischen Wahl- zu einer Weltanschauungspartei, die großen Wert auf die Ansprache ihres neonazistischen Milieus legte. Ein 2001 angestrengtes Verbotsverfahren scheiterte 2003 vor dem Bundesverfassungsgericht an der

Durchdringung des Parteikaders mit V-Leuten des Verfassungsschutzes. Es sei aufgrund dieser Unterwanderung unklar, ob die verfassungsfeindlichen Äußerungen aus der Partei der NPD selbst anzulasten seien. 2004, im Jahr der Hartz-IV-Reformen, gelang Voigts Partei der Durchbruch in Sachsen. Bei den Landtagswahlen erreichte die NPD 9,2 Prozent der Stimmen und zog somit zum ersten Mal seit 1968 wieder in ein Landesparlament ein. Unter dem aus Hildesheim stammenden Fraktionschef Holger Apfel verfolgte die NPD im Landtag eine Provokationspolitik, versuchte jedoch parallel mit dem Aufruf zur Bildung einer »Dresdener Schule« eine Intellektualisierung des Parteikaders zu fördern. 2004 vereinbarten NPD und DVU im »Deutschlandpakt« miteinander, künftig bei Wahlen nicht mehr gegeneinander anzutreten. In Mecklenburg-Vorpommern gelang der NPD mit dem Spitzenkandidaten Udo Pastörs 2006 der Einzug in den dortigen Landtag (7,3 Prozent). 2007 hatte die Partei mit 7 000 Mitgliedern einen neuen Höchststand erreicht. 2009 gelang ihr trotz Verlusten der Wiedereinzug in den sächsischen Landtag (5,6 Prozent) und 2011 verteidigte sie mit 6,0 Prozent die Landtagspräsenz in Mecklenburg-Vorpommern. Allerdings scheiterte die Partei 2011 mit 4,6 Prozent knapp daran, auch in Sachsen-Anhalt ins Landesparlament einzuziehen.

Bereits 2009 hatte sich indes der DVU-Parteivorsitzende Gerhard Frey aus seiner Partei altersbedingt zurückgezogen und wurde durch Matthias Faust ersetzt. Ohne ihren Mäzen war die »Phantompartei« DVU kaum mehr existenzfähig. Die NPD trat in der Folge bei den Landtagswahlen in Brandenburg in Konkurrenz zur DVU an, brach somit den »Deutschlandpakt« und trug zum Ausscheiden der DVU aus dem Landtag bei. Trotzdem bewegten sich die Parteien aufeinander zu. 2010 wurde eine Fusion beschlossen und nach juristisch bedingten Verzögerungen 2012 vollzogen. Faktisch handelte es sich nicht um eine Vereinigung, sondern vielmehr um die Übernahme der DVU-Reste durch die dominierende NPD. Entgegen ihren Hoffnungen profitierte die NPD von diesem Schritt kaum, weder in elektoraler noch in finanzieller Hinsicht, und auch die Mitgliederzahlen stiegen nicht bemerkbar.

In den folgenden Jahren rutschte die NPD in eine erneute Krise. Ein zweites erfolgloses Verbotsverfahren (2013 bis 2017) spielte dabei eine geringere Rolle als die Geldstrafe in Millionenhöhe, die schon 2009 von der Bundestagsverwaltung wegen Unregelmäßigkeiten bei der Abrechnung der Parteienfinanzierung gegen die Partei verhängt wurde. Der

Handlungsspielraum der finanziell ohnehin klammen NPD wurde durch diese Sanktion erheblich eingeschränkt. 2011 ging der Parteivorsitz vom angeschlagenen Voigt auf Holger Apfel über, der unter dem Schlagwort der »seriösen Radikalität« erfolglos eine Mäßigung im öffentlichen Auftreten der Partei durchsetzen wollte. Nach nur zwei Jahren gab Apfel auf und wandte sich von der NPD ab. Nach einem Intermezzo von Udo Pastörs als Bundesvorsitzendem hat diesen Posten seit 2014 der Saarländer Frank Franz inne. Die Partei hat noch rund 3500 Mitglieder. Bis auf eine kleine Stammklientel sind ihre Wählerinnen und Wähler seit 2013 in Richtung AfD abgewandert.

Drei weitere rechte Parteien, die zwischen den 1990er- und 2010er-Jahren aktiv waren, grenzten sich von den damals den Rechtsextremismus dominierenden Parteien DVU und NPD ab, nahmen Bezüge auf rechte Wahlerfolge im europäischen Ausland und wollten ein Politikangebot rechts der Unionsparteien machen. Zeitgenössisch wurden sie oft unter dem Schlagwort des Rechtspopulismus verortet. Sie verdienen insbesondere Beachtung, da sie in mancher Hinsicht zur Vorgeschichte der AfD gezählt werden können.

1994 hatte ein Kreis um den ehemaligen bayerischen FDP-Politiker Manfred Brunner den »Bund freier Bürger« (BfB) gegründet. Zunächst handelte es sich um eine »Professorenpartei«, die sich als nationalistisch-marktliberale Kraft aufstellen wollte. Wichtige Themen waren der Widerstand gegen den Vertrag von Maastricht (also gegen die EU-Integration) und gegen die Einführung einer europäischen Einheitswährung. Dem BfB gehörten als prominente Gesichter unter anderem der Ökonom Joachim Starbatty und der Staatsrechtler Karl Albrecht Schachtschneider an. Neben ökonomischen Themen setzte der BfB auch auf autoritär und illiberal zugespitzte Positionen in der inneren Sicherheit und in der Zuwanderungspolitik und kooperierte mit der österreichischen FPÖ um Jörg Haider. Bei Wahlen blieb der BfB erfolglos. Zu seinen besten Ergebnissen zählten 1,1 Prozent bei den Europawahlen 1994 und 1,3 Prozent bei den Bürgerschaftswahlen in Hamburg 1997. Der BfB radikalisierte sich programmatisch und personell und wurde vom Verfassungsschutz beobachtet. Nachdem ihr Gründer Brunner 1999 austrat, löste sich die Partei ein Jahr später auf. Ehemalige BfB-Mitglieder sind seitdem als Neonazis in Erscheinung getreten (etwa der NPDler Jürgen Gansel, der Kameradschaftsaktivist René Bethage oder die Holocaustleugnerin Imke Barnstedt), andere fanden später in und bei der AfD zumindest zeitweise eine neue politische Heimat – darunter die Aushängeschilder Starbatty und Schachtschneider.

In Hamburg hatte sich derweil der Jurist Ronald Schill als »Richter Gnadenlos« am Amtsgericht der Hansestadt durch harte Urteile und markante Aussagen zur Sicherheitspolitik einen Namen gemacht. Im Jahr 2000 gründete er die gänzlich auf seine Person ausgerichtete »Schillpartei«, die offiziell den Namen »Partei Rechtsstaatlicher Offensive« (PRO) trug. Bei den Hamburger Bürgerschaftswahlen 2001 erreichte PRO aus dem Stand 19,4 Prozent der Stimmen. Von 2001 bis 2004 wurde sie unter Führung der CDU und zusammen mit der FDP Juniorpartner der hamburgischen Regierung. PRO stellte drei Senatoren. Schill selbst wurde Innensenator und dazu zweiter Bürgermeister. Nach dem Wahlerfolg versuchten Teile der Partei, eine rasche bundesweite Expansion voranzutreiben. Bei den Bundestagswahlen 2002 kam PRO dennoch auf lediglich 0,8 Prozent und auch in ihrer Hochburg Hamburg nicht über 4,2 Prozent hinaus. Trotz eines harten Rechtskurses, illiberalen Positionen beispielsweise in der Sicherheits- und Zuwanderungspolitik und Unterwanderungsversuchen durch Rechtsextreme war PRO in ihrer Gesamtheit nicht der rechtsextremen Parteienfamilie zuzurechnen. Als regierungsfähig erwies sich die Partei nicht. In der Hamburger Regierungskoalition kam es zu harten Auseinandersetzungen. Unter anderem versuchte Schill 2003, den CDU-Bürgermeister Ole von Beust mit dessen bis dahin öffentlich nicht bekannter Homosexualität zu erpressen. Beust entließ daraufhin Schill. Auch in seiner eigenen Partei geriet letztgenannter unter Druck. Schließlich zerbrach die Koalition und es mussten Neuwahlen angesetzt werden. Nach umstrittenen innerparteilichen Sanktionen verließ Schill 2004 seine Partei. Bei den Hamburger Neuwahlen blieben sowohl PRO (0,4 Prozent) als auch die kurzfristig von Schill ins Leben gerufene »Pro DM/Schill« (3,1 Prozent) erfolglos. PRO versank bei gleichzeitiger Radikalisierung nach rechts und verstärkter Orientierung an der österreichischen FPÖ in der Bedeutungslosigkeit und löste sich 2007 auf. Schill wanderte nach Südamerika aus. Neben Berichten über seinen Drogenkonsum machte er seitdem als Teilnehmer von Reality-TV-Formaten Schlagzeilen. Etliche ehemalige PRO-Politiker sind später in der AfD aktiv geworden, so etwa die zeitweilige »rechte Hand« Schills Dirk Nockemann und Markus Wagner, PRO-Bundesvorsitzender zwischen 2004 und 2006.

Keine unmittelbare Verbindung zur Schillpartei PRO hatte hingegen ein Konglomerat von Parteien und Wahlvereinigungen, das unter Labeln wie »Bürgerbewegung Pro Deutschland«, »Bürgerbewegung Pro Köln« oder »Bürgerbewegung Pro NRW« aktiv wurde. Ihr Ursprungsmilieu war das in der Mitte der 1990er-Jahre gescheiterte rechtsextreme Bündnisprojekt »Deutsche Liga für Volk und Heimat«, in dem unter anderem die beiden Hauptprotagonisten der »Pro-Bewegung«, Markus Beisicht und Manfred Rouhs, aktiv gewesen waren. Zunächst beschränkte sich die Gruppe auf Aktivitäten im Raum Köln. 2005 erfolgten eine Ausweitung als »Pro Deutschland« und die Gründung weiterer Regionalableger. Bei ihren Wahlantritten blieben die »Pro«-Gruppen hinter ihren Ambitionen zurück. Die besten Ergebnisse wurden 2010 und 2012 durch »Pro NRW« bei den Landtagswahlen mit 1,4 bzw. 1,5 Prozent sowie 2011 bei den Abgeordnetenhauswahlen in Berlin durch »Pro Deutschland« mit 1,2 Prozent erzielt. Mit provokanten Demonstrationen versuchten die »Pro«-Gruppen Aufmerksamkeit zu erregen. Eine damalige Innovation war die Untermauerung ihrer rassistischen Positionen mit Bekenntnissen zum »christlichen Abendland« und einer Betonung muslimfeindlich-rassistischer Elemente wie den Warnungen vor einer »Islamisierung« Deutschlands. Ähnlich argumentierte zwischenzeitlich nur die zwischen 2010 und 2016 operierende Kleinstpartei »Die Freiheit« mit Sitz in Berlin um den ehemaligen CDUler René Stadtkewitz, der sich zwischenzeitlich auch der Münchener »Islamkritiker« Michael Stürzenberger angeschlossen hatte. Im Zuge des politischen Aufstiegs der AfD stellten die meisten »Pro«-Gruppen nach und nach ihre Aktivitäten aufgrund offenkundiger Aussichtslosigkeit ein. 2017 löste sich die Dachorganisation »Bürgerbewegung Pro Deutschland« auf und forderte die verbliebenen Mitglieder auf, in die AfD einzutreten. Obwohl »Pro Deutschland« auf einer Unvereinbarkeitsliste der AfD geführt wird, sind ehemalige Mitglieder in der AfD aktiv geworden. Zu nennen sind etwa der ehemalige Vizebundesvorsitzende von »Pro Deutschland« Alfred Dagenbach oder der zeitweilige brandenburgische AfD-Landtagsabgeordnete Sven Schröder.

Aktuelles Gravitationszentrum AfD

Der extremen Rechten war es in der jüngeren Geschichte der Bundesrepublik trotz diverser Anläufe über Jahrzehnte missglückt, in das höchste deutsche Parlament einzuziehen. Bekanntlich hat sich dies geändert. Seit 2017 gibt es eine Rechtsaußenpartei, die in starker Fraktionsgröße im Bundestag Präsenz zeigt: die »Alternative für Deutschland« (AfD). Ihr Aufstieg war fulminant: Binnen weniger Jahre vermochte sie es, nicht nur in das höchste deutsche Parlament, sondern auch in alle Länderparlamente, ins Europäische Parlament und in zahlreiche Kommunalvertretungen einzuziehen.

Als die Euro-Finanzkrise im Jahr 2012 ihren Gipfel erreichte, riefen der Ökonom Bernd Lucke, der Jurist Alexander Gauland und der Publizist Konrad Adam und andere mit Blick auf die anstehende Bundestagswahl eine »Wahlalternative 2013« ins Leben. Anfängliche Pläne, sich den »Freien Wählern« anzugliedern, wurden verworfen und stattdessen eine eigene Partei geschaffen. Am 6. Februar 2013 hielt die AfD im hessischen Oberursel ihre Gründungsveranstaltung ab. Der Parteiname war nicht ohne Bedacht gewählt. Kanzlerin Angela Merkel hatte die Maßnahmen zur Stabilisierung der Eurozone zuvor als »alternativlos« bezeichnet. Protest gegen diese Politik und eine EU-Kritik, die auf marktliberalen und marktradikalen Ideen beruhte, verbanden sich in der neuen Partei. Daneben, durchaus aber noch nicht im Vordergrund stehend, war eine nationalistische Komponente vorhanden: Die »Alternative für Deutschland« nahm auch auf den Buchtitel *Deutschland schafft sich ab* von Thilo Sarrazin Bezug und verarbeitete dessen Thesen über den verderblichen Einfluss von Zuwanderung und von zu hohen Geburtsraten in den »nicht-produktiven« Teilen der Gesellschaft. Die Gründung der AfD war Ausdruck der an diesen Debatten erkennbaren politischen Stimmungslage, für deren Fortschreibung und Zuspitzung sich die Partei später selbst als Triebkraft erweisen sollte.

Wesentliche Teile des frühen AfD-Personals kamen aus den Unionsparteien, aber auch aus der FDP und diversen Kleinorganisationen, darunter aus evangelikalen Sphären und aus dem rechtsextremen Dunstkreis. Von Beginn an war die AfD eine Sammlungspartei für rechts von der Union stehende Kräfte, die grob in drei innerparteiliche Strömungen unterteilt werden können: das nationalliberale bzw. neoliberale Lager, das nationalkonservative Lager sowie das völkisch-rechtsextreme Lager. Beim Gründungsparteitag im April 2013 in Berlin wurden Lucke, Adam und die sächsische Unternehmerin Frauke Petry zu »Bundessprechern« (also: Parteivorsitzenden) gewählt. Zu einem der Vizesprecher wurde Alexander Gauland bestimmt.

Die folgenden Jahre waren für die AfD von zwei Entwicklungen geprägt, nämlich von stetigen Wahlerfolgen auf der einen und einer kumulativen Radikalisierung nach rechts auf der anderen Seite. Bei den Bundestagswahlen 2013 verfehlte die AfD mit 4,7 Prozent der Stimmen knapp den Einzug ins Parlament. Im Mai 2014 erreichte sie hingegen bei den Europawahlen 7,1 Prozent. Unter anderem zog der ehemalige Manager Hans-Olaf Henkel ins EU-Parlament ein. Im gleichen Jahr gelang der Sprung in die Landesparlamente von Sachsen, Brandenburg und Thüringen. Bis 2018 glückte der AfD nach und nach der Sprung in alle Landtage. Das Rekordergebnis in Höhe von 24,3 Prozent in Sachsen-Anhalt 2016 wurde 2019 noch übertroffen, als ihr in Sachsen mit 27,5 Prozent der Wiedereinzug in den Dresdener Landtag glückte. Die höchsten Ergebnisse erzielte die AfD im Osten der Republik, doch auch im Westen kristallisierten sich Hochburgen heraus: 15,1 Prozent stimmten 2016 im bevölkerungsreichen Baden-Württemberg für die AfD. Trotz Parlamentseinzügen blieben die Ergebnisse in den Ländern Hamburg, Bremen, Saarland, Schleswig-Holstein und Niedersachsen hingegen eher schwach. Bei den Bundestagswahlen 2017 kam die AfD auf 12,6 Prozent der Stimmen und zog mit 94 Abgeordneten als drittstärkste Kraft in den Bundestag ein. Spitzenkandidat Gauland verkündete am Wahlabend vollmundig in Richtung der politischen Konkurrenz: »Wir werden sie jagen! Wir werden uns unser Land und unser Volk zurückholen.«

Von der neoliberalen Eurokritik der Anfangstage wandelte sich der Markenkern der AfD ab 2015. Neue Schwerpunkte wurden die Ablehnung der bundesdeutschen Flüchtlingspolitik, des Islam und der Migration. Die politische Gelegenheit, die den rasanten Aufstieg der AfD ermöglichte, war die sogenannte Flüchtlingskrise. Vor dem Hintergrund internationaler Konflikte, etwa in Syrien, hatte sich die Zahl von Flüchtlingen weltweit auf rund 65 Millionen Menschen erhöht. Ein kleinerer Teil floh nach Europa, nicht wenige davon kamen nach Deutschland. Im September 2015 entschloss sich die Bundesregierung, die Grenzen für die Flüchtlinge nicht zu verschließen. Im Jahr 2015 wurden knapp 480 000

Asylanträge in Deutschland gestellt, im Folgejahr waren es über 700 000. Neben breiter gesellschaftlicher Solidarität mit diesen Flüchtlingen entwickelte sich eine Opposition zur Flüchtlingsaufnahme und den damit einhergehenden Herausforderungen, aus der sich eine regelrechte Protestbewegung entwickelte. In der AfD wurde dieses politische Potenzial erkannt, aufgegriffen und umarmt; inklusive der Integration und Zuspitzung des Rassismus dieser Bewegung. Schon Ende 2014 hatte Alexander Gauland dafür die Weichen gestellt, als er eine Delegation von AfD-Abgeordneten bei einer Demonstration von Pegida (»Patriotische Europäer gegen die Islamisierung des Abendlandes«) in Dresden anführte. Die Hinwendung zu Pegida mit ihrem bekanntesten Kopf, dem wegen Einbrüchen und Drogenhandels vorbestraften Kriminellen Lutz Bachmann, war in der AfD umstritten. Parteisprecher Bernd Lucke sprach sich gegen eine radikale Straßenpolitik, allzu offen rassistische Positionen und einen Fokus auf das Themenfeld »Islam« aus. Andere hingegen veröffentlichten im März 2015 die »Erfurter Resolution«, die sich explizit für die Nähe zu »bürgerlichen Protestbewegungen« aussprach und die Partei als »Widerstandsbewegung gegen die weitere Aushöhlung der Souveränität und der Identität Deutschlands« konzeptionierte. Dabei nahmen auch außerparteiliche Kräfte Einfluss – wie die Journalistin Melanie Amann berichtet, stammte der Entwurf des Papiers aus der Feder von Götz Kubitschek, dem Leiter des rechtsextremen »Instituts für Staatspolitik«. Neben Björn Höcke und André Poggenburg – die rechtsextremen Landesvorsitzenden der AfD in Thüringen und Sachsen-Anhalt – schloss sich auch Alexander Gauland der Resolution an. Das Schreiben wurde zum Gründungsdokument des »Flügels«, der informell verfassten aber engmaschigen Vernetzung fundamentaloppositionell-rechtsextremer Kreise in der Partei. Der »Flügel« hat seine Position in der Bundespartei seitdem ausgebaut. Laut Schätzungen ist jedes fünfte Parteimitglied – im Osten Deutschlands sogar 40 Prozent – an diese Gruppierung angebunden. Der »Flügel« ist damit der größte, wenn auch nicht der einzige Sammlungspunkt für Rechtsextreme in der AfD. Rund ein Drittel bis knapp unter der Hälfte der Funktionärinnen und Funktionäre sei als rechtsextrem zu bewerten, veranschlagte der Politikwissenschaftler Steffen Kailitz 2021.

Auf dem Parteitag im Juli 2015 in Essen kulminierte der Machtkampf zwischen dem nach Mäßigung drängenden Lucke und den radikaleren Kräften. Lucke unterlag. Die Sächsin Frauke Petry wurde als Bundessprecherin wiedergewählt, an ihre Seite rückte der baden-württembergische Landesvorsitzende Jörg Meuthen. Lucke verließ daraufhin die von ihm ins Leben gerufene Partei und gründete eine neue, die zunächst als »Alfa« und dann unter dem Namen »Liberalkonservative Reformer« einflusslos blieb. Die AfD-Mitgliederzahl sank in der Folge von 20 000 auf 16 000 Personen, erholte sich davon jedoch rasch. Die Rechtsextremen in der Partei sahen sich gestärkt und ermutigt. Selbstbewusst hielt Björn Höcke Anfang Januar 2017 in Dresden eine offen rechtsextreme Rede vor Mitgliedern der Parteijugendorganisation und schwor die Versammelten auf einen fundamentaloppositionellen Bewegungskurs ein. Frauke Petry, die zuvor Lucke aus der Partei gedrängt hatte, wurde so in ihrem Heimatbundesland Sachsen unter Druck gesetzt – sie selbst stand für einen harten Rechtskurs, wollte aber letztlich eine Koalitionsfähigkeit ihrer Partei erreichen. Wieder setzten sich die Rechtsextremen durch. Im April 2017 musste Petry den Verzicht auf die Spitzenkandidatur bei den Bundestagswahlen verkünden. Im November 2017, kurz nach der für die AfD erfolgreiche Bundestagswahl, verließ sie die Partei. Wie Lucke rief sie ein einflusslos bleibendes neues Projekt ins Leben. Ihre »Blaue Partei« löste sich 2019 wieder auf. Anstelle von Petry wurde Alexander Gauland im Jahr 2017 zum Bundessprecher neben dem verbleibenden Jörg Meuthen bestimmt. 2019 rückte Tino Chrupalla an die Seite von Meuthen. Der sächsische Bundestagsabgeordnete gilt im Gegensatz zu Gauland nicht als »Flügel«-Mitglied, ist jedoch ein Alliierter dieser Kräfte. Auch er hält die »Islamisierung des Abendlandes« für Realität und meint, es finde eine »gewisse Umvolkung« statt.

Der Wirtschaftswissenschaftler Meuthen hatte seit seinem Amtsantritt die Integration der Rechtsextremen in der AfD nicht nur geduldet, sondern gefördert und war ihr wichtigster Bündnispartner, der in wesentlichen Fragen nicht immer in der Art der rhetorischen Präsentation aber doch inhaltlich übereinstimmte. Bei dessen »Kyffhäuser«-Versammlungen machte er dem »Flügel« als Gastredner seine Aufwartung. Öffentliche Kritik an rechtextremen Äußerungen oder an rechtsextremen Biografien von AfD-Funktionärinnen und Funktionären tat er wiederholt als unwahr oder irrelevant ab. Gegen die in den Parteiapparat strömenden Personen aus rechten Burschenschaften, aus der »Identitären Bewegung« und anderen rechtsextremen Netzwerken schritt er ebenso wenig ein. Wichtige Figuren der wirtschaftsliberalen Strömung in der Gründungsgeneration der AfD haben der Partei mittlerweile den Rücken gekehrt. Der frühere AfD-Europaabgeordnete Hans-Olaf Henkel hat seine Partei verlassen und bereute schon Ende 2015, dass er mit der AfD »ein Monster« geschaffen habe, das sich entgegen seinen Intentionen als »NPD light« entpuppt habe. Gleichwohl ist inzwischen auch Meuthen ins Fadenkreuz der rechtextremen Netzwerke seiner Partei geraten. Sein Wirtschaftsliberalismus ist mit den nationalistisch-sozialen Ideen, die im »Flügel« vertreten werden, nicht ohne weiteres vereinbar. Wichtiger aber: Sein Eintreten für ein »bürgerliches« Erscheinungsbild seiner Partei und sein Verlangen nach unverfänglicheren Formulierungen für die grundsätzlich ähnlichen Positionen in Fragen wie der Identität und Zuwanderung stießen auf Widerspruch.

Der immer radikalere Rechtskurs der AfD führte seit 2019 zur Beobachtung von immer mehr Parteigliederungen durch Verfassungsschutzämter. Schon im Januar 2019 gab das Bundesamt für Verfassungsschutz bekannt, dass es die Gesamtpartei als »Prüffall« und die Jugendorganisation »Junge Alternative« sowie den »Flügel« als »Verdachtsfälle« im Bereich Rechtsextremismus bewerte. Ein Prüffall ist im Verfassungsschutzjargon eine Vorstufe der Beobachtung, während bei Verdachtsfällen die Anhaltspunkte für demokratiefeindliche Bestrebungen als so gravierend angesehen werden, dass auch der Einsatz von nachrichtendienstlichen Mitteln gerechtfertigt ist. Der »Flügel« wurde im März 2019 als »erwiesen rechtsextrem« eingestuft, im Mai 2021 ebenso der Landesverband Thüringen. Die Landesverbände in Nordrhein-Westfalen, Baden-Württemberg, Schleswig-Holstein, Mecklenburg-Vorpommern, Sachsen, Bremen und Niedersachsen werden als Prüffälle geführt. Seit 2020 sind zudem die Landesverbände in Brandenburg, Sachsen-Anhalt, Sachsen und Berlin zu Verdachtsfällen erklärt worden. Die im März 2021 erfolgte Hochstufung der Gesamtpartei zu einem Verdachtsfall wurde durch das Verwaltungsgericht Köln vorläufig gestoppt, da diese Bewertung nach Auffassung des Gerichts nicht öffentlich hätte werden dürfen.

Aus Sicht der Meuthen-nahen Kräfte in der AfD, die ihre Partei als bürgerlich-rechtsstaatlich präsentieren und auch für Staatsbedienstete attraktiv halten wollen, sind die Verfassungsschutzeinstufungen mehr als ungünstig. Meuthen setzte in der Folge durch, dass sich der »Flügel« im April 2020 formal selbst auflöste. Angesichts des informell gehaltenen Charakters dieser Vereinigung war dies allerdings kaum mehr als ein symbolischer Schritt. Das Netzwerk wirkt fort. Im Mai 2020 wurde zusätzlich die Parteimitgliedschaft des Brandenburger »Flügel«-Protagonisten Andreas Kalbitz vom AfD-Bundesvorstand für nichtig erklärt. Ob dieser Ausschluss Gültigkeit hat, ist Gegenstand von Gerichtsverfahren. Der früheren AfD-Landeschefin in Schleswig-Holstein, Doris von Sayn-Wittgenstein, wurde 2021 ihre AfD-Mitgliedschaft gerichtlich wieder zuerkannt, nachdem sie 2019 wegen ihres Engagements für den Verein »Gedächtnisstätte«, einem für die Holocaustleugnungsszene wichtigen Treffpunkt, ausgeschlossen worden war.

Kalbitz war bis 2020 selbst Mitglied des Bundesvorstandes und hatte, von Alexander Gauland tatkräftig gefördert, seinen Landesverband in Brandenburg einerseits zu Wahlerfolgen und andererseits in seiner Gesamtheit ins rechtsextreme Lager geführt. Erkennbar war das Vorgehen von Meuthen gegen den »Flügel« und gegen Kalbitz vor allem von politischem Opportunismus motiviert. Kalbitz' politische Biografie im Kernmilieu des auch zum Neonazismus hin offenen Rechtsextremismus war schon zuvor bekannt. Meuthen hatte Kalbitz bis dahin trotzdem entschieden verteidigt.

Der Abgang von Kalbitz hat auf die politische Positionierung seines Brandenburger Landesverbandes keinen erkennbaren Einfluss genommen. Den Fraktionsvorsitz im Brandenburger Landtag übernahm mit Hans-Christoph Berndt ein Politiker, der selbst nicht zum »Flügel« gehört, aber seine Sporen mit klar rechtsextremen und neonazistisch beeinflussten Straßenprotesten im Bundesland verdient hat.

2018 erreichte die AfD in Umfragen ihre bisherigen Bestwerte. Im September dieses Jahres taxierte das Umfrageinstitut Infratest-Dimap die Partei auf 18 Prozent in der Sonntagsfrage. Ab dem Herbst sanken diese Werte jedoch wieder. Die Eskalationen auf der AfD-Demonstration am 1. September 2018 in Chemnitz erwiesen sich als ein Kipppunkt. Erkennbar war dort die Partei ein Straßenbündnis mit militanten Rechtsextremen eingegangen. Daraus resultierte ein verstärkter gesellschaftlicher Gegenwind und ein Umdenken in der kritischen Öffentlichkeit hinsichtlich der Bewertung der Partei, die erst danach ins Visier des Verfassungsschutzes geriet und sich vermehrt mit inneren Grabenkämpfen beschäftigt zeigte. Diejenigen Menschen, die der AfD bei Wahlen weiterhin ihre Stimme geben, tun dies, darf man angesichts der inzwischen breit verfügbaren Informationen über die Partei schlussfolgern, nicht in Unwissen über, sondern trotz und zu hohen Anteilen wegen ihres rechtsextremen Charakters.

Die Umfragewerte brachen 2020 nicht zusammen, aber sie gingen mit Beginn der Corona-Pandemie auf das Niveau von 2017 zurück. Zwischen 2020 und 2021 sank die Mitgliederzahl von knapp 35 000 auf 32 000. Bei den Landtagswahlen 2021 in Rheinland-Pfalz und in Baden-Württemberg büßte sie jeweils rund ein Drittel ihrer Stimmen ein und verlor auch in ihrer Hochburg Sachsen-Anhalt bei einem Endergebnis von 20,8 Prozent mehrere Prozentpunkte und konnte dort bis auf eine Ausnahme keines ihrer Direktmandate verteidigen.

In der Corona-Politik machte sich die AfD (nach anfänglichem Zögern) zum parlamentarischen Sprachrohr der Schutzmaßnahmen-Kritik. Vielerorts suchte sie den Schulterschluss mit »Querdenken« und ähnlichen Bewegungen, inklusive der Präsenz bei mit Krawallen einhergehenden Kundgebungen wie im November 2020 in Berlin. Anders als beim »Flüchtlingsthema« erwies sich ihre Corona-Politik jedoch gesamtgesellschaftlich als weniger anschlussfähig. Zusätzlich machten der AfD Skandale um möglicherweise illegale Parteispenden zu schaffen. Wie kaum eine andere politische Kraft polarisiert die Partei in der Gesellschaft. Ende 2020 sahen 72 Prozent der Deutschen in der AfD eine Gefahr für die Demokratie, und 85 Prozent sind der Ansicht, dass in der Partei Rechtsextremismus weit oder sogar sehr weit verbreitet ist.

Beim Parteitag Ende 2020 in Kalkar konnten sowohl in programmatischer Hinsicht als auch in der Partei in bewährter Weise Kompromisse zwischen den marktliberalen und »sozial-patriotischen« Kräften ausgehandelt werden. Jenseits davon traten jedoch heftige Konflikte zutage und die Partei zeigte sich zwischen zwei Lagern zerrissen. Auf der einen Seite stand eine Fraktion, die wirtschaftsliberale Positionen vertritt, eine Koalitionsfähigkeit ihrer Partei möglichst bald erreichen will, um dann die Bundesrepublik autoritär zu einer ethnozentrischen, illiberalen Demokratie zu verwandeln. Auch hier sind also starke Positionen vertreten, die mindestens eine Beschneidung der parlamentarischen Demokratie beabsichtigen und Ungleichheitsdenken beinhalten. Auf der anderen Seite steht die Fraktion der Rechtsextremen und ihrer Verbündeter, die weiter auf Fundamentalopposition setzen, gesellschaftliche Institutionen zerstören und erst mittelfristig an die Regierungsmacht gelangen wollen. Eine ethnisch homogene, strikt durchherrschte nationale Gemeinschaft ist ihr – manchmal offen eingestandenes, manchmal geschickter, manchmal nur notdürftig verdecktes – Ziel, das die Entrechtung, Marginalisierung und sogar Entfernung von breiten Bevölkerungsteilen voraussetzt. Die Hochburgen dieser Fraktion liegen im Osten der Republik. Mit den Auseinandersetzungen sind auch weitere strategische Fragen verknüpft. Die rechtextreme Fraktion setzt darauf, mit der Betonung von sozialen Forderungen Stimmen aus dem Reservoir der Nichtwählerinnen und -wähler einzuwerben, während die konkurrierende Fraktion enttäuschte Anhängerinnen und Anhänger der Unionsparteien und der FDP gewinnen will. Es erscheint zumindest als fraglich, ob die fragile Balance zwischen den Fraktionen langfristig aufrechterhalten werden kann. Allerdings wird auch von den Rechtsextremen bezweifelt, ob eine »Lega Ost« – also eine von den »Gemäßigten« befreite ostdeutsche Regionalpartei – noch Aussicht auf bundesweite Erfolge hätte. Auch im rechtsextremen Lager will eine Mehrheit eine AfD, in der sie selbst zwar den Ton angibt, die aber dennoch weiterhin eine rechte Sammlungspartei darstellt. In wesentlichen inhaltlichen Punkten besteht in der Partei ohnehin Konsens – etwa der Zuwanderungsfeindschaft, der Ablehnung von problemadäquaten Klimaschutz-Maßnahmen (von Gauland 2019 zu einem Schwerpunkt der AfD ausgerufen), Gleichstellungspolitik und Feminismus. An Jörg Meuthen stößt den Rechtsextremen weniger seine Zugehörigkeit zum wirtschaftsliberalen Lager auf, sondern mehr, dass er durch seine Interventionen ihr Tun stört und deshalb nicht mehr wie in den Vorjahren als ihr Alliierter gelten kann.

Die hohen Wahlergebnisse der AfD-Landesverbände im Osten sind der Quell ihrer hohen innerparteilichen Bedeutung und ermöglichten auch bundespolitisch bedeutsame Zuspitzungen. In Thüringen ließ sich der nationalliberale FDP-Politiker Thomas Kemmerich Anfang 2020 mit den Stimmen der CDU und der dortigen rechtextremen AfD-Fraktion zum Ministerpräsidenten wählen. Nach bundesweiter Kritik trat er bald von diesem Amt zurück. Doch allein schon die Möglichkeit eines Ministerpräsidenten, der auf das Wohlwollen und die Stimmen einer rechtsextremen AfD unter dem Hardliner Björn Höcke angewiesen ist, zeigte die politische Kraft, über die die AfD in einigen Regionen verfügt. Parlamentarische Mehrheitsfindungen und Regierungsbildungen haben sich in Ländern mit hohen AfD-Wahlergebnissen verkompliziert und sind oft genug auf – potenziell fragile – Kooperationen von politisch weit voneinander entfernt stehenden demokratischen Parteien angewiesen. In Sachsen-Anhalt stehen seit den Landtagswahlen 2021 die wichtigen Ausschüsse für

Innenpolitik und für Soziales sowie ausgerechnet jener für Verfassung und Gleichstellung unter der Leitung von AfD-Vorsitzenden.

Die Optionen der AfD hängen nicht zuletzt vom Verhalten der demokratischen Parteien und insbesondere der CDU ab: Wahrt die Union gebührlichen Abstand zur AfD oder finden sich beispielsweise in CDU-Landesverbänden Mehrheiten dafür, sich auf ein Bündnis mit der AfD einzulassen und mit deren Stimmen zu kalkulieren, um politische Ziele durchzusetzen? Angesichts der stabil hohen Umfragewerte der AfD in manchen ostdeutschen Bundesländern sind dem Thüringer Beispiel vergleichbare Szenarien in der Zukunft denkbar. Auf der kommunalen Ebene versucht die AfD durch Angebote zur »konstruktiven« Kooperation schon seit Längerem, bei Abgeordneten anderer Parteien zu werben, die von ihr als offen für eine Zusammenarbeit eingeschätzt werden. Besonders in manchen Regionen im Osten Deutschlands ist die AfD kommunal bereits in einem bedenklichen Maß »normalisiert«.

Die Etablierung einer dezidiert rechten Sammlungspartei jenseits der Union ist seit Jahrzehnten das Ziel im rechtsextremen Spektrum gewesen. Für den gesamten Rechtsextremismus hat sich die AfD ob ihres Erfolges zum Gravitationszentrum entwickelt. An dieser Partei kommt niemand vorbei. Parteien wie die NPD wurden von der AfD regelrecht überrollt und müssen den Sinn ihrer Organisation neu definieren. Die Appelle der NPD, anstelle der AfD solle doch lieber »das Original«, die eigene Partei also, gewählt werden, wirken eher hilflos. Andere Neonazis begrüßen die gesamtgesellschaftliche Rechtsentwicklung, die sie im Aufstieg der AfD sehen, und versuchen, die so entstandenen Freiräume für sich auszunutzen, auch wenn sie der AfD gleichzeitig ihre Partizipation am Parlamentarismus vorwerfen. Viele weitere Rechtsextreme hat es inzwischen in die AfD gezogen, und sie mischen dort in vielfältigen Positionen mit. Flankierend dazu haben sich andere Rechtsextreme am Rand der Partei aufgestellt, verfolgen ihre Entwicklung und versuchen, publizistisch oder durch Bildungsarbeit auf ihre künftige Entwicklung Einfluss zu nehmen. Mit der millionenschweren Förderung einer AfD-nahen Parteistiftung durch den Bund, die nach einem Wiedereinzug in den Bundestag anstehen könnte, würden neue Mittel zur Verstetigung der Parteiarbeit bereitstehen, was eine weitere Einbindung von rechtsextremen Positionen und Personal erwarten ließe.

Formal bekennt sich die AfD zu Grundgesetz und Demokratie und grenzt sich vom Nationalsozialismus ab. Und auch weiterhin finden sich in ihr Kräfte, die nur dezidiert rechte und keine rechtsextremen Positionen vertreten. Allerdings arbeiten sie in der Sammlungspartei AfD notwendig mit den Rechtsextremen gemeinsam an ein und demselben politischen Projekt und könnten künftig nur noch als Feigenblätter geduldet werden. Die AfD ist in ihrer Gesamtheit inzwischen von ihren rechtsextremen Anteilen maßgeblich bestimmt, getrieben und dominiert. In Ostdeutschland steht die Hegemonie der Rechtsextremen außer Frage.

Die Beispiele für skandalöse Äußerungen und Forderungen aus der Partei sind kaum mehr zählbar, ebenso wenig die biografischen und politischen Verstrickungen von AfD-Mitgliedern mit offen rechtsextremen Gruppierungen. Aber mehr noch: Das Gleichheitsprinzip wird mittlerweile von der AfD als Gesamtpartei infrage gestellt und Minderheitenrechte angegriffen. Antimuslimischer Rassismus wird teilweise aggressiv propagiert und die Gleichbehandlung der Religionen hintertrieben. Wichtige Parteigliederungen vertreten einen erkennbar rechtsextremen Volksbegriff. Rassistische Hetze gegen »Passdeutsche« ähnelt bis in die Wortwahl hinein NPD-Positionen. Der AfD-Ehrenvorsitzende Gauland stellte 2017 in Aussicht, ihm nicht genehme Menschen »in Anatolien entsorgen« zu wollen, als er die damalige Integrationsbeauftragte Aydan Özoğuz adressierte. Die spätere Co-Vorsitzende der Bundestagsfraktion, Alice Weidel, pflichtete ihm bei.

Demokratische Institutionen attackiert die AfD von rechts. Dies zeigt sich in ihrer parlamentarischen wie außerparlamentarischen Praxis und schlägt sich sogar im Parteiprogramm nieder. Die »Volkssouveränität« sei eine »Fiktion«, während tatsächlich »eine kleine, machtvolle politische Führungsgruppe« das Sagen habe, heißt es in dem Dokument. In ihrer Bewegungspolitik versucht sie gezielt, Rassismus, Ängste und Unsicherheiten zu mobilisieren. Beim Bundesparteitag 2021 in Dresden setzte die rechtsextreme Fraktion wichtige Akzente und die Partei gab sich das schärfste Wahlprogramm ihrer Geschichte. Sie strebt nunmehr nicht mehr nur eine »Reform« der EU, sondern einen »Dexit«, also einen Austritt der Bundesrepublik, an. Der Soziologe Wilhelm Heitmeyer beschreibt die Ziele der Partei inzwischen als »autoritären Nationalradikalismus«. Eine demokratisch gewendete AfD, die sich rechtsextremer Tendenzen entledigt, ist kaum mehr vorstellbar.

Traditionelle Kulturgemeinschaften und Jugendverbände

Eine Betrachtung des deutschen Rechtsextremismus, die sich in einer Beschreibung seiner Parteien erschöpfte, wäre unvollständig. Zu fragen ist: Wie konnte sich nach dem Ende des »Dritten Reiches« und der scheinbar damit verbundenen Desavouierung von Rassismus und Nationalismus in der jungen Bundesrepublik der Rechtsextremismus überhaupt wieder konstituieren? Tatsächlich investierten Rechtsextreme in den ersten Nachkriegsjahrzehnten erhebliche Ressourcen, um das eigene Lager neu aufzubauen. So gelang es, wirksame Artikulations- und Rekrutierungsräume zu schaffen. Das Weiterleben der eigenen Ideen und die Rekrutierung von Jüngeren konnten im Rahmen von Parteien allerdings nur unzureichend bewältigt werden. Diese Rolle kam zu wesentlichen Anteilen anderen Organisationen zu. Darum sollen an dieser Stelle zwei bedeutsame Sphären betrachtet werden, die dem Rechtsextremismus zu seiner nachhaltigen Reproduktionsfähigkeit verhalfen: die rechtsextremen Kulturvereinigungen und die rechtsextremen Jugendverbände.

Allgemein ist der deutsche Rechtsextremismus seit 1945 und bis heute andauernd nicht nur unter dem Gesichtspunkt seiner politischen Organisationsgeschichte, sondern auch als eine politisch-kulturelle Erscheinung, als eine eigene Lebenswelt zu begreifen. Peter Dudek und Hans-Gerd Jaschke bezeichneten den gesamten Rechtsextremismus darum schon in den 1980er-Jahren als eine »besondere politische Kultur«. Die extreme Rechte ist insofern als eine »Doppelhelix aus politischer Bewegung und lebensweltlichem Milieu« vorstellbar, wie es der Politikwissenschaftler Gideon Botsch ausdrückte. Diese Form ist für politische Bewegungen allgemein nicht ungewöhnlich. Im konkreten Fall leitet sie sich auch aus der oppositionellen Rolle des Rechtsextremismus ab, dessen Einfluss auf die parlamentarische Politik in der Bundesrepublik immer beschränkt blieb. Rechtsextreme Hoffnungen auf das Auslösen einer »nationalen Erhebung« oder auf einen machtvollen Eintritt in eine demokratisch gewählte Regierung wurden regelmäßig enttäuscht. Die Rechtsextremen bildeten darum gezwungenermaßen einen Attentismus aus, ein Warten auf ein politisches Gelegenheitsfenster, durch das Einflussgewinn und eine Machtübernahme erst möglich werden könnten. Das eigene Spektrum sollte für diesen Moment präpariert und bis dahin die »Flamme« der eigenen Ideen vor dem Erlöschen bewahrt werden. Diese Präparation wurde anfangs vorrangig im kulturellen-lebensweltlichen Milieu des Rechtsextremismus geleistet. In die rechtsextreme Lebenswelt konnte sich der harte Kern dieses Milieus in Phasen politischer Stagnation zurückziehen und dort an der Tradierung und Weiterentwicklung der eigenen politischen Grundpositionen arbeiten.

Kulturgemeinschaften und Seminare

Kanzler Kiesinger sei nur ein »großer Schwätzer« und der Außenminister »Willy Weinbrand« ein hoffnungsloser Trinker. Beim Kabarettabend 1967 im Ratskeller von Ludwigsburg lief der Komiker Gerd Knabe, ein ehemaliger Waffen-SS-Offizier, zur Hochform auf und verteilte Beleidigungen an die Politik der Bundesrepublik. Das Publikum im vollbesetzten Saal war begeistert und klatschte »frenetischen Beifall«, wie eine Lokalzeitung später notierte. Eingeladen hatte die »Pflegestätte Ludwigsburg« des »Deutschen Kulturwerks Europäischen Geistes«. Knabes »Zeitberichter«-Programm streifte alle Herzensthemen der damaligen extremen Rechten: Die Kriminalität ufere aus, während die Polizei nur »Jagd auf Greise« (gemeint waren NS-Kriegsverbrecher) mache; in Film und Theater herrsche Nacktheit und Unmoral; die Bundeswehr sei eine Lachnummer, die Soldaten sogar erlaube, sich gewerkschaftlich zu organisieren; auf der Bundesfahne prangten vor lauter »Kuscheln« mit der DDR wohl bald Hammer und Sichel. Für das rechtsextreme Publikum, das sich bei solchen Kulturveranstaltungen seiner selbst versichern konnte, waren derartige Aufführungen Seelenbalsam.

Tatsächlich erwiesen sich Kulturvereinigungen, die schon wenige Jahre nach dem Krieg von ehemaligen Nazis gegründet wurden, als ein wichtiger Baustein für die Restauration des rechtsextremen Milieus. In diesem Bereich konnten ehemalige Nazis, kaum tangiert von alliierten Einschränkungen, neue Treffpunkte schaffen und ihre Netzwerke erneuern. Literatur, Kleinkunst, Gemeinschaftspflege und Propaganda trafen aufeinander.

Der völkisch-nationalistische Literat Hans Grimm war während der Weimarer Republik unter anderem durch seinen 1926 veröffentlichten Roman *Volk ohne Raum* bekannt geworden. Von 1934 an veranstaltete er an seinem Wohnsitz in Nordhessen die »Lippoldsberger Dichtertage«, die als Treffpunkt für ein breites Spektrum nationalistischer Kulturschaffender dienten, bis sie wegen ihrer Konkurrenz zu den NS-offiziellen Literaturtreffen untersagt wurden. 1949 begann Grimm, am gleichen Ort weitere Versammlungen abzuhalten. Erklärtermaßen ging es ihm darum, wieder ein »unabhängiges geistiges Schaffen« zu ermöglichen, also an das Vorkriegsschaffen der nationalistischen Kulturszene anzuknüpfen. Die jährlichen Treffen wurden zu einem Kristallisationspunkt der generationellen Weitergabe rechtsextremen Denkens: Bereits vor und im Nationalsozialismus aktive Kulturschaffende und Propagandistinnen und Propagandisten trafen auf ein jüngeres Publikum. Nach dem Tod Hans Grimms 1959 führte seine Tochter Holle Grimm die Veranstaltungsreihe – mit allmählich abnehmenden Teilnahmezahlen – bis zum Jahr 1981 weiter und betrieb vor Ort auch das Schulungszentrum »Europäisches Jugendheim Lippoldsberg«. Über die »Dichtertage« wurde in der damaligen Presse durchaus wohlwollend berichtet und an den Treffen nahmen – als Aushängeschilder und demokratische Feigenblätter genutzt – auch konservative Kulturschaffende teil.

Eine ähnliche Funktion nahm das »Deutsche Kulturwerk Europäischen Geistes« (DKEG) ein, das 1950 vom ehemaligen NS-Kulturfunktionär Herbert Böhme (1907–1971) ins Leben gerufen worden war. Dieser Gruppe schlossen sich bald weitere NS-Literaten an, unter ihnen Hans Grimm, Erwin Guido Kolbenheyer und Hans Venatier. Der Initiator Böhme wollte mit dem DKEG eine »Tatgemeinschaft für die Erhaltung deutscher Kultur« und einen Gegenpunkt zur demokratischen »Gruppe 47« schaffen. Das DKEG organisierte Tagungen und Lesungen und verlieh Preise. Teilweise erfolgreich versuchte das DKEG, die Grenzen zwischen Konservatismus und Rechtsextremismus zu verwischen. Zum DKEG-Kulturkongress 1962 steuerte der bayerische Ministerpräsident Hans Ehard (CSU) ein Grußwort bei. Bis Anfang 1970 wuchs die Mitgliedschaft auf 3500 Personen an, die in einem Netzwerk aus »Pflegestätten« genannten Regionalgruppen zusammenfanden. Zeitweise verfügte die Organisation über einen Ableger in Österreich. Die 1979 entstandene, radikalere Abspaltung »Deutsche Kulturgemeinschaft« führte bis in die 1980er-Jahre jährliche »Norddeutsche Kulturtage« durch. Das DKEG verlor nach Böhmes Tod 1971 an Mitgliedern und Einfluss. Nach der Auflösung 1996 versuchten andere Organisationen die entstandene Lücke zu schließen.

Ab 1960 wurde wiederum die »Gesellschaft für freie Publizistik« (GfP) aktiv, die von rechtsextremen Publizisten wie Helmut Sündermann,

Peter Kleist und Erich Kernmayr initiiert wurde und an der auch der DKEG-Gründer Herbert Böhme beteiligt war. Die wichtigen und teilnahmestarken Jahrestage der GfP wurden ab 1962 symbolträchtig in Lippoldsberg ausgetragen. Die GfP legte die »Ulrich-von-Hutten«-Medaille auf, die jährlich verliehen wird. Als ersten Preisträger ehrte die GfP den rechtsextremen US-Historiker David Hoggan für seine (widerlegte, unter anderem mittels Fälschungen argumentierte) These, dass Deutschland keine Schuld am Ausbruch des Zweiten Weltkrieges getragen habe.

Als ein Versuch, einen organisierten Rahmen für die Reetablierung nationalsozialistischen Denkens an den Universitäten zu schaffen, wurde 1956 der »Bund Nationaler Studenten« gegründet. Nachdem dieser 1961 verboten wurde, erfolgte 1962 die Gründung des »Freundeskreis Filmkunst«, aus dem heraus ebenfalls Kulturarbeit im Geist des Nationalsozialismus betrieben wurde. Der Verein führte bis ins Jahr 1995 zeitweise in monatlichem Takt Filme in Hamburger Kinos auf. Größtenteils handelte es sich dabei um NS-Propagandastreifen. Ebenfalls in Hamburg ansässig und in personeller Kontinuität zum verbotenen »Bund Nationaler Studenten« stand die »Deutsch-Europäische Studiengesellschaft« (DESG). Ab den 1960er-Jahren richtete dieses Netzwerk Treffen aus, die nach ihrem Austragungsort auf der Sababurg bei Hofgeismar als »Sababurgrunden« bezeichnet wurden und stark von damals wieder aufflammenden nationalrevolutionären Positionen geprägt waren. Ab 1980 trat zudem das »Thule Seminar« des in Deutschland lebenden französischen Rechtsextremen Pierre Krebs in Erscheinung, welches sich zunächst stark an der »Nouvelle Droite« ausrichtete und neuheidnisch-antichristliche Akzente setzte. Bei den »Hetendorfer Tagungswochen« zwischen 1991 und 1997, die ein Netzwerk um den Hamburger Neonazi Jürgen Rieger organisierte, wurden Vortragsreihen und die Inszenierung von neuheidnischen Gebräuchen miteinander kombiniert. Bei diesen Tagungen trafen Holocaustleugnerinnen und Holocaustleugner wie die ehemalige Funktionärin des »Bundes Deutscher Mädel« Gertrud Herr mit jugendlichen Neonazi-Militanten zusammen.

Die rechtsextremen Kulturvereinigungen haben für ihr politisches Lager mittlerweile insgesamt an Bedeutung eingebüßt. Die »Gesellschaft für freie Publizistik« vertritt weiterhin den Anspruch, ein Dachverband für die rechtsextreme Publizistik zu sein, hat jedoch mit rückläufigem Interesse zu kämpfen. Andere Vereinigungen sind aufgelöst worden. Ihre

Aufgabe, einen Ort für die Weitergabe rechtsextremer Denktradition bereitzustellen, haben sie größtenteils erfüllt. Die Netzwerkpflege leisten inzwischen andere Organisationen. Orte des Zusammentreffens ermöglichten in den 1990er-Jahren etwa regionale Lesekreise der Wochenzeitung *Junge Freiheit* oder das aus diesem Zusammenhang hervorgegangene, neonazistisch orientierte »Deutsche Kolleg«. Auch kulturelle und lebensweltliche Elemente finden sich aktuell im Seminarbetrieb des im Jahr 2000 gegründeten »Instituts für Staatspolitik« (IfS), das über die Ausrichtung von Kollegs, Sommer-, und Winterakademien eine Ideologievermittlung betreibt. Teilweise richten sich die IfS-Veranstaltungen explizit an ein jüngeres Publikum. Als Kulturgemeinschaft wirkt auch weiterhin die 1951 gegründete »Artgemeinschaft«, die einen radikalen rassistisch-antisemitischen »Artglauben« propagiert. Bei den Versammlungen dieser kleinen, aber für das militante Neonazi-Spektrum bedeutenden Organisation werden Riten und Zeremonien aufgeführt, die einer Aktualisierung vorzeitlicher »germanischer« Glaubenspraxis dienen sollen.

Jugendverbände

Dass sich nach dem Zweiten Weltkrieg rekonstruierende rechtsextreme Lager blieb nicht auf Personal angewiesen, welches bereits im Nationalsozialismus sozialisiert worden war. Die Integration eines politischen Nachwuchses aus jüngeren Jahrgängen verdankte der Rechtsextremismus neben den Kulturvereinigungen wesentlich dem Wirken der mit ihm verbundenen Jugendverbände. Ihre Funktion lag in der Vermittlung der »volkstreuen« oder »heimattreuen« Weltanschauung an die junge Generation. Bei regelmäßig angebotenen Lagern und Fahrten und in anderen Instanzen des Verbandslebens wurden Kinder und Jugendliche in gemeinschaftsstiftende Aktivitäten eingebunden und ihnen eine abenteuerverheißende Erlebniswelt angeboten. Naturerlebnisse, die Vermittlung von »Kulturgut«, weltanschauliche Indoktrination und teilweise paramilitärischer Drill – bis hin zu Schießübungen – wurden dafür miteinander kombiniert. Ziel der Jugendverbände war es, »Charakterbildung« zu betreiben und eine möglichst hohe Anzahl von Jugendlichen für eine Lebensgestaltung im Sinne des Rechtsextremismus und für entsprechendes politisches Engagement vorzubereiten. Bis in die 1980er-Jahre hinein waren die

Jugendverbände eine der wichtigsten Sozialisierungsinstanzen für spätere Rechtsterroristinnen und -terroristen. Am Rande von Lagern und anderen Aktivitäten kam es zu Übergriffen auf politische Gegnerinnen und Gegner oder Journalistinnen und Journalisten.

Die nach 1945 geschaffenen Verbände standen in ihrem Auftreten und ihrer Ausrichtung aber auch personell in Kontinuität zu älteren Vorbildern. Sie knüpften teilweise unmittelbar an die Hitlerjugend an oder bedienten sich vornationalsozialistischer Traditionen der völkischen Jugendarbeit, der bündischen Jugend und allgemein der Jugendbewegung des frühen 20. Jahrhunderts. Unmittelbar politischen Parteien unterstellte Jugendverbände blieben hingegen weitgehend bedeutungslos, bevor die NPD 1969 ihre Jugendorganisation »Junge Nationaldemokraten« (inzwischen: »Junge Nationalisten«) ins Leben rief.

Am Ende der 1950er-Jahre verfügten laut ihren (oft eher übertriebenen) Eigenangaben Organisationen wie die »Arbeitsgemeinschaft Vaterländischer Jugendverbände«, die »Jungdeutsche Bewegung« oder der »Kameradschaftsring Nationaler Jugendverbände« (KNJ) über bis zu 40 000 Mitglieder. Der KNJ führte die Odalsrune als verbindendes Symbol ein. Zu seinen Mitgliedsorganisationen gehörte unter anderem der »Bund Nationaler Studenten« (1956 gegründet, 1961 verboten), in dem später einflussreiche Rechtsextreme wie Peter Dehoust, Martin Mußgnug und Peter Stöckicht mitarbeiteten. Als besonders nachhaltige Kraft zur Re-Etablierung einer Jugendarbeit erwies sich die 1952 gegründete, ebenfalls zum KNJ gehörende »Wiking Jugend«, deren Organisationsstruktur bis zu ihrem Verbot im Jahr 1994 tausende Kinder und Jugendliche durchliefen und so im Geiste der Hitlerjugend geprägt wurden. Gründungsvorsitzender war der vormalige »Reichsjugendführer« der SRP, Walter Matthaei. 1954 setzte sich dieser ins falangistische Spanien ab, nachdem ihm homosexuelle Beziehungen zu Gruppenmitgliedern vorgeworfen und er aus seiner Organisation ausgeschlossen worden war. Bald danach wurde die »Wiking Jugend« dynastisch geführt – zunächst von Raoul Nahrath, dann von dessen Sohn Wolfgang Nahrath und darauffolgend von dessen Sohn Wolfram Nahrath. 1960 entstand der »Bund Heimattreuer Jugend«, der ebenfalls im KNJ organisiert war und mit der »Wiking Jugend« gemeinsam die damaligen »Pfingstlager der nationalen Jugend« ausrichtete. Auch im BHJ wurden zahlreiche später einflussreiche Rechtsextreme sozialisiert, darunter der Rechtsanwalt Jürgen Rieger, die Rechtsanwältin

Gisa Pahl, der Terrorist Odfried Hepp und der Verleger Uwe Berg. In den frühen 1970er-Jahren kam es im BHJ zu internen Auseinandersetzungen, die zu einer Separation von der »Wiking Jugend«, einem Mitgliederschwund und einer verstärkten Orientierung an völkisch-bündischen Traditionen führte. 1990 spaltete sich der BHJ in den weniger auf militaristischen Drill orientierten »Freibund« sowie in die neonazistisch geprägte »Heimattreue Jugend« auf. Aus letzterer ging 2001 die dann 2009 verbotene »Heimattreue Deutsche Jugend« (HDJ) hervor. In die zuletzt rund 500 Mitglieder zählende Gruppe war laut Angaben des Verfassungsschutzes unter anderem der spätere AfD-Politiker Andreas Kalbitz involviert. Der »Freibund« ist weiterhin aktiv. Aus dem Neonazismus heraus werden weiterhin Fahrten und Lager organisiert, die an die verbotenen »Wiking Jugend« und HDJ anknüpfen.

Als Sozialisationsagentur und Rekrutierungsinstrument haben die verbliebenen rechtsextremen Jugendverbände in quantitativer Hinsicht ihre Bedeutung weitgehend eingebüßt. Die Zugänge von Jugendlichen zum Rechtsextremismus laufen seit spätestens den 1980er-Jahren wesentlich stärker über die informeller verfassten Wege der Jugendkulturen ab (Skinheads, Fußballfanszenen und ähnliches). Allerdings sind die verbliebenen traditionellen Gruppen für hochideologisierte rechtsextreme Eltern weiterhin attraktiv. Ein kleines, elitäres Kernspektrum des Rechtsextremismus nutzt die Verbände als Möglichkeit, um den eigenen Nachwuchs systematisch mit Kindern von Gleichgesinnten und abseits von demokratischen gesellschaftlichen Institutionen zu erziehen. Eine Rolle spielt dabei auch die Vermittlung von Partnerinnen bzw. Partnern, um Familiengründungen von »Heimattreuen« zu fördern. Oft wird eine rigide Ablehnung von Popkultur, TV- und Internetkonsum und moderner Lebensführung propagiert und praktiziert. Es bestehen Überschneidungen zu »völkischen Siedlern«, die in einigen ländlichen Regionen Bauernhöfe aufgekauft haben und dort in Familienzusammenschlüssen ein aus ihrer Sicht heimat- und umweltbewusstes Leben führen wollen. Der »Sturmvogel« etwa, ein 1987 aus einer Abspaltung der »Wiking Jugend« hervorgegangener Verband, nimmt positiven Bezug auf die völkische »Artamanen«-Siedlungsbewegung der 1920er-Jahre und richtet seine Treffen teilweise auf den Anwesen von »völkischen Siedlern« aus.

Josef Bachmann trug am 11. April 1968 auf dem Berliner Kurfürstendamm eine durchbohrte und so scharf gemachte Gaspistole sowie eine Ausgabe der *Deutschen National-Zeitung* bei sich. »Stoppt den roten Rudi jetzt«, forderte die Schlagzeile der rechtsextremen Wochenzeitung. Bachmann passte den linken Aktivisten Rudi Dutschke am Büro dessen »Sozialistischen Deutschen Studentenbundes« ab, beschimpfte ihn als Kommunisten und feuerte zwei Schüsse ab. Dutschke überlebte den Mordversuch nur knapp, verstarb aber 1979 an den Spätfolgen dieses rechtsextremen Attentats.

Auch andere Medien schrieben in diesen Jahren mit schärfsten Worten gegen die damalige Studentenbewegung an. Erst zwei Monate vor den Schüssen in Berlin hatte die *Bild-Zeitung* einen Artikel veröffentlicht, illustriert mit einem Foto Dutschkes und der Überschrift: »Stoppt den Terror der Jung-Roten jetzt!« Für den Rechtsextremen Bachmann dürften solche Artikel als Bestätigung seiner Ansichten und sogar als Ermutigung zum Handeln gewirkt haben. Sein politisches Koordinatensystem war aber im seinerzeitigen Rechtsextremismus verortet, und so darf es nicht verwundern, dass er die *Deutsche National-Zeitung* einsteckte, als er zu seinem Attentat aufbrach.

Der bundesdeutsche Rechtsextremismus hat ein großes und ausdifferenziertes Netzwerk von Publikationsorganen hervorgebracht. Manche dienen weiterhin dem Zweck, mit reißerischen Schlagzeilen Empörung und Wut zu schüren. Andere sind wesentlich subtiler, reflektierend, debattierend und theoretisierend. Thomas Pfeiffer, als Politikwissenschaftler für den Verfassungsschutz tätig, beschreibt die rechtsextreme Medienlandschaft als informationelles Kapillarsystem, das der Rechtsextremismus benötige, um aktions- und strategiefähig zu bleiben: eine Vielzahl von kleinen Adern, die verzweigt und nebeneinander verlaufen, aber gemeinsam wirken. Technisch geht die rechtextreme Publizistik mit der Zeit und hat neben Zeitschriften und Verlagen schon früh Online-Angebote etabliert. Pfeiffer unterteilt die rechtsextremen Medien nach ihrer strategischen Funktion in drei Typen. Die »Ideologieorgane« arbeiten an den ideologischen Grundlagen des Rechtsextremismus. Außerhalb der aktuellen Tagespolitik diskutieren und konkretisieren sie Theorie und Weltanschauung, die politischen Ziele, aber auch die Strategie und die Taktik, um diese Ziele zu erreichen. Dazu können beispielsweise Zeitschriften wie die *Sezession* gezählt werden. Die »Zielgruppenorgane« richten sich nicht an das ganze Spektrum des Rechtsextremismus, sondern adressieren mit spezialisierten Angeboten nur Teilsegmente. Damit sind etwa Verbandszeitschriften, aber auch die zeitweise bedeutsamen rechtsextremen Skinheadmagazine (»Fanzines«) angesprochen. Drittens macht Pfeiffer »Scharnierorgane« aus, die den Rechtsextremismus mit der übrigen Gesellschaft verbinden und ein Publikum jenseits von dessen Grenzen erreichen und beeinflussen wollen. Gemeint sind damit zum Beispiel rechtsextreme Agitationshefte, die auf Schulhöfen verteilt werden, aber auch eine Wochenzeitung wie die *Junge Freiheit*, die sich in ihrem Selbstverständnis als konservatives Blatt an ein gemischtes Publikum richtet. Auch zahlreiche Webangebote wie *JouWatch* (»Journalisten-Watch«) erfüllen eine Scharnierfunktion.

Im Rechtsextremismus wird eine ganze Palette von Medienangeboten genutzt, die selbst nicht aus dem eigenen Milieu stammen, aber ihm hilfreiche Vorlagen zuarbeiten. Das deutschsprachige Internetangebot der *Epoch Times* etwa wird in rechtextremen Kreisen breit rezipiert und weiterverbreitet, weil es zugespitzte einwanderungsfeindliche Nachrichten anbietet. *Epoch Times* steht indes keiner rechten Organisation nahe, sondern der aus China stammenden buddhistisch-synkretistischen Heilslehre Falun Gong. Erwähnenswert sind auch Printprodukte, die geschichtliche Interessengebiete von Rechtsextremen bedienen, ohne notwendigerweise aus dem Rechtsextremismus selbst zu stammen. Beim Pabel-Moewig Verlag erscheinen nicht nur Produkte wie die Fantasy-Titel *Perry Rhodan* oder die Comics von *Fix und Foxy*, sondern von 1957 bis 2013 wurden dort auch kriegsverherrlichende Groschenromane unter dem Titel *Der Landser* verlegt, die wöchentlich erschienen und teilweise von ehemaligen NSDAP-Mitgliedern verfasst wurden.

Zu den Spitzenzeiten in den späten 1990er-Jahren existierten im Printbereich rund 120 Zeitungen und Zeitschriften, die an den Rechtsextremismus angedockt waren. Ihre Gesamtauflage belief sich auf ungefähr sieben Millionen Exemplare. Inzwischen haben sich diese Zahlen reduziert, weil die Neugründungen die Zahl der eingestellten Titel nicht aufwiegen konnten. Allerdings dürfte sich die Gesamtreichweite dennoch erhöht haben, weil eine große Zahl von Internetprojekten hinzugetreten ist. Manche Publikationen – wie die NPD-Zeitschrift *Deutsche Stimme* oder das Publikumsmagazin *Compact* – setzen auf eine cross-media-Strategie. Printprodukt, Webseite und per Internet verbreitete Videobeiträge werden miteinander kombiniert.

Eine der größten und langlebigsten Zeitungen der extremen Rechten war die oben erwähnte *Deutsche National-Zeitung*. Sie wurde 1950/51 als *Deutsche Soldaten-Zeitung* von ehemaligen NSDAP-, SS- und Wehrmachtfunktionären gegründet und anfangs wegen ihrer antikommunistischen Ausrichtung von der US-amerikanischen Verwaltung finanziell unterstützt. 1958 stieg der rechtextreme Unternehmer Gerhard Frey aus München ein und benannte das Blatt mehrmals um, bis es ab 1963 *Deutsche National-Zeitung* hieß. Am Ende der 1970er-Jahre stieg die Auflage auf rund 120 000 Exemplare (zusätzlich könnte noch die Auflage der ebenfalls zu Frey gehörenden und inhaltlich fast identischen *Deutschen Wochen-Zeitung*, einst ein NPD-Blatt, addiert werden). Die *Deutsche National-Zeitung* wurde über eine Abonnementkartei und über Kioske vertrieben. Der Stil war populistisch und auf die Auslösung von Emotionen ausgerichtet. Geschichtsrevisionismus, Angriffe auf die Politik, aber auch rassistische Schlagzeilen bildeten die inhaltlichen Schwerpunkte. Besonders drastisch waren antisemitische Artikel, in denen jüdische Institutionen und Individuen verächtlich gemacht oder der Holocaust infrage gestellt wurden: »Die Auschwitz-Lüge: Was man nicht mehr sagen darf«. Im Zuge der politischen Ambitionen von Herausgeber Frey diente die *Deutsche National-Zeitung* auch als eine Art inoffizielle Parteizeitung von dessen »Deutscher Volksunion«. Zu den Autorinnen und Autoren der Zeitung zählten prominente Rechtsextreme, aber bemerkenswerterweise war ein Stammautor der ohne Namenskennung schreibende Staatsrechts-Professor, Grundgesetzkommentator und zeitweilige CSU-Kultusminister in Bayern, Theodor Maunz. Nach dem Tod Freys 2013 sanken Auflage und Einfluss. Die Gründung und der Aufstieg der AfD wurde von der *Deutschen National-Zeitung* zuletzt wohlwollend begleitet. Ende 2019 erschien nach 69 Jahrgängen die letzte Ausgabe des rechtsextremen Traditionsblattes.

Als ein Gegenstück zu den Krawallschlagzeilen der *Deutschen National-Zeitung* diente die in Coburg ansässige Zeitschrift *Nation und Europa* (zuerst: *Nation Europa*). In dem A5-Heft mit einer fünfstelligen Auflage wurden strategische Debatten geführt und Themen gesetzt, die Einfluss auf das gesamte rechtsextreme Spektrum nahmen. Autorinnen und Autoren standen der NPD, den Republikanern, der DVU und anderen Gruppen nahe und vertraten vielfältige, auch sich widersprechende rechtsextreme Positionen. Gegründet wurde die Zeitschrift 1951 vom vormaligen SS-Sturmbannführer Arthur Ehrhardt und von Herbert Böhme, ehemals ein als SA-Lyriker bekannter NS-Kulturfunktionär. Nach dem Tod von Ehrhardt im Jahr 1971 übernahm Peter Dehoust die Herausgabe des Blattes. Der rechtsextreme Verleger Dietmar Munier kaufte *Nation und Europa* schließlich auf. 2009 erschien die letzte Ausgabe. Das Heft wurde in den Titel *Zuerst!* überführt, welcher in der Art von Magazinen wie *Focus* aufgemacht ist, auch über Kioske vertrieben wird und ein breites Publikum ansprechen will. Der seit 2011 amtierende Chefredakteur Manuel Ochsenreiter war zeitweise auch für einen AfD-Abgeordneten im Bundestag tätig. Ab 2018 wurde gegen ihn strafrechtlich ermittelt. Er soll mutmaßlich als Geldgeber in einen prorussischen Terroranschlag in der Ukraine verwickelt gewesen sein, wie der mittlerweile verurteilte Haupttäter vor Gericht aussagte. 2021 verstarb der Journalist in Moskau.

Die größte Präsenz an deutschen Zeitungskiosken dürfte derweil die Zeitschrift *Compact* erreicht haben, die seit 2010 von Brandenburg aus produziert wird und eine Auflage hat, die im mittleren fünfstelligen Bereich liegt. Die Zeitschrift hat den Anspruch formuliert, für »Souveränität« einzutreten und Raum für Positionen jenseits von Kategorien wie links und rechts zu bieten. Die politische Biografie des Gründers und Chefredakteurs Jürgen Elsässer begann in der radikalen Linken. Das Magazin hat sich allerdings zu einem Sprachrohr für rechte geschichtsrevisionistische und auch flüchtlingsfeindliche Themen entwickelt, verbreitet Verschwörungserzählungen (etwa zur Terrorgruppe »Nationalsozialistischer Untergrund«, die in *Compact* als Geheimdienst-Komplott erscheint) und fungierte zeitweise als Sprachrohr für den »Flügel« der AfD. *Compact* gehörte 2015 zu den Gründungsinstitutionen der rechtsextremen Kampagnenplattform »Ein Prozent«, an dem führend auch das »Institut für Staatspolitik« beteiligt war. Deren Zweimonatszeitschrift *Sezession* erscheint seit 2003 unter der Leitung des Publizisten Götz Kubitschek. *Sezession* fungiert mit intellektuellem Anspruch als politisches Theorie- und Debattenorgan, bietet aber auch Kulturbeiträge und Besprechungen von Belletristik an. Es hat besondere Bedeutung für das Spektrum rund um die »Neue Rechte«, die »Identitäre Bewegung«, für die fundamental-oppositionellen Teile der AfD und für rechte Burschenschaften, strahlt aber bis in den Neonazismus aus.

Die *Junge Freiheit* ist die für den Rechtsextremismus derzeit bedeutendste Wochenzeitung. Als Schülerzeitung gegründet erscheint sie seit 1986 unter der Leitung des Chefredakteurs Dieter Stein und hat eine fünfstellige Auflage. In der *Jungen Freiheit* publizieren rechtsextreme Autorinnen und Autoren, aber auch rechtskonservative Stimmen kommen zu Wort, weswegen sie nicht nur als ein Flaggschiffprojekt der »Neuen Rechten«, sondern auch als Scharnier zwischen Rechtsextremismus und Konservatismus eingeordnet wurde. Im Laufe ihrer Geschichte begleitete die *Junge Freiheit* mehrfach Parteigründungen rechts der Union, etwa die »Republikaner«, die »Deutsche Liga für Volk und Heimat«, den »Bund Freier Bürger« und in den letzten Jahren die AfD. Chefredakteur Stein ergreift – im Gegensatz zu den Positionen in *Compact* und *Sezession* – dabei eher Partei für die auf Koalitionsfähigkeit orientierten Teile der AfD. Nach Gerichtsurteilen wird die *Junge Freiheit* nicht mehr von Verfassungsschutzämtern beobachtet und in deren Berichten nicht erwähnt. Einen radikal prokapitalistischen Kurs verfolgt die Zeitschrift *eigentümlich frei*, die seit 1998 erscheint. Das Publikum überschneidet sich teilweise mit dem der *Sezession* und der *Jungen Freiheit*. In der Zeitschrift finden sich ordoliberale wie libertäre Positionen, nationalistische und antifeministische Beiträge. Als Abonnement- und teilweise als Kioskprodukte erscheinen zudem Formate wie *Cato*, *Tichys Einblick* oder *Tumult*, die auf dem publizistischen Markt um ein Mischpublikum aus Konservativen und Neurechten buhlen und mittlerweile ebenfalls eine wichtige Scharnierfunktion für diese Spektren erfüllen. Mit einem offen militant-neonazistischen Profil erscheint hingegen die Zeitschrift *N.S. Heute* die 2017 gegründet wurde. In aggressiver Manier werden der Aktivismus des Neonazismus beworben und begründet und Episoden aus dessen Bewegungsgeschichte rekapituliert. Eine Episode blieb die als popkulturelle Ergänzung zu den »neurechten« Theorieorganen 2017 ins Leben gerufene Zeitschrift *Arcadi*, die als Lifestylemagazin junge Leserinnen und Leser anziehen sollte. Bis zur Einstellung und Übergabe der Abokartei an die *Zuerst!* 2021 versuchte *Arcadi* eine Balance zwischen »Identitärer Bewegung« und den jüngeren aktivistisch orientierten Kreisen in und bei der AfD zu finden. In der *Arcadi* konnten auch Neonazifirmen für ihre Produkte werben.

Ein Vorreiterprojekt der rechtsextremen Internetpublizistik entstammte dem militanten Neonazismus. Bereits 1997 ging das »stoertebeker.net« online, welches ab 2003 in dem Portal »Altermedia Deutschland« aufging. Typischerweise in polemischem und aggressivem Tonfall wurde in dem Blog die deutsche Tagespolitik und der rechtsextreme Aktivismus aus der Perspektive des Neonazismus in meist anonym verfassten Beiträgen kommentiert und nahm für den militanten Rechtextremismus eine wichtige Rolle als Nachrichten- und Diskussionsorgan ein. Zeitweise hatte die Internetseite mehrere Millionen Aufrufe jährlich. 2016 wurde die Seite durch das Bundesministerium des Innern verboten und mehrere Betreiber vor Gericht gestellt.

Im Jahr 2004, also drei Jahre nach den Anschlägen vom 11. September 2001, wurde mit »PI-News« bzw. »Politically Incorrect« ein weiterhin einflussreiches rechtsextremes Internetmedium gegründet, das einen Schwerpunkt auf rassistische und dabei besonders antimuslimische Inhalte legt. Die Berichten zufolge täglich mehrere hunderttausend Aufrufe zählende Seite stellt sich als »gegen den Mainstream« und gegen »Islamisierung«, zudem »proamerikanisch« und »proisraelisch« dar. In den häufig anonym verfassten Beiträgen werden in meist drastischen Worten Flüchtlinge und Muslime herabgewürdigt und als feindlich eingestufte Politikerinnen und Politiker angegriffen. In gezielt selektiven und zugespitzten, oft verzerrten oder sachlich falschen Berichten wird der Eindruck einer fundamentalen Bedrohung Deutschlands erweckt, die durch den Islam und kriminelle Flüchtlinge hervorgerufen werde. Für den rechtsextremen antimuslimischen Rassismus nach 2001 wurde »PI-News« stilprägend. Ausgehend von Artikeln auf der Webseite kam und kommt es zu teils massiven Wellen von Beschwerde- und Drohschreiben. Zu den bekannteren Autoren gehört der vorbestrafte Aktivist Michael Stürzenberger. »PI-News« ist eng mit den »Pegida«-Demonstrationen verbunden. Dem Erfolgsmodell von »PI-News« folgend haben sich besonders im Zuge des Aufstiegs der AfD weitere Webseiten etabliert, die mit unterschiedlichen thematischen Schwerpunkten einen Beitrag zu den »alternativen Medien« leisten. Einen eigenen Bereich stellen »YouTube«-Kanäle dar, in deren Mittelpunkt die Persönlichkeit der Sprecherinnen oder Sprecher steht und die mittlerweile in hoher Frequenz und professionell produziert das Tagesgeschehen kommentieren. Dezidiert rechtsextreme oder damit kompatible Verschwörungserzählungen sind hier ein besonders wichtiger Bereich.

Auf dem Buchmarkt waren und sind eine ganze Reihe von Verlagen präsent, die im Rechtsextremismus beheimatet oder diesem verbunden sind. Eines der traditionsreichsten Häuser des rechtsextremen Lagers war der Tübinger »Grabert-Verlag«, der bereits seit 1953 agierte und später vor allem unter der Bezeichnung der Tochterfirma »Hohenrain-Verlag« auftrat. Aus dem »Verlag der deutschen Hochschullehrer-Zeitung« des Gründers Herbert Grabert hervorgegangen, war der »Grabert-Verlag« einer der Hauptkanäle für geschichtsrevisionistische Bücher und Literatur, die den Holocaust leugnet. Beim Verlag war auch die Zeitschrift *Deutschland in Geschichte und Gegenwart* angesiedelt, die 2017 ihr Erscheinen einstellte. 2021 wurde die Auflösung des Verlages bekannt gegeben. Weiterhin existent ist die geschichtsrevisionistisch und NS-apologetisch ausgerichtete »Verlagsgesellschaft Berg«, zu der unter anderem der »Druffel & Vowinckel Verlag« gehört und die eng mit Gert Sudholt, dem ehemaligen Vorsitzenden der »Gesellschaft für freie Publizistik«, verbunden ist.

Aus dem Vertriebenenspektrum und dem NPD-Milieu entstammt der Verleger Dietmar Munier, der den Buchdienst »Lesen und Schenken«, den »Arndt Verlag« und den Verlag »Pour le Mérite« betreibt und an Zeitschriften wie der *Zuerst!* oder der *Deutschen Militärzeitschrift* beteiligt ist. Der »Antaios-Verlag« hingegen wird seit dem Jahr 2000 aus dem Zusammenhang der Zeitschrift *Sezession* bzw. des »Instituts für Staatspolitik« betrieben. Dort werden unter anderem Bücher zur antidemokratischen »Konservativen Revolution« veröffentlicht, aber auch Romane und Sachtexte, die den Aktivismus der »Identitären Bewegung« begründen und popularisieren sollen. Am und im Neonazismus bewegen sich hingegen Häuser wie der »Nordland-« oder der »Winkelried-Verlag«.

Zu den derzeitig umsatzstärksten Unternehmen, die für den Rechtsextremismus eine Bedeutung haben, dürfte der »Kopp-Verlag« und das angeschlossene Versandhaus zählen. Der Betreiber Jochen Kopp ist ein ehemaliger Polizist, der 1994 seine Stellung als Beamter aufgab, um ein Verlagshaus gründen zu können und sich zunächst »Enthüllungen« über Ufos widmete. Kopp schrieb selbst für Publikationen wie den *Ufo-Kurier* und veröffentlichte Bücher wie *Hochtechnologie im Dritten Reich* des neonazistischen Ufologen Axel Stoll. Der Verlag beschäftigt inzwischen mehrere Dutzend Mitarbeiter und hat einen Millionenumsatz. Zum Repertoire gehören nicht nur ausgewiesen rechtextreme und geschichtsrevisionistische Titel und Verlage, sondern auch Bücher zu esoterischen, pseudowissenschaftlichen und verschwörungserzählerischen Themen, Ratgeberliteratur und Outdoor- und Survival-Anleitungen. Das Wissen, um Krebs zu heilen, sei seit Langem bekannt, werde aber durch ein »Pharmakartell« unterdrückt, ist in Titeln aus dem »Kopp-Verlag« zu erfahren.

Neonazigruppen

Ein Inserat im Jahr 1968 in der *National-Zeitung* des späteren DVU-Gründers Gerhard Frey: Der »Antikominternbund sucht Freunde«. Rund zwei Dutzend Interessierte meldeten sich zurück. Der Initiator, ein 28-jähriger Hamburger Ingenieur namens Wolf-Dieter Eckart, stellte seinen ursprünglichen Plan schnell um und beschloss, anstelle einer antikommunistischen Dachorganisation, eine unverblümt nationalsozialistische Organisation zu gründen. Der »Bund Deutscher Nationalsozialisten« (BDNS) sollte am 1. Mai 1969 aus der Taufe gehoben werden, mit dem Ziel, der »Bewegung« zu einer Wiedergeburt zu verhelfen. Doch noch vor der Gründungsversammlung wurde die Organisation durch das Bundesinnenministerium verboten. Eckart versuchte daraufhin mit einigen Getreuen, die Gruppe illegal auf die Beine zu stellen, gab den *Nationalsozialistischen Deutschen Nachrichtendienst* heraus und rief einen »Freundeskreis der NSDAP« ins Leben. Eckart hatte sich im Austausch mit alten Nazis unter seinen Lehrern schon als Schüler für den Nationalsozialismus begeistert, nahm an Aktivitäten des »Bundes Heimattreuer Jugend« teil und war schließlich aus der CDU, der er zwischenzeitlich vier Jahre lang angehörte, ausgetreten. Es folgten Ermittlungsverfahren und Verurteilungen. 1974 versuchte Eckart in Hamburg erneut, eine Neugründung der NSDAP zu inszenieren. Dabei anwesend waren Thies Christophersen, ehemaliger SS-Sonderführer in Auschwitz und der Deutschamerikaner Gary Lauck, der drei Jahre zuvor in den USA die »NSDAP Aufbau- und Auslandsorganisation« (NSDAP/AO) gegründet hatte. Eine Inspiration für Eckarts um Originaltreue bemühte Reinszenierung nationalsozialistischer Ästhetik dürften Neonaziaktivitäten in den USA gewesen sein, wo sich schon am Ende der 1950er-Jahre Kleinorganisationen wie die »American Nazi Party« formiert hatten. Es handelte sich bei deren Braunhemden-Ästhetik nicht nur um ein inhaltliches Bekenntnis, sondern der symbolische Tabubruch diente auch als eine politische Werbestrategie. Der Anführer der »American Nazi Party«, Lincoln Rockwell, wurde 1966 in einem bebilderten Bericht für das *Playboy*-Magazin interviewt und konnte so vor einem Millionenpublikum Werbung für seine politischen Positionen machen. Das Bemerkenswerte an Eckarts großspurigem aber notorisch erfolglosem Treiben war das offensive, nach Öffentlichkeit drängende Bekenntnis zum Nationalsozialismus – obendrein von jemandem, der einer Generation angehörte, die den Nationalsozialismus nur in der Kindheit erlebt hatte, also nicht mehr zur »Erlebnisgeneration« zählte. Zuvor war dies in der Bundesrepublik kaum vorstellbar.

Ein vorgelagertes einschneidendes Ereignis für die Entstehung des Neonazismus war die antisemitische Hakenkreuz-Schmierwelle in West-Berlin und Westdeutschland 1959 und 1960, die damals einer breiten Öffentlichkeit deutlich machte, dass es junge Rechtsextreme gab, die sich illegal und anonym zum Nationalsozialismus bekannten. In der Folge wurde 1960 in Berlin eine Sonnwendfeier aufgelöst und mehrere junge Männer festgenommen, die der »Nationaljugend Deutschlands« (NJD) und dem »Bund Nationaler Studenten« (BNS) angehörten. Unter anderen hatten sie eine schwarz-weiß-rote Fahne mit aufgeklebtem Hakenkreuz gehisst. Beide Gruppen wurden vom Berliner Senat aufgelöst. Nach dem Niedergang der NPD ab 1969 und ihrer »Aktion Widerstand« gründeten sich ab den 1970er-Jahren weitere Neonaziorganisationen. Zu nennen ist die 1971 gegründete (und 1982 verbotene) »Volkssozialistische Bewegung Deutschlands / Partei der Arbeit« (VSBD) um Friedhelm Busse. Allmählich entwickelte sich in und bei solchen Organisationen eine neonazistische Jugendkultur.

Unter Neonazis werden Rechtsextreme verstanden, die den historischen Nationalsozialismus nicht nur entschuldigen, sondern ihn zum Vorbild nehmen und die Wiedererrichtung einer nationalsozialistischen Ordnung anstreben. Zur generationellen Abgrenzung zu den »Altnazis«, die ihren Überzeugungen auch nach der Niederwerfung des Nationalsozialismus treu blieben, hat es Sinn, den Begriff »Neonazi« für jene zu reservieren, die erst nach 1945 sozialisiert wurden. Programmatisch steht bei ihnen das – offene oder versteckte – Bekenntnis zum Nationalsozialismus im Mittelpunkt. Es kommt dabei nicht darauf an, welcher historischen Phase oder welcher nationalsozialistischen Strömung einzelne Neonazis und ihre Organisationen jeweils am nächsten stehen. Ob beispielsweise der Elitismus der SS, die »sozialrevolutionären« Nazis um Ernst Röhm oder der klassische Hitlerismus die hauptsächliche Inspirationsquelle darstellen, taugt lediglich für eine Binnendifferenzierung im Neonazismus, ändert aber nichts an der Zuordnung zu diesem Spektrum.

Das wohl entscheidende Datum für die Etablierung des Neonazismus in der Bundesrepublik ist das Jahr 1977. Damals gründete der zu diesem Zeitpunkt gerade wegen seiner rechtsextremen Positionen entlassene Bundeswehr-Leutnant Michael Kühnen in seiner Heimatstadt Hamburg den »Freizeitverein Hansa« (interner Name: »SA-Sturm 8. Mai«, eng verbunden mit einer Straßen- und Fußballgang namens »Savage Army«) und wenig später die »Aktionsfront Nationaler Sozialisten« (ANS). Kühnen pflegte ab 1976 Kontakt mit Wolf-Dieter Eckart, Gründer des erwähnten »Freundeskreises der NSDAP«, und sah in diesem einen Vorkämpfer der neuen nationalsozialistischen Sache.

Im Sommer 1978 führten Kühnen und einige Getreue in Hamburg eine Aktion durch, die für die Politik dieses Spektrums als stilbildend gelten darf. In einheitlicher Kleidung – schwarzen Lederjacken – versammelte sich eine Gruppe von Neonazis und versuchte, von St. Georg in die Innenstadt zu laufen. Einige trugen Eselsmasken über den Gesichtern und dazu Schilder mit der Aufschrift »Ich Esel glaube noch, daß in deutschen KZs Juden ›vergast‹ wurden«. Die Kundgebung zog ein großes Medienecho nach sich. Kern der ANS-Strategie war es abermals, mittels gezielter Provokationen wie der Hamburger Aktion Öffentlichkeit herzustellen. Kühnen beschrieb Tabubrüche explizit als Maßnahmen, um Aufmerksamkeit zu generieren. Das politische Programm der ANS, 1979 von Kühnen während einer Haftstrafe unter dem Titel *Die zweite Revolution* niedergeschrieben, deklarierte eine neue Kampfzeit, mit dem Ziel, einen SA-Staat zu erkämpfen. Das mittelfristige Ziel war es, die Bedingungen für die Wiederzulassung der NSDAP als legaler politischer Partei herzustellen.

Die ANS wurde 1983, kurz nach dem Zusammenschluss mit den »Nationalen Aktivisten« zur ANS/NA, verboten. Schon 1984 formierte sich in der Folge die loser strukturierte »Gesinnungsgemeinschaft der Neuen Front« (GdNF), die wichtige Teile des Neonazispektrums vernetzte. Die bis dahin völlig bedeutungslose rechtsextreme »Freiheitliche Deutsche Arbeiterpartei« (FAP) wurde von den ehemaligen ANS- bzw. GdNF-Mitgliedern durch Eintritte übernommen. Aus dem Netzwerk wurden zudem zahlreiche Vorfeldgruppen mit jeweils eigenem Aufgabenfeld gegründet

(»Deutsche Frauenfront«, »Aktion Ausländerrückführung«, »Antizionistische Aktion« und ähnliche). Viele dieser Organisationen bestanden allerdings eher auf dem Papier, als dass sie größere politische Initiativen entfaltet hätten. Die Gesamtanhängerschaft Kühnens war 1986 nicht größer als 500 Personen. In diesem Jahr veröffentlichte Kühnen eine Schrift zu Nationalsozialismus und Homosexualität, in der er beide für »vereinbar« erklärte. Das Papier wurde als indirektes Coming Out von Kühnen verstanden und war Auslöser für einen vehementen »Bewegungsstreit«. Es kam zu einer Spaltung in einen Kühnen- und einen Anti-Kühnen-Flügel, der mehrere Fraktionen hatte und sich innerhalb der FAP um Jürgen Mosler gruppierte. Abseits der »Kühnen«-Bewegung bestand die 1985 aus enttäuschten NPDlern und Resten der verbotenen VSBD rekrutierte »Nationalistische Front« (NF), eine sich elitär gebende Kaderorganisation um Meinolf Schönborn. Die Gruppe verstand sich als Wiedergängerin der SS und orientierte sich ideologisch am »antikapitalistischen« und sozialrevolutionären Nationalsozialismus der Gebrüder Gregor und Otto Strasser. Als Schirmorganisation diente ferner die »Wiking Jugend« (1952–1994), die Jugendarbeit im Geiste der »Hitler-Jugend« betrieb und einen Generationstransfer zwischen Alt- und Neonazis organisierte. Die 1979 gegründete »Hilfsorganisation für nationale politische Gefangene und deren Angehörige« (HNG) unterstützte bis zu ihrem Verbot 2011 rechtsextreme Straftäterinnen und Straftäter im Gefängnis und half so, deren Verbleib in der »Bewegung« abzusichern. Durch ihr spektrenübergreifendes Renommee in der Gefangenenbetreuung war die HNG eine Organisation, in der sich auch sonst miteinander konkurrierende und verfeindete Neonazigruppen treffen und miteinander kooperieren konnten.

In der DDR gab es kein Äquivalent zu den Neonaziorganisationen in der Bundesrepublik. Aufgrund der dortigen Gesetzeslage und des Repressionsdrucks war dies nicht möglich. Freilich war es mitnichten so, dass »Militarismus und Nazismus« ausgerottet waren, wie in der DDR-Verfassung festgehalten war. Nationalismus und Rassismus hielten sich als untergründige Einstellungen und entluden sich immer wieder gewalttätig. In informellen Freundeskreisen wurden, so belegen es unter anderem Unterlagen der Staatssicherheit, auch pro-nationalsozialistische Überzeugungen artikuliert. Von 1954 bis zum Ende der DDR wurden insgesamt 30 Schändungen von jüdischen Friedhöfen verzeichnet. Die »Nationale Volksarmee« registrierte hunderte rechtsextreme Vorfälle in ihren Reihen.

Mit dem Beginn der 1980er-Jahre entwickelte sich aus den unangepassten Jugendkulturen heraus auch eine rechtsextreme Kultur. Insbesondere ist die Entstehung von rechten Skinhead-Szenen in den größeren Städten wie Ost-Berlin, Dresden, Rostock und Leipzig zu nennen. Aus den gewalttätigen Cliquen wurden teilweise schärfer ideologisierte und sich vernetzende Kleingruppen, die sich teilweise nicht mehr als Skinheads, sondern als »Faschos« bezeichneten. 1986 gründeten Lichtenberger Hooligans des BFC Berlin die »Lichtenberger Front«, 1988 entstand daraus die »Bewegung 30. Januar«. Der Überfall von rund 30 Neonazi-Skinheads 1987 auf ein Konzert in der Ostberliner Zionskirche (einem Zentrum der DDR-Linksopposition) verdeutlichte, wie groß die Bedrohung geworden war. In unmittelbarer Nähe des brutalen Geschehens hielten sich Einheiten der Volkspolizei auf, die den Überfall beobachteten, jedoch nicht einschritten. Gegen die ermittelten Haupttäter wurden zunächst milde Strafen verhängt und erst in einem zweiten Verfahren nach oben korrigiert. Am 20. April 1989, dem 100. Geburtstag Adolf Hitlers, versammelten sich in einigen Bezirksstädten der DDR Neonazis demonstrativ in der Öffentlichkeit. Ausländische Vertragsarbeiterinnen und Vertragsarbeiter wurden gejagt und Punks angegriffen. Auf dem Berliner Alexanderplatz kam es zu einer regelrechten pro-nationalsozialistischen Kundgebung.

Als im November 1989 die Mauer fiel, boomten besonders unter Jugendlichen Nationalismus, Rassismus und Neonazismus, was sich in einer Welle der Gewalt ausdrückte. Neben den rassistischen Pogromen in Hoyerswerda und Rostock-Lichtenhagen kann es auch in Westdeutschland zu Gewalttaten: In Mölln und Solingen mordeten Neonazis aus rassistischer Motivation mittels Brandanschlägen. Besser als den rechtsextremen Parteien gelang es den Neonaziorganisationen, im Osten Deutschlands Fuß zu fassen und in den dortigen rechten Jugendszenen zu rekrutieren.

Die Neonazis um Kühnen schmiedeten schon 1990 einen »Arbeitsplan Ost«. In Cottbus und Dresden wurde die »Deutsche Alternative« aus der Taufe gehoben, in Berlin-Lichtenberg besetzte die aus der »Bewegung 30. Januar« hervorgegangene »Nationale Alternative« Häuser. 1991 verstarb Michael Kühnen allerdings an den Folgen einer Aids-Erkrankung. Die Hoffnungen der Neonazi-Organisationen, an den Umsturz in der DDR anzuschließen und eine »zweite Revolution« zu organisieren, um den Weg für ein neues Reich freizumachen, erfüllten sich nicht. Allemal wurde jedoch das Gewaltpotenzial dieser Gruppen und ihres Umfelds deutlich. Allein in der ersten Hälfte der 1990er-Jahre waren rund 70 Todesopfer rechter und rassistischer Gewalt zu beklagen. Staatlicherseits wurde schließlich mit Repressionen reagiert. Das Bundesministerium des Innern verbot 1992 die »Nationalistische Front«, die »Deutsche Alternative« und die »Nationale Offensive«, 1994 die »Wiking-Jugend« und 1995 die FAP.

Auf die Verbotswelle folgte eine Phase der Reorganisierung. Ein Teil der Neonazis schloss sich der NPD an, die sich spätestens seit der Übernahme des Bundesvorsitzes durch Udo Voigt 1996 für militante Neonazis geöffnet hatte. Die meist jungen Neonazis hauchten der Partei besonders in Ostdeutschland Leben ein und erwiesen sich als wichtigste Kraft, um das Parteileben zu vitalisieren. Somit wandelte sich die NPD vollends zu einer neonazistischen Partei. Als sie ab 2004 mit den Landtagseinzügen in Sachsen und Mecklenburg-Vorpommern ihre größten Wahlerfolge seit den 1960er-Jahren feierte, war dieser Prozess bereits abgeschlossen. Andere Neonazis begaben sich nach den Verboten auf die Suche nach einer alternativen Organisierungsform. Diese Suche endete mit der allmählichen Etablierung der »Freien Kameradschaften«. Christian Worch und Thomas Wulff, zwei norddeutsche Neonazis aus dem Netzwerk von Kühnen, waren an der Entwicklung dieses Konzepts beteiligt. Pate stand das Organisationsmodell eines Teils der radikalen Linken, der Autonomen. Unter der Parole »Organisierter Wille braucht keine Partei« wurden die Kameradschaften als zellenförmige, informelle und damit nach dem Vereinsrecht schlechter zu verbietende Basisgruppen etabliert. Teile der Kameradschaften warfen der NPD ihre Wahlteilnahmen und damit ihre Partizipation an der Demokratie vor. In der politischen Praxis vor Ort hingegen kooperierten Partei und Kameradschaften zum größten Teil.

1998 existierten etwa 80 Kameradschaften, bis 2003 wuchs diese Zahl auf rund 160 an. Die Mitgliedergröße der örtlichen Gruppen schwankte in der Regel zwischen fünf und 25 Personen. Es dominierten anfangs Jugendliche, später junge männliche Erwachsene im Alter zwischen 20 und 30 Jahren. Diese militanten Gruppen haben im Laufe der Jahre tausende Mitglieder durchlaufen. Auf das Konto der Kameradschaften ging eine kaum einzuschätzende Anzahl von Gewalttaten, und sie bildeten das Kernmilieu, aus dem sich der Rechtsterrorismus dieser Jahre rekrutierte. Gleichzeitig wirkte sich die lose Organisierung positiv auf die kulturelle

Ausstrahlungskraft des Neonazismus aus. Im Gegensatz zu den strikten Hierarchien der vorigen Organisationen zeichneten sich die Kameradschaften, wie der Kriminologe Bernd Wagner herausarbeitete, durch Flexibilität, Funktionalität und Bürokratiearmut aus, konnten Interessierten Freizeitangebote machen und besser an die Musik- und die Fußballfanszenen andocken. Der jugendliche Neonazismus wuchs zu einem Kernstück in der rechtsextremen Bewegung heran. Die Kameradschaften kultivierten zudem sehr schnell eine regelrechte Demonstrationspolitik. Bis in die Mitte der 1990er-Jahre hatten bundesweit nur wenige Neonazi-Aufmärsche pro Jahr stattgefunden, darunter Gedenkdemonstrationen an den Hitlerstellvertreter Rudolf Heß oder »Heldengedenken« in Orten wie dem brandenburgischen Halbe. Ein Durchbruch war eine Demonstration 1997 gegen die Ausstellung »Verbrechen der Wehrmacht« des »Hamburger Instituts für Sozialforschung« in München. Die NPD und die Kameradschaften richteten fortan über Jahre tausende Demonstrationen aus. Zeitweise fanden im Durchschnitt wöchentlich Kundgebungen statt. Meist rangierte die Zahl der Teilnehmenden im unteren dreistelligen Bereich, einzelne dieser Aufmärsche konnten jedoch deutlich vierstellige Teilnehmerzahlen erreichen. Bei den wiederaufgenommenen Gedenkdemonstrationen an Rudolf Heß im bayerischen Wunsiedel beteiligten sich im Jahr 2004 rund 4000 Neonazis, beim »Trauermarsch« zum Jahrestag der alliierten Bombardierung Dresdens im Jahr 2010 waren es rund 6500. Neben der nach Innen mobilisierungsstarken, identitären Geschichtspolitik gingen viele der Demonstrationen mit rassistischer Agitation zur Migration einher oder rückten die Soziale Frage in den Mittelpunkt. So wurde versucht, den Tag der Arbeit am 1. Mai neonazistisch umzudeuten (»Erster Mai – arbeitsfrei seit 1933«). Neben ihrer Funktion zur öffentlichen Artikulation der eigenen politischen Forderungen dienten die Demonstrationen dem Neonazismus auch als Erlebnisraum und Bewährungsprobe für die eigene Anhängerschaft. An- und Abreisephase sowie teilweise die Demonstrationen selbst wurden für Übergriffe genutzt. Die Aufmärsche von militanten Neonazis strahlten eine Aura der Gewalt und Gewaltbereitschaft aus und stellten eine Drohung gegen politische Gegnerinnen und Gegner dar und unterstrichen den Anspruch auf räumliche Dominanz.

Ab 2003 entstand aus den Kameradschaften mit den »Autonomen Nationalisten« (AN) eine Subströmung, die diese vorhandenen Tendenzen noch zuspitzte. Unter Beibehaltung ihrer neonazistischen Ausrichtung nahmen die AN auch ästhetische Anleihen bei den linken Autonomen und der Popkultur. Im Mittelpunkt der AN-Politik stand die Inszenierung von militanten »schwarzen Blöcken« bei Demonstrationen. Aus dem bestehenden Symbolrepertoire der linken Autonomen wurde von den AN übernommen und gegebenenfalls verfremdet, was ihnen geeignet schien, um Kampfbereitschaft und Systemgegnerschaft auszudrücken. Mit dem Aufkommen der AN ging die Öffnung des Neonazismus für an der Oberfläche buntere, neue popkulturelle Formen wie Rap und Hardcore einher. Die AN blieben im Neonazismus umstritten, waren jedoch besonders zwischen 2008 und 2012 eine wichtige Triebfeder der Demonstrationspolitik und sorgten für eine Auffrischung der Formen und für die Integration von jungen Neonazis in die allmählich alternde »Bewegung«.

Das Kameradschaftskonzept geriet jedoch in die Defensive, als sich herausstellte, dass es weniger als gedacht Sicherheit vor Verboten und Ermittlungsverfahren bieten konnten. Bundesweit wurden etliche Kameradschaften verboten, darunter einflussreiche Gruppen wie die »Kameradschaft Tor« 2005 in Berlin und in der Folge die »Kameradschaft Aachener Land«, die »Nationalen Sozialisten Chemnitz«, der »Nationale Widerstand Dortmund« und die »Spreelichter« in Südbrandenburg. 2012 wurde ein langjähriges – aber letztlich 2019 ergebnislos eingestelltes – Gerichtsverfahren gegen die Netzwerkorganisation »Aktionsbüro Mittelrhein« eingeleitet.

Christian Worch, in den 1990er-Jahren Mitinitiator des Kameradschaftskonzepts, rief in Reaktion auf die Verbote 2012 die Partei »Die Rechte« ins Leben. Ihm gelang es dabei in geringem Maße, enttäuschte Mitglieder der DVU, die sich in die NPD aufgelöst hatte, in die neue Partei zu integrieren. Mit pro-forma-Wahlteilnahmen sollte der Status als politische Partei gesichert werden, um auf diese Weise den erhofften Repressionsschutz zu erreichen. 2017 zog sich Worch aus »Die Rechte« zurück. Die Organisation hat bundesweit einige hundert Mitglieder mit einem Schwerpunkt in der ehemaligen »Autonomen Nationalisten«-Hochburg Nordrhein-Westfalen. 2013 wiederum wurde in Süddeutschland »Der III. Weg« als Partei gegründet – wieder zur Repressionsvermeidung, konkret in Antizipation des wenig später tatsächlich erfolgenden Verbots des Kameradschaftsverbunds »Freies Netz Süd« in Bayern. Auch »Der III. Weg« verfügt bundesweit über einige hundert Mitglieder. Die Gruppe pflegt ein elitäres, an der

SS orientiertes Selbstverständnis und nimmt Interessierte erst nach einer Probezeit als Mitglieder auf. Als »einheitliche und ganzheitliche Bewegung« will sie auf revolutionärem Weg einen »deutschen Sozialismus« erkämpfen. Während in »Die Rechte« die stilistische Experimentierfreude der AN hin und wieder neu aufscheinen, setzt »Der III. Weg« in seiner Präsentation nach außen auf weltanschauliche Strenge, um die Ernsthaftigkeit seiner Forderungen herauszustreichen.

Im Gesamten betrachtet hat der politisch organisierte Neonazismus in den vergangenen Jahren an Wirkkraft verloren. Die Zahl und Größe der Aktivitäten haben deutlich abgenommen. Zu einer zentralen Rudolf-Heß-Demonstration in Berlin kamen 2017 noch rund 750 Neonazis zusammen. Auf der Habenseite steht die Gründung des Magazins *N.S. Heute*, das trotz offenkundiger pro-nationalsozialistischer Ausrichtung legal erscheint. Das rechtsextreme Demonstrationsgeschehen wird indes seit ungefähr 2014 von anderen Kräften dominiert – die Neonazis partizipieren daran, bestimmen sie aber nicht. Es wäre jedoch verfrüht, einen Niedergang des Neonazismus auszurufen. Die entsprechenden Potenziale sind weiterhin vorhanden.

Neonazistisch geprägte Jugend- und Subkulturen

In den ersten Jahrzehnten der Bundesrepublik umwehte die extreme Rechte der Geruch des Gestrigen. Nicht nur inhaltlich, sondern auch kulturell blieben die Organisationen den bewährten Vorlagen treu. Soldatenlieder, Marschmusik, Volkstanz und ähnliche Formen wurden weitergeführt, während der Popkultur vorgeworfen wurde, ein Instrument der »Besatzungsmächte« zu sein, um den Verfall der deutschen Sitten zu befördern. Verschwunden sind solche Diagnosen auch später nicht: Marilyn Monroes »dirnenhafter Gesäßwackelgang« und Elvis Presleys »Hüftschwung« seien »Lockmittel« gewesen, um eine Umerziehung der Deutschen im Sinn der Westalliierten zu erreichen, schimpfte der traditionalistische Neonazi-Liedermacher Frank Rennicke voller Verachtung noch in den 1990er-Jahren.

Es sollte bis zum Ende der 1960er-Jahre dauern, bis sich erstmals jugendliche Szenen bildeten, die über ein nennenswertes Maß an Eigenständigkeit verfügten und mit dem Kulturtraditionalismus ihres Lagers brachen. Von der entstehenden »Neuen Rechten« wurden die »harten Rhythmen« der Rockmusik teilweise positiv diskutiert, etliche kleideten sich in Jeans, und manche der Männer unter diesen nach Neuerungen suchenden Rechtsextremen trugen zeitgemäße Langhaarfrisuren. Die »Revoltesongs«, die der damalige Nationalrevolutionär Henning Eichberg unter Pseudonym verfasste, wurden zwar von Singgruppen aufgeführt, waren aber so gehalten, dass sie auch kompatibel zum Einsatz von »Beatgitarren« waren. Die Lieder transportierten unverhohlene Gewaltbereitschaft: »Wir scheißen auf die Friedlichkeit / und probier'n es / mit Gewalt« (»Mauersprengersong«). Auch in der entstehenden Neonaziszene entwickelten sich ab der Mitte der 1970er-Jahre jugendlich geprägte Nischen.

1977 waren es Jugendliche aus der NPD-Gliederung »Junge Nationaldemokraten«, die den nächsten Schritt zur Schaffung einer rechtsextremen Jugendkultur gingen. Mit der Band »Ragnaröck« versuchten sie, mithilfe von Rockmusik das politische Programm ihrer Organisation zu bewerben. Zwei Single-Schallplatten (»Die Mauer muß weg« und der Rudolf-Heß-Song »Der alte Mann«) erschienen schnell. Doch das Projekt hatte keine bleibende Ausstrahlungskraft – zu durchschaubar und steril war der Versuch, mit der Musik Jugendliche zu ködern.

Eine tatsächlich eigenständige rechtsextreme Jugendkultur entwickelte sich erst ab den 1980er-Jahren. Es handelte sich dabei um einen Import aus Großbritannien. Seit dem Ende der 1960er-Jahre hatten sich dort in Nachfolge der Mods die Skinheads gebildet, die eine proletarisch-männliche Symbolsprache entwickelten und die – trotz durchaus vorhandener rassistischer Einstellungen und auch rassistischer Übergriffe aus ihren Reihen – keineswegs rechtsextrem ausgerichtet waren. Eine zweite Welle der Skinheads formierte sich ab den frühen 1980er-Jahren, von denen Teile unter den Einfluss des Rechtsextremismus gerieten. Als die Punkmusik in Mode kam, feierte in Nordwest-England der Musiker Ian Stuart Donaldson mit seiner 1976 gegründeten Band »Skrewdriver« einige Erfolge. 1982 gründete er die zwischenzeitlich aufgelöste Gruppe unter gleichem Namen aber mit neuen Ko-Musikern erneut. Donaldson war inzwischen für die rechtsextreme »National Front« aktiv geworden und engagierte sich für deren Jugendorganisation, um einen »Rock Against Communism« zu fördern. Gezielt stellte Donaldson sein musikalisches Talent in den Dienst rassistischer und neonazistischer Agitation. Die zweite Singleveröffentlichung der reformierten Skrewdriver trug mit »White Power« (»Weiße Macht«) einen paradigmatischen Titel.

Der Skinhead-Sound kam schnell in Westdeutschland und mit etwas Verzögerung auch in Ostdeutschland an, inklusive rechtsextremer Tendenzen. Zu den frühen Heroen der rechten deutschen Skinheadmusik zählten Bands wie die »Böhsen Onkelz« (Frankfurt/Main), »Kraft durch Froide« (Berlin), »Endstufe« (Bremen) und »Body Checks« (Moers). Die Szene breitete sich größtenteils unabhängig von etablierten rechtsextremen Organisationen aus. Viele Bands verstanden sich eher als »stolz« und »patriotisch« und nicht als neonazistisch oder überhaupt als politisch. Die simplen Texte waren dennoch durchzogen von rassistischen und nationalistischen Aussagen. Auf einer frühen Amateur-Veröffentlichung der »Böhsen Onkelz« wurden Parolen wie »Türken raus« und »Deutschland den Deutschen« verbreitet.

1983 und 1985 spielten die »Böhsen Onkelz« legendenumwobene Konzerte im Berliner Proberaum von »Kraft durch Froide«. Als Schlagzeuger dieser Band war mit Andreas Pohl ein bekennender Neonazi aktiv, der für die »Nationalistische Front« Politik betrieb. Schon auf der »Kraft durch Froide«-Demokassette von 1983 war mit der Rudolf-Heß-Huldigung »Alter Mann von Spandau« ein weltanschauliches Bekenntnis enthalten. Wegen seiner durch die Band-Mitgliedschaft hohen subkulturellen Glaubwürdigkeit konnte Pohl als authentischer Skinhead erfolgreich unter anderen Skinheads und gewaltorientierten Fußballfans für den Neonazismus werben. Freilich blieben die meisten Skinheads skeptisch gegenüber den Annäherungsversuchen, teilweise aus weltanschaulicher Distanz, aber auch wegen ihres Unwillens, sich von politischen Organisationen instrumentalisieren zu lassen. 1985 wurde der in Hamburg lebende 26-jährige Türke Ramazan Avcı von einer Gruppe rechter Skinheads ermordet, woraufhin in den Medien zunehmend kritisch über diese Szene berichtet wurde. Die »Böhsen Onkelz« zogen sich zwischen 1986 und 1987 aus der Skinhead-Szene zurück.

Die rechtsextreme Variante des Skinhead-Stils breitete sich trotz solcher Einschnitte aus und wurde auch kommerziell verwertet. Die vormalig auf Punkmusik spezialisierte Plattenfirma Rock-O-Rama aus Brühl stellte ihr Programm auf die Skinhead-Musik um. Das erste Album der neonazistischen »Skrewdriver« erschien 1984 bei diesem deutschen Label.

Parallel zur Rockmusik gewann auch traditionellere Musik unter rechtsextremen Jugendlichen eine neue Bedeutung. Der schon erwähnte Liedermacher Frank Rennicke veröffentlichte 1987 sein Debütalbum »Protestnoten für Deutschland«. Musikalisch steht Rennickes Lagerfeuer-taugliches Schaffen in einer Linie mit bündischen Traditionen aber auch neueren, keineswegs mit dem Rechtsextremismus verbundenen politischen Liedern. Als Vorbild benennt der ehemalige Funktionär der »Wiking Jugend« Reinhard Mey. Rennickes Texte sind dagegen offensiv und eindeutig rechtsextrem.

Musik, die textlich, ästhetisch, und personell in einem rechtsextremen Kontext steht, wird in der Forschung unter dem Begriff des »Rechtsrocks« behandelt. Entscheidend für die Zuordnung ist dabei – entgegen dem, was das Wort »Rechts*rock*« suggeriert – nicht der musikalische Stil.

Mit den gesellschaftlichen Umbrüchen von 1989 wuchs diese Szene rasant an. An der Eskalation rassistischer Gewalt in den Folgejahren waren Skinheads beteiligt. Bomberjacken und Springerstiefel wurden zu Ikonen dieser Gewalt und leben als Stereotype weiter fort. Bands wie »Kahlkopf«, »Störkraft«, »Radikahl« oder »Kraftschlag« erlangten durch zahlreiche Medienberichte einen hohen Bekanntheitsgrad und avancierten zu rechtsextremen Popstars, deren Texte die früheren rechten Skinheadsbands an Radikalität weit übertrafen. 1994 gründete sich in Deutschland ein Ableger des Netzwerkes »Blood & Honour«, das »Skrewdriver«-Sänger Ian Stuart Donaldson schon 1987 in Großbritannien als Plattform für die neonazistische Kulturarbeit ins Leben gerufen hatte. Die Organisation von Konzerten und die Produktion von Tonträgern sowie militante und terroristische Politik gingen bei »Blood & Honour« fließend ineinander über. Auch die aus den USA stammende und sich elitär gebende Skinhead-Organisation »Hammerskins« etablierte sich in Deutschland. Vorzeigeband des »Blood & Honour«-Netzwerkes und die wohl wichtigste deutsche Neonaziband überhaupt wurden »Landser«, eine wegen ihrer strafbaren Texte klandestin operierende Untergrundgruppe, der Musiker aus Berlin und Brandenburg angehörten. Der Nimbus als Geheimprojekt und das zumindest solide musikalische Talent der Musiker sorgten im Verlauf der 1990er-Jahre für eine besorgniserregende Popularität der Band, die über den Kern des Neonazismus hinausging. Kopierte Kassetten und gebrannte CDs von »Landser« wurden unter sich rechts fühlenden Jugendlichen auf den Schulhöfen rege getauscht. Die Band verherrlichte in aller Offenheit den Nationalsozialismus und seine Verbrechen:

> »Bei 'ner Panzerdivision war Opa einst dabei / man was haben die aufgeräumt in der Russerei / kein Politkommissar kam ihnen davon / denn für Bolschewiken gab es kein Pardon / Opa war Sturmführer bei der SS« (Sturmführer, 1998).

Im Jahr 2000 wurde die deutsche Sektion von »Blood & Honour« verboten. Einige der involvierten Neonazis führen ihre Aktivitäten seitdem jedoch weiter. Die Mitglieder von »Landser« wurden ermittelt und vor Gericht gestellt. 2003 wurden die Bandmitglieder um den aus Ost-Berlin stammenden Sänger Michael Regener wegen Bildung einer kriminellen Vereinigung verurteilt. Die Verurteilung einer Musikgruppe nach diesem Paragrafen 129 des Strafgesetzbuches war ein Novum in der bundesdeutschen Musikgeschichte. Als Solokünstler führt Sänger Regener seit Verbüßung seiner Haftstrafe seine Karriere fort. Ebenfalls eine Untergrundproduktion war das Album »12 doitsche Stimmungshits«, das 1997 von den »Zillertaler Türkenjägern« veröffentlicht wurde. Enthalten waren Interpretationen von bekannten Schlagern und Popsongs, deren Texte zu extrem rassistischen und antisemitischen Aussagen verändert worden waren. Für die Fans war dies ein gelungener Ausdruck derben »Humors« und die CD avancierte zu einem der verbreitetsten deutschen Rechtsrockalben überhaupt.

Seit den 1990er-Jahren hat sich die neonazistische Kultur ausdifferenziert. Der allmählich zu einem Klischee werdende Skinhead-Stil verlor an Anziehungskraft. Als Ergänzung wurden neue musikalische und ästhetische Mittel in die Neonazi-Kultur integriert. Dazu gehörte die Anbindung von rechtsoffenen und sich dann als rechtsextrem formierenden Subgenres in Kulturen wie dem Gothic und Darkwave (»Neofolk«), im Metal (stellenweise »Pagan Metal«, gänzlich »National Socialist Black Metal«) und zumindest in Ansätzen im Techno. Aus der neonazistischen Musikszene selbst heraus wurden sodann Stile wie der Hardcore und der Rap entdeckt und adaptiert. Wie schon bei der Erscheinung der Skinheads sorgten diese kulturellen Erweiterungen wegen ihrer Widersprüchlichkeiten für Diskussionen im Rechtsextremismus. Waren die Skinheads abzulehnen, weil sie »das genaue Gegenbild von dem verkörpern, was wir als

Jugendideale in uns trugen«, wie das ehemalige SS-Mitglied Heinz Mahncke klagte? Oder waren sie aus Sicht des Rechtsextremismus zu begrüßen, weil sie sich doch »instinktiv gegen Nationalmasochismus und Nationsvergessenheit auflehnen«, wie Chefredakteur Peter Dehoust in der Zeitschrift *Nation & Europa* meinte? Ist Techno als hedonistische Spaßkultur zu verdammen oder lässt sich der Stampfrhythmus dieser Musik zum militärischen Marschtakt umdeuten? Kann schwarze Rap-Musik tatsächlich dazu dienen, für weißen Nationalismus zu werben? Diese Diskussionen sind in immer neuen Auflagen geführt worden, faktisch durchgesetzt haben sich aller Popskepsis zum Trotz die pragmatischen Ansätze: Gemacht wird, was Erfolg verspricht. »Mit Marsch- und Volksmusik allein wird man heute keine Jugendbewegung auf die Beine stellen können«, konnte 2007 die Rechtsrockband »Nordwind« selbstbewusst verkünden.

Zunehmend machten sich auch Organisationen wie die NPD die Ausstrahlungskraft des Rechtsrocks zunutze. Als »Pressefest« der Parteizeitung *Deutsche Stimme* wurden etwa Konzerte ausgerichtet, die teilweise zu Großveranstaltungen wurden. 2004 kamen rund 7000 Neonazis ins ostsächsische Mücka und 2006 etwa genauso viele nach Dresden. Die Partei und auch verschiedene »Kameradschaften« produzierten gezielt »Schulhof-CDs«, die mit Rechtsrock bespielt waren und kostenlos an Jugendliche und in Wahlkämpfen verteilt wurden.

Auch jenseits der Musik etablierte sich eine rechtsextreme Alltagskultur, die in manchen Fällen ebenfalls nur in loser Verbindung zum organisierten politischen Rechtsextremismus stand. Das Gefühl der Zugehörigkeit zum Milieu oder die eigene Weltanschauung lassen sich zum Beispiel symbolisch über das Zeigen von Codes und Symbolen demonstrieren. Ein eigenes Marktsegment ist der Handel mit entsprechender Kleidermode geworden. Die 2002 in Brandenburg gegründete Marke »Thor Steinar« produziert hochwertige Kleidung, die beispielsweise mit andeutungsreichen Runen-Motiven bedruckt ist und wurde damit schnell zu einer Marktführerin. Die Anzahl der Marken, die dieses Geschäftsmodell kopierten, ist kaum überschaubar. Der Grad der ideologischen Eindeutigkeit, die mit den Aufdrucken und dem Markenimage zur Schau gestellt wird, variiert zwischen offenen neonazistischen Bekenntnissen (»Ansgar Aryan« aus Bayern) und eher dezenten Verweisen (etwa bei der Brandenburger Kampfsport-Marke »Label 23«).

Ab ungefähr 2003 sorgten die schon erwähnten »Autonomen Nationalisten« – ein Hybrid aus Jugendkultur und politischem Organisierungsansatz – für weitere stilistische Impulse. In Hinsicht auf ihren Anspruch, Jugendkultur und Organisierung zu verbinden, schloss die ab 2012 entstehende »Identitäre Bewegung« an die »Autonomen Nationalisten« an, die sich ideologisch aber auf den Fundus der »Neuen Rechten« berief, während sie sich – trotz personeller Verquickungen – vom Neonazismus abzugrenzen versuchte. Nachdem es der zahlenmäßig immer überschaubaren Gruppe um das Jahr 2018 gelungen war, eine große mediale Öffentlichkeit für sich zu interessieren, sind die »Identitären« mittlerweile in eine Krise geraten. Dabei spielt auch das Missglücken ihres Versuchs eine Rolle, als kadermäßig organisierte Formation eine breitenwirksame rechtsextreme Kultur anzustoßen.

Trotz dieser jüngeren Buntheit der Kulturerscheinungen im Rechtsextremismus ist der Skinhead-Stil nicht verschwunden. Tatsächlich ist die deutliche Mehrheit der erscheinenden Rechtsrock-Tonträger weiter dem einfachen gespielten Hardrock zuzuordnen, auf dem die Skinhead-Musik basiert. Inzwischen hat dieses Segment der rechtsextremen Kultur allerdings ihren Charakter als Jugendkultur eingebüßt. Zahlreiche Szeneangehörige der 1990er-Jahre sind ihrer politischen und kulturellen Sozialisation treu geblieben und haben sie mit ins Erwachsenenalter genommen. Der Zustrom an jugendlichen Interessierten ist hingegen überschaubar. In der Folge ist das Spektrum gealtert. Damit geht allerdings keine verminderte Bedeutung einher. Dies belegt die Größe von Rechtsrockfestivals, die in den vergangenen Jahren auf professionellem Niveau organisiert wurden. So feierten 2016 rund 5000 überwiegend deutsche Neonazis bei einem maßgeblich von Deutschland aus und an den Behörden vorbei konspirativ organisierten Konzert in der Schweiz und 2017 rund 6000 bei einem »Rock gegen Überfremdung« im thüringischen Ort Themar. Hauptattraktionen waren die Auftritte von schon jahrzehntelang aktiven Rechtsrock-Bands wie »Stahlgewitter« und den »Landser«-Nachfolgern »Die Lunikoff Verschwörung«.

Die rechtsextreme Alltagskultur hat zuletzt noch weitere Ausprägungen gefunden. Dem allgemeinen Trend zur Auflockerung von Szenezugehörigkeiten und subkulturellen Regeln folgend sind rechtsextreme Subspektren entstanden, die in »Mischszenen« und »Grauzonen« mal lockerer, mal fester miteinander verbunden sind. Die Bedeutung des Fußballs und der Fußballfanszenen als Artikulations- und Rekrutierungsraum für Rechtsextremismus ist weiterhin vorhanden, zumindest in den oberen Ligen jedoch gesunken. Gewachsen ist die Präsenz von Neonazis – mitsamt Studios, Marken, Turnieren und ähnlichem – in der Peripherie des Kampfsports oder etwa in der Tattooszene. An ihren Rändern haben auch Segmente der Reenactment-Szenen (in denen etwa romantisierende Vorstellungen des germanischen Lebens reinszeniert werden) und Teile des jüngeren Deutschrockbereichs eine Anschlussfähigkeit in den Rechtsextremismus. Trotz des Rückzugs der Band aus der Skinheadszene finden sich unter den Fans der »Böhsen Onkelz« weiterhin Rechtsextreme, die an der Ästhetik und den Durchhalte-Texten der Band Gefallen finden. Andere Rechtsextreme lehnen die Band als antinationale »Verräter« und wegen ihrer als zu kommerziell empfundenen Ausrichtung ab. Ähnliches gilt für die Fanszene der Südtiroler Band »Freiwild«. Auch diese Gruppe distanziert sich von Rassismus und von Politik. Ihre ostentative »patriotische« Ästhetik, die auch Raum für Ehrerweisungen an den rechtsterroristischen »Befreiungsausschuss Südtirol« bietet, sowie die Vergangenheit des Sängers als Neonazi-Skinhead machen die Band für manche Rechtsextreme attraktiv.

Nicht wenige Neonazis orientieren sich seit einigen Jahren an der Kutten-Ästhetik der Rocker und haben sich zu »Bruderschaften« zusammengeschlossen, in denen sie eine männlich geprägte, gewaltaffine Gemeinschaft ausleben. In diesem Bereich wird an viele Prinzipien der Kameradschaftsszene angeschlossen, doch sind stärkere Überschneidungen mit der organisierten Kriminalität, etwa im Drogenhandel und im Rotlichtmilieu, dokumentiert.

Terrorismus und Gewalt

Im März 1945 schlich ein kleines, aus jungen Nazis bestehendes »Werwolf«-Kommando durch die westdeutsche Stadt Aachen, die schon einige Monate zuvor von der US-Armee befreit worden war. Zielsicher drangen die rechten Militanten zum Haus von Franz Oppenhoff vor, dem stramm konservativen Juristen, der von der US-Militärregierung als Oberbürgermeister eingesetzt worden war. Kaltblütig schritten die Nazis zur Tat und erschossen Oppenheimer. Dieses Attentat – noch vor dem Kriegsende am

8. Mai 1945 verübt – gehört zu den ersten Akten von rechtem Terrorismus auf deutschem Boden nach dem Ende der nationalsozialistischen Herrschaft. Es gab also kaum ein Durchatmen: Unmittelbar auf das millionenfache Morden des Terrorregimes folgte weitere tödliche Gewalt von rechts. Die nationalsozialistische »Werwolf«-Strategie der letzten Kriegstage sah einen Guerillakrieg hinter den feindlichen Linien und Rache an »Verrätern« vor. Militärisch war sie so aussichts- wie wirkungslos, doch der Mythos einer kleinen, fanatischen Untergrundarmee wirkt bis in den heutigen Neonazismus hinein. Rechte Gewalt und rechter Terrorismus stellen ein »Jahrhundertproblem« dar, so der Historiker Dominik Rigoll, das von der Weimarer Republik bis ins Jetzt reicht.

Im kollektiven Bewusstsein der Bundesrepublik, besonders in Westdeutschland, wird mit Terrorismus vor allem die Politik von linksradikalen Gruppen wie der »Roten Armee Fraktion« (RAF) verbunden, spätestens seit den Anschlägen vom 11. September 2001 ergänzt um die Bedrohung durch den Terrorismus des fundamentalistischen Islam. Tatsächlich aber zieht sich durch die Existenz der Bundesrepublik eine kontinuierliche Geschichte rechter Gewalt und auch eines rechten Terrorismus. Wie wenig verbreitet das Wissen hierzu ist, ist schon angesichts der Qualität und Quantität rechten Terrors erstaunlich.

Die Historikerin Barbara Manthe hat allein für den Zeitraum der 1970er- und 1980er-Jahre rund 250 Personen identifiziert, die im harten Kern und im Nahraum des westdeutschen Rechtsterrorismus aktiv waren und sich auf rund 25 Gruppierungen aufteilten. Über die gesamte Geschichte der Bundesrepublik bis zum Jahr 1990 waren es insgesamt rund 50 Gruppierungen und Einzelpersonen. Mindestens 30 Menschen, die durch rechten Terrorismus in diesem Zeitraum ihr Leben verloren, hat Manthe in ihrer noch laufenden Forschung bisher namentlich identifiziert. Todesopfer nichtterroristischer rechter Gewalt sowie zahlreiche Brandanschläge, Überfalle und Ähnliches sind dabei nicht mit eingerechnet, ebenso wenig sind nicht oder nicht sicher aufgeklärte weitere Tötungsdelikte berücksichtigt. Der weitere Forschungsbedarf ist selbst bezüglich einer simplen Quantifizierung groß. Besonders im Themenfeld Rassismus sind Fragen hinsichtlich einer Bewertung der Tatmotivation und des behördlichen und gesellschaftlichen Umgangs mit den Opfern bei etlichen dramatischen Gewalttaten noch ungeklärt. So starben in Duisburg 1984 bei einem Brandanschlag auf ein vorwiegend von »Ausländern« bewohntes Haus sieben Menschen, darunter Kleinkinder. Hakenkreuze waren in die Wand geritzt. Zehn Menschen starben 1996 durch eine Brandstiftung in einer Lübecker Flüchtlingsunterkunft. Bei beiden Fällen ist eine rechtsextreme Motivation mindestens möglich.

Die Frage, was Terrorismus ausmacht, wird in der Wissenschaft kontrovers diskutiert. Zählen Aktionen von Einzeltäterinnen und Einzeltätern dazu? Geht es immer um das Handeln von nichtstaatlichen Akteuren oder greifen auch Staaten selbst direkt oder indirekt zu terroristischen Mitteln? Muss Terrorismus auf die Überwindung staatlicher Ordnung zielen oder reicht es aus, wenn Bevölkerungsgruppen wie Minderheiten attackiert werden? Welche konkreten Gruppen als terroristisch (und somit als illegitim) markiert werden, ist umstritten und abhängig vom Standpunkt der Analyse und den Konjunkturen der Debatten. Selbst der südafrikanische ANC um den späteren Friedensnobelpreisträger Nelson Mandela wurde jahrelang auf der Liste der Terrororganisationen der US-Regierung geführt.

Der Politikwissenschaftler Fabian Virchow schlägt für eine Betrachtung des rechten Terrorismus eine Arbeitsdefinition vor, der zufolge Terrorismus ein geplantes, nicht nur einmaliges gewaltsames Handeln von geheim oder halbgeheim agierenden Individuen oder Gruppen sei. Er verfolge das Ziel, Angst und Einschüchterung bei einer größeren Zahl von Menschen zu erzeugen oder Entscheidungen politischer Akteure oder sozialer Gruppen zu beeinflussen, ohne dabei in erster Linie auf persönliche Bereicherung zu zielen.

Zu beachten ist, dass Rechtsextremismus eine allgemeine Tendenz zur Gewalttätigkeit innewohnt. Dem Staat wird von Rechtsextremen vorgeworfen, fremden Interessen zu dienen oder zumindest Schwäche zu zeigen. Um Ordnung und Moral wiederherzustellen, sehen sich rechtsextreme Täterinnen und Täter als berechtigt an, durch eigene Gewalttaten in Aktion zu treten. Also: die Dinge solange »selbst in die Hand« zu nehmen, bis der Staat endlich wieder seinen vermeintlichen Verpflichtungen nachkomme. Immer wieder tritt ein solcher rechtsextremer Vigilantismus (von engl. *vigilante* für Wehrbund- oder Bürgerwehrmitglied) zum Vorschein. Die Qualität und Intensität rechtsextremer Gewalt ist vielfältig und reicht von Drohungen bis zu schweren körperlichen Gewalttaten, begangen von einzelnen Angreifern oder von Gruppen, mal organisiert, mal spontan, mal geplant, manchmal auch situativ unter Alkoholeinfluss begangen. Eine Betrachtung des Terrorismus ist also immer nur eine Perspektive auf einen besonders drastischen Teilaspekt rechtsextremen Gewalthandelns.

Gleich in den frühen Jahren der Bundesrepublik trat eine rechte Organisation mit terroristischem Potenzial in Erscheinung. 1950 wurde der »Bund Deutscher Jugend« (BDJ) gegründet, der strikt antikommunistisch ausgerichtet und ein Sammelbecken für ehemalige Wehrmachtsoffiziere und Waffen-SSler war. Der BDJ wurde zeitweise aus der FDP und der CDU protegiert, die Finanzierung kam pikanterweise aus Bundesministerien und von US-Geheimdiensten. Nach außen hin trat der BDJ demokratisch auf, hatte tatsächlich aber einen paramilitärischen Charakter und unterhielt mit seinem »Technischen Dienst« eine geheime und sich für bewaffnete Konflikte rüstende Unterorganisation. Der »Technische Dienst« betrieb unter anderem einen Nachrichtendienst, der Karteien über politische Gegnerinnen und Gegner anlegte. Im Falle eines Einmarsches der Roten Armee sollte der »Technische Dienst« einen Partisanenkrieg führen. 1953 wurde der BDJ verboten. Für den Neonazi Friedhelm Busse, später Vorsitzender der »Freiheitlichen Deutschen Arbeiterpartei« (FAP), war der BDJ eine frühe Station in seiner jahrzehntelangen Biografie im Rechtsextremismus. Ebenfalls in den 1950ern operierte von West-Berlin aus die schon 1948 gegründete, ebenfalls militant antikommunistische »Kampfgruppe gegen Unmenschlichkeit« (KGU), die wie der BDJ von US-Geheimdiensten unterstützt wurde. Die im Westen legal operierende KGU betrieb unter anderem einen zivilen Personensuchdienst. Auf dem Gebiet der DDR wurden von ihr Flugblätter verteilt aber auch Spionage, Sabotage und Anschläge begangen. 1959 löste sich die KGU auf. Insgesamt hatte die KGU kein rechtsextremes Profil, aber unter ihren Angehörigen waren Personen zu finden, deren Antikommunismus entsprechend fundiert war.

In den 1960er-Jahren wurde das Ausland zum Schauplatz der Aktivitäten deutscher militanter Rechter. In Norditalien setzte der sich aus der deutschsprachigen Minderheit rekrutierende »Befreiungsausschuss Südtirol« unter anderem Bombenanschläge ein, um seinem Ziel einer Sezession Südtirols von Italien näherzukommen. Dabei wurde die Erfahrung und das Wissen von ehemaligen »Brandenburgern« eingesetzt – Angehörigen einer auf Sabotage spezialisierten Wehrmachtformation. Insgesamt 15 Menschen fielen diesen Anschlägen zum Opfer. Das Tun der Südtiroler

»Bumser« – so eine zeitgenössische Bezeichnung – stieß bei deutschen Rechtsextremen auf hohes Interesse und einige nahmen selbst teil. Bei den Mailänder Gerichtsprozessen wurden auch bundesdeutsche Staatsbürger verurteilt.

Ab dem Ende der 1960er-Jahre rückte die sich radikalisierende NPD und ihr Umfeld in den Mittelpunkt der Weiterentwicklung des rechten Terrorismus. Dazu gehörten Organisationen wie die »Gruppe Hengst«, die »Nationale Deutsche Befreiungsbewegung« und die »Europäische Befreiungsfront«. Die letztgenannte Vereinigung hatte unter anderem Anschläge in Kassel geplant, als dort 1970 eine Beratung zwischen dem Vorsitzenden des Ministerrates der DDR, Willy Stoph und Bundeskanzler Willy Brandt stattfinden sollte. Die rechtsextremen Proteste rund um dieses Staatstreffen waren Anlass zur Gründung der »Aktion Widerstand«, mithilfe derer die NPD sich neu konsolidieren, das »nationale Lager« einen und die Entspannungspolitik zwischen Bundesrepublik und DDR angreifen wollte. Entgegen dieser Intention der NPD-Parteiführung versank die »Aktion Widerstand« in Gewalttätigkeiten und wurde zum Inkubationsraum für den Rechtsterrorismus. Der Aktivist der »Europäischen Befreiungsfront« Ekkehard Weil verletzte im November 1970 mit gezielten Schüssen einen Soldaten der Roten Armee am sowjetischen Ehrenmal in Berlin-Tiergarten schwer. 1972 flog indes die »Nationalsozialistische Kampfgruppe Großdeutschland« in Bayern und Nordrhein-Westfalen auf, bevor sie die von ihr geplanten Anschläge begehen konnte. Waffen und Sprengstoff wurden beschlagnahmt.

Ebenfalls aus dem Umfeld der NPD stammte die »Braunschweiger Gruppe« um Paul Otte, die ab 1976 Sprengstoffanschläge auf Justizeinrichtungen verübte. Weitere Anschläge, unter anderem auf eine Synagoge in Hannover und auf die Grenze zur DDR, wurden vereitelt. Beim Gerichtsprozess kam zutage, dass ein Mitglied der Gruppe als V-Mann in den Diensten des Verfassungsschutzes stand – wie es zuvor schon bei der »Europäischen Befreiungsfront« der Fall gewesen war.

1979 wurden erstmals Neonazis mit dem Vorwurf der Gründung einer terroristischen Vereinigung vor Gericht gestellt. Das Oberlandesgericht Celle wickelte das Mammutverfahren gegen sechs Neonazis unter scharfen Sicherheitsmaßnahmen dort ab, wo die Angeklagten in Untersuchungshaft saßen. Der »Bückeburger Prozess« war in mancher Hinsicht durchaus vergleichbar zum »Stammheim-Prozess« gegen Mitglieder der ersten Generation der »Roten Armee Fraktion«, der ab 1975 stattfand und ungleich größere Spuren im Gedächtnis der Bundesrepublik hinterlassen hat. Den in Bückeburg angeklagten Neonazis Michael Kühnen, Lothar Schulte, Lutz Wegener, Uwe Rohwer, Klaus-Dieter Puls und dem noch Jahrzehnte später für die NPD aktiven Manfred Börm wurden unter anderem Bankraube und zwei Überfälle auf Militäreinrichtungen vorgeworfen, die der Waffenbeschaffung dienten. Die Gruppe hatte sich aus der Wehrsportgruppe des Angeklagten Rohwer rekrutiert. Sie beabsichtigte die Entführung des Ehepaars Serge und Beate Klarsfeld, die Befreiung des inhaftierten Hitlerstellvertreters Rudolf Heß sowie Anschläge auf die KZ-Gedenkstätte Bergen-Belsen und die innerdeutsche Grenze. Alle Angeklagten wurden verurteilt, vier von ihnen auch wegen Mitgliedschaft in einer terroristischen Vereinigung.

Im gleichen Jahr 1979 schritten andere Neonazis erneut zur Tat. Der aus der NPD stammende Peter Naumann etwa versuchte mit seinem Komplizen Heinz Lembke zu verhindern, dass der TV-Mehrteiler »Holocaust« im deutschen Fernsehen ausgestrahlt wird. Dafür verübten sie Sprengstoffanschläge auf TV-Sendemasten. Lembke, der Waffendepots angelegt hatte, wurde nach seiner Verhaftung erhängt in seiner Zelle aufgefunden. Naumann führte nach Absitzen seiner Haftstrafe 1995 das Bundeskriminalamt zu weiteren Depots, in denen unter anderem 27 Kilogramm Sprengstoff lagerten.

Das ehemalige CDU-Mitglied Manfred Roeder hatte schon 1971 eine »Deutsche Bürgerinitiative« gegründet, die unter anderem gegen Sexshops mobilmachte. Es folgten terroristische Aktionen. 1980 begingen die »Deutschen Aktionsgruppen« um Roeder insgesamt fünf Sprengstoff- und zwei Brandanschläge. Ziel waren unter anderem eine Ausstellung über das Vernichtungslager Auschwitz und drei Flüchtlingsunterkünfte. Beim Brandanschlag auf ein Übergangsheim für Flüchtlinge im August 1980 in Hamburg starben die beiden Vietnamesen Nguyễn Ngọc Châu und Đỗ Anh Lân. Die »Ausländerfrage« war somit zu einem Themenfeld des Rechtsterrorismus geworden.

1982 wurde Roeder zu einer 13-jährigen Gefängnisstrafe verurteilt, weitere Mitglieder der »Deutschen Aktionsgruppen« erhielten ebenfalls Haftstrafen. Roeder, von Beruf Rechtsanwalt, war zeitweise in dieser Funktion für Rudolf Heß tätig. Als Verfasser des Vorworts der Broschüre »Die Auschwitz-Lüge« war er zudem ein wichtiger Protagonist der

Holocaustleugnung in der Bundesrepublik. Bei den Bundestagswahlen 1998 kandidierte er erfolglos für die NPD.

1980 kam es zur bisher blutigsten Tat durch einen Rechtsextremen in der Geschichte in der Bundesrepublik. Im Eingangsbereich des Münchener Oktoberfests wurde am 26. September eine Bombe gezündet. Durch die Explosion starben 13 Menschen, darunter der Attentäter, über 200 weitere Menschen wurden teils schwer verletzt. Der Täter war Gundolf Köhler, ein Anhänger der »Wehrsportgruppe Hoffmann«, die einige Monate zuvor verboten worden war. Köhler, so ist überliefert, hatte in Hinblick auf die anstehenden Bundestagswahlen im Oktober 1980 gesagt, man könne einen Bombenanschlag »den Linken in die Schuhe schieben, dann wird der Strauß gewählt«. Was Köhlers tatsächliche Motivation und was sein Tatplan war, ist jedoch nicht geklärt, da zahlreiche Umstände der Tat weiterhin im Dunklen sind. Dem über Jahrzehnte zu diesem Fall arbeitenden Investigativjournalisten Ulrich Chaussy gelang es, die lange behördlich vertretene Einzeltäterthese zu demontieren. Auf Grundlage von Chaussys Untersuchungen wurden die Ermittlungen im Jahr 2014 wiederaufgenommen, das Attentat als politisch motiviert neu bewertet – letztlich aber im Jahr 2020 eingestellt.

Nur ein Vierteljahr nach dem Oktoberfest-Anschlag wurden der jüdische Verleger Shlomo Lewin und seine Lebensgefährtin Frida Poeschke in Erlangen ermordet. Levin hatte einen kritischen Artikel über die »Wehrsportgruppe Hoffmann« geschrieben. Anstatt im Neonazi-Milieu zu ermitteln, verdächtigte die Polizei zunächst das Umfeld des Opfers und spekulierte über eine Geheimdiensttat. Der Täter war Uwe Behrendt, ein Burschenschafter und enger Vertrauter des Wehrsportgruppen-Anführers Karl-Heinz Hoffmann. Behrendt, der auch ein Bekannter des Oktoberfestattentäters Köhler war, flüchtete vor der Strafverfolgung über die DDR in den Libanon und kam dort unter ungeklärten Umständen zu Tode.

Ebenfalls 1980 überfiel der Neonazi Frank Schubert mehrere Banken in der Nähe von Darmstadt. Am Heiligabend wurde er beim Versuch ertappt, über die Schweizer Grenze bei Koblenz Waffen in die Bundesrepublik zu schmuggeln. Der Neonazi erschoss zwei Schweizer Grenzschützer und dann sich selbst. Schubert war Mitglied der damaligen »Volkssozialistischen Bewegung Deutschlands / Partei der Arbeit« (VSBD) um den ex-»Bund Deutscher Jugend«-Aktivisten Friedhelm Busse. 1981 wollten VSBD-Mitglieder eine Bank überfallen. In München kam es zu einer

Schießerei mit der Polizei, zwei der Neonazis wurden erschossen. 1982 folgte ein Verbot der VSBD. In diesem Jahr erschoss in einer Nürnberger Diskothek der Neonazi und »Wehrsportgruppe-Hoffmann«-Sympathisant Helmut Oxner aus rassistischer Motivation drei Menschen und verletzte weitere, bevor er sich selbst tötete.

Aus dem Umfeld der VSBD und der »Wehrsportgruppe Hoffmann« entstammten zudem die Mitglieder der sechsköpfigen »Hepp-Kexel«-Gruppe, die 1981 und 1982 Banküberfälle und Sprengstoffanschläge auf Einrichtungen der US-Streitkräfte – darunter Wohngebäude und Kinderspielplätze – beging und dabei mehrere Soldaten verletzte. Ziel war es, einen Abzug der »Besatzer« zu erzwingen. Bis Mitte der 1980er-Jahre wurden die Gruppenmitglieder verhaftet und zu Haftstrafen verurteilt. Odfried Hepp, einer der Anführer, wurde als inoffizieller Mitarbeiter der Staatssicherheit geführt und tauchte zwischenzeitlich in der DDR unter. 1980 hatte sich Hepp im Libanon aufgehalten, um mit anderen deutschen Neonazis an einem PLO-Trainingscamp teilzunehmen. Ideologisch wurde von der Gruppe ein »nationaler Befreiungskampf« und eine Orientierung des Neonazilagers an den nationalsozialistischen Dissidenten Gregor und Otto Strasser propagiert, inklusive eines »Abschieds vom Hitlerismus«. Freilich war Gruppenmitglied Walter Kexel an Planungen für einen Anschlag auf die Haftanstalt des Hitlerstellvertreters Rudolf Heß beteiligt.

Am Anfang der 1990er-Jahre stieg das Ausmaß der rechten und rassistischen Gewalt stark an. Es kam zu den pogromartigen Randalen in Hoyerswerda und in Rostock-Lichtenhagen und zu tödlichen Brandanschlägen wie in Mölln und Solingen. Im organisierten Neonazismus stieg die Gewaltbereitschaft noch an, inklusive einer Hinwendung zu neuerlichen terroristischen Ansätzen. Im Umfeld der »Nationalistischen Front« (NF) wurde ein konspiratives »Nationales Einsatzkommando« geplant. Deshalb wurde die NF 1992 verboten. Neonazistische Anschläge richteten sich auch gegen das Grab des langjährigen Vorsitzenden des Zentralrats der Juden, Heinz Galinski, gegen den jüdischen Friedhof in Berlin-Charlottenburg oder gegen die Ausstellung »Verbrechen der Wehrmacht«. 1997 schoss der Berliner Neonazi Kay Diesner einen linken Buchhändler an und erschoss auf der Flucht einen Polizisten. Diesner verstand sich als Exponent eines »Weißen Arischen Widerstandes«. Ab dem Jahr 2000 wurden in Potsdam mehrere Anschläge durchgeführt, unter anderem auf einen jüdischen Friedhof. In Schreiben bekannte sich eine Gruppe namens »Nationale Bewegung« zu diesen Taten. Am 27. Juli 2000 wurde ein Sprengstoffanschlag in Düsseldorf verübt, bei den zehn Menschen zum Teil lebensgefährlich verletzt wurden und eine Schwangere ihr Kind verlor. Alle Opfer hatten einen osteuropäischen Migrationshintergrund, sechs gehörten jüdischen Gemeinden an. Unter anderem dieser Anschlag löste einen Anstieg des zivilgesellschaftlichen Engagements gegen Rechtsextremismus aus (»Aufstand der Anständigen«). Verurteilt wurde für diese Tat niemand. Ein Jahre später ermittelter rechtsextremer Verdächtiger wurde 2018 freigesprochen.

Die vermutlich bekannteste terroristische Neonazigruppe in Deutschland ist der »Nationalsozialistische Untergrund« (NSU). Die Jenaer Neonazis Uwe Mundlos, Uwe Böhnhardt und Beate Zschäpe waren 1998 untergetaucht und lebten fortan in Chemnitz und Zwickau. Zwischen 2000 und 2007 ermordete die Gruppe neun Migranten und eine Polizistin, hinzukamen drei weitere Sprengstoffanschläge und 15 Banküberfälle. Das NSU-Kerntrio entstammte dem Milieu des Kameradschaftsverbundes »Thüringer Heimatschutz« und wurde unter anderem aus dem »Blood-&-Honour«-Netzwerk unterstützt. Entgegen dem Drängen aus den Familien der Todesopfer wurde von den Ermittlungsbehörden seinerzeit ein rassistisches Tatmotiv nicht ernsthaft in Erwägung gezogen. In der Presse war von angeblichen Verwicklungen der Opfer in die organisierte Kriminalität und von »Döner-Morden« die Rede. Der NSU enttarnte sich 2011 im Zuge eines gescheiterten Banküberfalls in Eisenach selbst. Böhnhardt und Mundlos begingen Selbstmord, Zschäpe stellte sich einige Tage später der Polizei. Im Zuge der Auseinandersetzung mit dem NSU und der folgenden Ermittlungen wurde deutlich, dass der NSU sich nicht auf drei allein handelnde Neonazis beschränkte, sondern ein Unterstützungsnetzwerk in der Neonaziszene hatte, dessen näheres Umfeld von V-Leuten aus Geheimdiensten durchsetzt war. Das Verfahren vor dem Oberlandesgericht in München gegen Zschäpe und die wegen Unterstützungsleistungen mitangeklagten Ralf Wohlleben, André Eminger, Holger Gerlach und Carsten Schultze dauerte von 2013 bis 2018. Zschäpe sitzt nach ihrer Verurteilung zu einer lebenslänglichen Haftstrafe als einzige der Angeklagten noch im Gefängnis. Das Unvermögen der Behörden, die Morde als rassistische Taten zu erkennen, ihre erfolglosen Ermittlungen und die mehr als zweifelhafte Rolle und die Interessen von Verfassungsschutzämtern im NSU-Komplex thematisierten einige parlamentarische Untersuchungsausschüsse auf Bundes- und Landesebene. Zahlreiche Aspekte sind weiterhin unaufgeklärt.

2003 planten Münchener Neonazis aus der »Kameradschaft Süd« einen Sprengstoffanschlag auf die Grundsteinlegung des neuen Jüdischen Kulturzentrums in der bayerischen Landeshauptstadt. Die Gruppe wurde ermittelt, als terroristische Vereinigung eingestuft und verboten. 2003 und 2004 wiederum verübte in Brandenburg ein »Freikorps Havelland« eine Serie von zehn Brandanschlägen auf von Nichtdeutschen betriebene Imbisse. Das Havelland solle auf diesem Wege »ausländerfrei« gemacht werden. 2005 wurden die jugendlichen Neonazis verurteilt, unter anderem wegen Mitgliedschaft in einer terroristischen Vereinigung. Im Zuge der rechtsextremen und flüchtlingsfeindlichen Proteste ab 2015 kam es auch zu einem dramatischen Anstieg von rassistischen Gewalttaten und Anschlägen. Im havelländischen Nauen wurde eine Turnhalle niedergebrannt, die als provisorische Flüchtlingsunterkunft vorgesehen war. Einer der Angeklagten war schon im »Freikorps«-Verfahren zehn Jahre zuvor verurteilt wurden. Als Hauptorganisator der Nauener Gruppe wurde ein lokaler NPD-Funktionär verurteilt.

Im Zuge der rechtsextremen und zuweilen auch terroristischen Gewalt der Jahre ab 2015 traten noch weitere Personen in Erscheinung, die eine lange Biografie im Rechtsextremismus hatten. 2015 wurde die Kölner Bürgermeisterkandidatin Henriette Reker bei einem Wahlkampfauftritt mit einem Messer attackiert und lebensgefährlich verletzt. Der Täter begründete die Tat mit seiner Unzufriedenheit mit der Flüchtlingspolitik und hatte sich schon in den 1990er-Jahren im Umfeld der später verbotenen »Freiheitlichen Deutschen Arbeiterpartei« unter Friedhelm Busse bewegt. 2018 wurde der Kasseler CDU-Regierungspräsident Walter Lübcke auf der Terrasse seiner Wohnung erschossen. Zuvor war er angefeindet worden, weil er sich flüchtlingsfreundlich geäußert hatte. Der inzwischen verurteilte Täter hatte der AfD Geld gespendet und Parteiveranstaltungen besucht, entstammt aber dem Neonazimilieu. Die Gruppe »Revolution Chemnitz«, die rassistische Anschläge plante und 2018 ausgehoben wurde, bestand aus Personen, die teilweise schon der Jahre zuvor verbotenen Kameradschaft »Sturm 34« angehört hatten. Ab 2015 organisierte sich in Sachsen eine militante »Gruppe Freital«, die rassistische Anschläge ausübte und weitere plante. 2018 wurden die ermittelten Mitglieder unter anderem wegen der Gründung einer terroristischen Vereinigung verurteilt.

Auch hier gab es Verbindungen zu lange aktiven Neonazis, etwa zur »Freien Kameradschaft Dresden«.

Allerdings wurden weitere dieser jüngeren Anschläge auch von Personen verübt, die sich erst im Zuge der »Flüchtlingskrise« vernetzt hatten. Soziale Medien wie Facebook wurden zur Mobilisierung zu den Protesten genutzt und dienten auch als Kontaktbörse für gewaltbereite Rechtsextreme. Die Mitglieder der »Oldschool Society« hatten zwar Kontakte zu Organisationen wie der NPD, ihre Vernetzung stütze sich maßgeblich jedoch nicht auf die altbekannte Neonazi-Szene. Sie lebten verstreut in der Bundesrepublik und hatten sich über eine Facebook-Gruppe kennengelernt, organisiert und ganz offen »Aktionen« besprochen. Sie wurden 2015 festgenommen, bevor sie die geplanten Anschläge begehen konnten. Noch nach den Festnahmen wurden bei einem 18-Jährigen in Rheinland-Pfalz über 150 Kilogramm Sprengstoff gefunden, die er für die »Oldschool Society« beschafft hatte. Ein in manchen Punkten vergleichbares Muster wurde bei den 2020 festgenommenen Angehörigen der »Gruppe S« sichtbar, die sich über den Messengerdienst »Telegram« organsierte. Einige der mutmaßlichen Mitglieder gehörten zuvor schon subkulturell-neonazistischen »Bruderschaften« und »Bürgerwehren« an und hatten an »Querdenken«-Protesten teilgenommen.

Derweil wird auch der internationale militante Rassismus, der sich über Jahre hinweg entwickelt hat, im deutschen Rechtsextremismus rezipiert. Im Ergebnis sind nicht nur verstärkte rassistische Hetzkampagnen im Internet zu verzeichnen, sondern auch eine Reihe von Morden auf nicht klassisch organisierte Rechtsextreme zurückzuführen. 2016 erschoss ein 18-Jähriger in München neun Menschen und verletzte weitere fünf. Der Deutschiraner hatte in der Vergangenheit unter verschiedenen psychischen Störungen gelitten, gleichwohl handelte er aus rassistischer Motivation. Alle seine Opfer hatten einen Migrationshintergrund bzw. waren Sinti. Als Datum für seinen Anschlag wählte er den 22. Juli, den fünften Jahrestag des Massenmords, den der von ihm verehrte Rechtsextreme Anders Breivik in Norwegen begangen hatte. Der Münchener Täter war, soweit bekannt, zuvor nicht an rechtsextreme Organisationen angebunden. Die Tatwaffe hatte er sich illegal im Internet beschafft. Ebenfalls nicht erkennbar politisch organisiert war der Rechtsextreme, der am jüdischen Feiertag Jom Kippur im Oktober 2019 einen Massenmord in der Synagoge in Halle begehen wollte. Nachdem es ihm missglückte, die Tür des

Gotteshauses zu öffnen, erschoss er mit selbstgebauten Waffen eine Passantin und wenig später den Kunden eines Dönerimbisses. Der Täter übertrug seinen Anschlag per Livestream ins Internet und kommentierte das Geschehen in englischer Sprache. Inspiration waren für ihn die Anschläge auf zwei Moscheen in Neuseeland ein halbes Jahr zuvor, bei dem ein Rechtsextremer 51 Menschen ermordet und diese Tat ebenfalls live ins Internet gesendet hatte. In Hanau ermordete ein Rassist im Februar 2020 acht Männer und eine Frau, allesamt mit Migrationsbiografie, in einer Shisha-Bar. Später wurde er zusammen mit seiner ebenfalls erschossenen Mutter tot in deren Wohnung aufgefunden. Der Täter hing Verschwörungsideologien an und hatte sich in »YouTube«-Videos teilweise ebenfalls auf Englisch entsprechend geäußert.

In der jüngeren Terrorismusforschung wird der Begriff des »stochastischen Terrorismus« diskutiert, der die beabsichtigte Erhöhung der Wahrscheinlichkeit von Gewalttaten durch massenhaft gestreute terroristische Propaganda betont: In den internationalen Hetzkampagnen im Internet werde ein apokalyptisches Zerrbild der Realität inszeniert und Gewalt als Lösung beworben. Diese Propaganda treffe auf ein ausreichend großes und aufnahmebereites Publikum. Dass Einzelne dann tatsächlich zur Tat schreiten, sei nicht überraschend, sondern folgerichtig und auch das Ziel dieser Kampagnen. Der terroristische Charakter dieser Kampagnen ergebe sich somit aus dem virtuellen Zusammenspiel der Beteiligten, das zu immer neuen Taten führe. Oft beziehen sich diese Attentäter auf vorangegangene Anschläge und äußern den Wunsch, selbst zu Vorbildern zu werden. Der Politikwissenschaftler Gideon Botsch konstatiert diesen Taten eine »modifizierte Form der Serialität«.

In seinen Zielen folgte der deutsche Rechtsterrorismus seit dem Ende des Zweiten Weltkriegs generell den Konjunkturen der jeweiligen rechtsextremen Politik. Zunächst stand ein militanter Antikommunismus im Mittelpunkt, der um die Fragen der deutschen Grenzen und der deutschen Einheit ergänzt wurde. Auch die alliierten Besatzungsmächte wurden angegriffen. Zahlreiche terroristische Akteure widmeten sich der Bekämpfung einer kritischen Erinnerung an den Nationalsozialismus. Erst mit dem Beginn der 1980er-Jahre wurde Rassismus zu einem Hauptthemenfeld rechtsterroristischen Handelns. Kontinuierlich durch die Jahrzehnte hielt sich der Antisemitismus als Filter der Zielauswahl und als Hintergrundideologie. Viele rechtsterroristische Anschläge haben eine Destabilisierung und letztlich Zerschlagung des Staates zum Ziel. Dies ist jedoch keineswegs immer der Fall, da etwa die rassistischen Gewalttaten primär Angst und Terror unter den Angehörigen von Minderheiten auslösen sollen. Die übergroße Mehrheit der Todesopfer von rechter Gewalt in Deutschland waren keineswegs Repräsentantinnen oder Repräsentanten des »Systems«, sondern gehörten eher marginalisierten Gruppen an – Einwanderer, »Ausländer«, Wohnungslose oder Linke. Diese terroristischen Hassverbrechen sind in der Regel Botschaftstaten. Sie zielen nicht primär aus individuellen Gründen auf die jeweiligen Opfer, sondern weil diese als Repräsentantinnen und Repräsentanten einer Gruppe gesehen werden. Diesen Gruppen soll signalisiert werden, dass sie unerwünscht sind und sich nicht sicher fühlen dürfen – ein Keil soll zwischen die Gesellschaft und die angegriffenen Gruppen getrieben werden. In den jüngeren rechtsextremen Kampagnen werden indes verstärkt Personen und Gruppen als Feinde markiert, die für den angeblichen »großen Austausch« verantwortlich gemacht werden. Es ist denkbar, dass diese Agitation zu neuerlichen Anschläge auf Politikerinnen und Politiker demokratischer Parteien oder auf antirassistische Nichtregierungsorganisationen führen wird.

Parallelisierungen des Rechtsterrorismus mit linker Militanz haben sich bisher analytisch als untauglich erwiesen. Eine »braune RAF« hat es bisher nicht gegeben. Als frühe rechtsterroristische Anleitungs- und Inspirationsliteratur diente das Handbuch *Werwolf. Winke für Jagdeinheiten*, das 1944 vom damaligen Waffen-SS-Angehörigen Arthur Ehrhardt erarbeitet wurde und Hinweise für einen Partisanenkampf auf besetztem Gebiet enthält. Ehrhardt veröffentlichte Auszüge des Textes 1970 erneut in seiner Zeitschrift *Nation Europa*. Neben der deutschsprachigen, unter dem Pseudonym Hans Westmar veröffentlichten Schrift *Eine Bewegung in Waffen* wurden im späteren deutschen Rechtsextremismus des Weiteren insbesondere Strategiepapiere und Inspirationsschriften aus dem englischen Sprachraum rezipiert. Dazu gehören das *White Resistance Manual*, das *Field Manual* und *The Way Forward* aus dem »Blood & Honour«-Netzwerk oder rechtsextreme Romane wie die *Turner Diaries* oder *Hunter*, beide aus der Feder des US-Neonazis William Pierce. Reich an heroisch-männlichen Posen wird in diesen Papieren zumeist ein finaler Kampf beschrieben, auf den es sich vorzubereiten oder den es auszulösen gelte. In der analytischen Literatur zum Thema ist häufig von einer Strategie des »Akzelerationismus« (engl. *acceleration* = Beschleunigung) im

Rechtsterrorismus die Rede. Am »Tag X« erfolge die mörderische Abrechnung und die Wiederherstellung der eigentlich naturgegebenen weißen Vorherrschaft, die derzeit durch Regierungen und jüdische Einflüsse unterdrückt sei. Um diesen finalen Kampf auszulösen, müssten durch Anschläge die gesellschaftlichen Verhältnisse destabilisiert werden, beispielsweise durch Verunsicherung von Minderheiten und der Provokation von Gegengewalt. Tatbekenntnisse nach einem Anschlag sind zur Erreichung solcher Ziele möglich, aber keineswegs nötig. Der NSU bekannte sich nicht zu seinen Morden. Eine buchstäbliche Terrorisierung von migrantischen Communitys gelang ihm auch ohne dieses Mittel und zog als zusätzlichen politischen Gewinn für die Neonazis sogar gesellschaftliche Diskussionen über »Ausländerkriminalität« und »Parallelgesellschaften« nach sich.

Als Organisationsprinzip wurde vom US-Neonazi Louis Beam Anfang der 1990er-Jahre, anschließend an das spätnationalsozialistische Werwolf-Konzept, »leaderless resistance«, also ein führerloser Widerstand, vorgeschlagen. Voneinander autonome Aktionseinheiten (»Zellen«), nur lose vernetzt, aber einig in ihrer Ideologie und Strategie, sollten gezielt Anschläge durchführen, um »das System« zu destabilisieren. Eine Variante dieser Strategie sind Ein-Personen-Zellen, die als »einsame Wölfe« (»lonesome wolves«) zuschlagen sollen. Bei vielen der rechtsterroristischen Taten in Deutschland – darunter auch die des NSU – lässt sich eine unmittelbare Rezeption dieser Konzepte nachweisen. Bei anderen ist dies nicht explizit der Fall. Doch gleiche oder zumindest ähnliche Erwägungen und ein ähnliches Selbstverständnis sind bei vielen Tätern der jüngeren »lonesome wolf«-Anschläge nachvollziehbar.

Rechtsextremismus in Interessengruppen und staatlichen Institutionen

Sie wollen hinein in die gesellschaftlichen Debatten und oft auch hinein in die gesellschaftlichen Organisationen: Rechtsextreme sind nicht darauf beschränkt, nur innerhalb der Grenzen ihres eigenen politischen Lagers aktiv zu werden. Auf vielfältige Weise und in vielen Bereichen wollen sie auf das gesellschaftliche Leben Einfluss zu nehmen. Wenn solche Versuche öffentlich werden, sorgt dies oft und zu Recht für Beunruhigung. Zu

Skandalen werden sie, wenn den Rechtsextremen aus den betroffenen Organisationen keine Grenzen aufgezeigt werden – sei es aus fehlendem Problembewusstsein, einem falschen Verständnis von Pluralismus oder aus Sympathie.

Es sind Episoden dokumentiert, in denen rechtsextreme Eltern versuchten, die Beiräte von Kindertagesstätten zu übernehmen, um so die Möglichkeit zu erhalten, über die dortige Ausrichtung der Kinderbetreuung zu bestimmen. Auch im Bereich der Heimatforschung sind einige Rechtsextreme engagiert und nutzen diese Möglichkeit, ihre Geschichtsbilder im lokalen Rahmen zu verbreiten. Andere engagieren sich bewusst in Freiwilligen Feuerwehren, um sich ein soziales Standing in diesen gerade im ländlichen Raum wichtigen Strukturen zu erarbeiten. Manchmal mischen sich rechtsextreme Infiltrationsversuche mit weltanschaulichen Anschlussmöglichkeiten, die sich in den jeweiligen gesellschaftlichen Bereichen bieten. Die von Rassismus und Antisemitismus durchzogenen Schriften des Anthroposophen Rudolf Steiner bieten einigen Rechtsextremen eine Begründung, um sich in der Waldorf-Pädagogik einzubringen oder ihre Kinder auf die entsprechenden Schulen zu schicken.

Im Folgenden sollen jenseits dieser kleinteiligeren Aspekte einige gesellschaftliche Felder skizziert werden, in denen die rechtsextreme Präsenz und die Versuche der Einflussnahme augenfällig wurden. Zum einen werden in knapper Form zwei Bereiche skizziert, die unmittelbar mit der deutschen Nachkriegsgeschichte verknüpft sind und die aus sich heraus Interventionsmöglichkeiten für Rechtsextreme boten. Die Integration der Deutschen aus den ehemaligen Ostgebieten und der ehemaligen Angehörigen von Wehrmacht und anderen militärischen Einheiten des NS-Staates in den Staat der Bundesrepublik stellte für diesen eine Herausforderung dar. In den jeweiligen Interessenorganisationen hatte die Politik ein Gegenüber, das sich insgesamt bereit zeigte, an der Bewältigung dieser Integrationsaufgaben mitzuwirken. In den Vertriebenenorganisationen und in den Soldatenverbänden fand sich allerdings auch ein Publikum, das sich teilweise offen für rechtsextreme Deutungen der Geschichte, für affine Verständnisse von »Volk« und »Heimat«, für Nationalismus, Militarismus und gebietsrevisionistische Forderungen zeigte. Auf dieses wirkten Rechtsextreme, die in den Interessenorganisationen selbst tätig waren, ein. Im akademischen Bereich hingegen wurde nach Kriegsende die Tradition der Studentenverbindungen wiederbelebt. Die nationalistische Prägung dieses Milieus schon vor dem Krieg sorgte dafür, dass auch rechtsextreme Positionen in den Studentenverbindungen geduldet wurden und entsprechende Gruppierungen in den Verbänden zu finden waren. Auf deren Politik haben Rechtsextreme darum immer wieder Einfluss nehmen können.

Zuletzt soll die Präsenz von Rechtextremen in der Bundeswehr und in der Polizei betrachtet werden. Da es sich um staatliche Institutionen handelt, deren Angehörige obendrein Zugang zu Waffen haben, ist rechtsextremen Tendenzen in diesem Bereich mit besonderer Aufmerksamkeit zu begegnen. Wenn Rechtsextreme bei der Polizei ihren Dienst tun, können sie ihre Neigung zur Ausübung von Autorität und Gewalt ausleben, sich diskriminierend verhalten und untergraben das Vertrauen der Gesellschaft in die Institution. Zahlreiche Skandale auch in der jüngeren Vergangenheit haben die konkrete Gefahr aufgezeigt, das rechtsextreme Polizei- und Armeeangehörige sich vernetzen und für die Ausübung von Gewalt und für Anschläge rüsten können.

Vertriebene

Die gesellschaftliche Integration der Millionen aus den ehemaligen deutschen Ostgebieten geflüchteten oder umgesiedelten Deutschen war eine der großen Herausforderungen in der frühen Bundesrepublik. Nicht selten wurde den Neuankömmlingen mit Misstrauen und Diskriminierung begegnet. Alteingesessene betrachteten sie als um die knappen Nachkriegsressourcen konkurrierende Fremde. Mit der Bewältigung der Integrationsaufgaben war staatlicherseits bis 1969 das »Bundesministerium für Vertriebene, Flüchtlinge und Kriegsgeschädigte« beauftragt. Der »Gesamtdeutsche Block/Bund der Heimatvertriebenen und Entrechteten« (GB/BHE bzw. kürzer BHE) bot sich als Klientelpartei dem Vertriebenenspektrum mit einem scharfen rechten und antikommunistischen Programm als politische Stimme an. Gefordert wurde ein Lebensrecht im Westen, aber auch ein »Recht auf Heimat«, womit die Wiederherstellung der deutschen Grenzen von 1937 gemeint war. Ebenso wurde die Entnazifizierungspolitik angegriffen. Von Bundeskanzler Konrad Adenauer wurde der BHE 1953 an der Regierung beteiligt und stellte mit dem ehemaligen Nationalsozialisten Theodor Oberländer den Minister für Vertriebenenfragen, bis sich dieser 1955 der CDU anschloss.

Zur größten Organisation aus dem Vertriebenenspektrum entwickelte sich hingegen der 1957 gegründete »Bund der Vertriebenen« (BdV). Wie beim BHE besetzten zu großen Teilen ehemalige NS-Funktionäre die Führungspositionen im BdV und auch sein Kernanliegen war das schon 1950 in der »Charta der deutschen Heimatvertriebenen« postulierte »Recht auf Heimat«. Zunächst widmete sich die Organisation vor allem den sozialen Integrationsaufgaben. Bei den großen Versammlungen der im BdV zusammengeschlossenen »Landsmannschaften« wurde den Vertriebenen ein Austausch ermöglicht und Gelegenheit geschaffen, alter Traditionen zu gedenken und soziale Kontakte aufrechtzuerhalten und zu erneuern. Innerhalb des BdV gewannen allerdings auch außenpolitische Anliegen an Bedeutung.

Der BdV suchte die Nähe zum Staat und kooperierte immer mit demokratischen Parteien – etwa mit den Unionsparteien, bis in die 1970er-Jahre hinein aber auch mit der SPD. Die Frage nach einem Rückgewinn von ehemaligen deutschen Gebieten wurde vom BdV so lange wie möglich offengehalten. Noch 1990 wurden aus dem BdV gegen die Anerkennung der Oder-Neiße-Grenze im Zwei-plus-Vier-Vertrag zur deutschen Vereinigung scharfe Proteste geäußert. Mit Rechtsextremen, die ein Deutsches Reich in alten Grenzen wiedererstehen lassen wollen, hatte der BdV darum eine Schnittmenge der politischen Forderungen. Auch Vorstellungen von Volkstum und Volkstumspflege im Verband boten Anschlussmöglichkeiten. Der Sozialwissenschaftler Samuel Salzborn kritisiert den Volks- und den Nationsbegriff des BdV insgesamt als exkludierend und wirft ihm geschichtsrevisionistische Tendenzen vor.

Rechtsextreme waren und sind direkt im BdV organisiert, um dort Einfluss zu nehmen. Der »Witikobund« etwa, eine völkisch ausgerichtete, sich elitär gebende Organisation, war und ist im BdV-Mitgliedsverband »Sudetendeutsche Landsmannschaft« präsent, in dem sonst katholisch-konservative, aber auch sozialdemokratische Strömungen stark vertreten sind. Der Nachwuchsverband »Junge Landsmannschaft Ostpreußen« entwickelte sich bis zum Ende der 1990er-Jahre zu einer klar rechtsextremen und schließlich sogar neonazistisch geprägten Organisation. Eine ähnliche Entwicklung nahm die »Schlesische Jugend« der »Landsmannschaft Schlesien«. Im *Ostpreußenblatt* (inzwischen: *Preußische Allgemeine Zeitung*), dem Organ der »Landsmannschaft Ostpreußen«, sind neben konservativen auch neurechts ausgerichtete Beiträge zu finden. Bis 2015 erschien das Wochenblatt *Der Schlesier*, das seit der Mitte der 1980er-Jahre ein so klar rechtsextremes Profil entwickelt hatte, dass die »Landsmannschaft Schlesien« sich 1988 von ihrem einstigen Zentralorgan distanzierte. Auch wenn der BdV Stellung gegen Rechtsextremismus in den eigenen Reihen bezieht – der »Witikobund« wird von BdV-Funktionären teilweise scharf kritisiert und der »Jungen Landsmannschaft Ostpreußen« und der »Schlesischen Jugend« wurden die Verbandsmitgliedschaften aberkannt –, bleibt der BdV eine für den Rechtsextremismus relevante Organisation. Dies gilt, auch wenn seine Mitgliederstärke und sein politischer Einfluss kontinuierlich schwinden. Die Zahl von 1,3 Millionen Mitgliedern, die der BdV aktuell nennt, wird von Dritten für deutlich übertrieben gehalten.

Soldatenverbände

Eine weitere gewaltige gesellschaftliche Aufgabe nach dem Ende des Zweiten Weltkrieges betraf den Umgang mit den ehemaligen deutschen Kriegsteilnehmern. Millionen ehemalige Soldaten mussten in die deutsche Nachkriegsgesellschaft integriert werden. Auf dem Gebiet der DDR wurde zu diesem Zweck mit der »National-Demokratischen Partei Deutschlands« (NDPD) eine Auffangorganisation gegründet (nicht zu verwechseln mit der NPD im Westen), die als Blockpartei in der »Nationalen Front« der SED-Führung untergeordnet war. Im Westen Deutschlands war die militärische Traditionspflege von den Alliierten zunächst, wie im Osten, verboten. Bald gründeten sich dennoch Interessenvertretungen ehemaliger Soldaten. Im Laufe der 1950er-Jahre existierten in der Bundesrepublik bis zu 1000 solcher Gruppen, die sich bald in teils konkurrierende Dachorganisationen aufteilten und die in der Summe zwischen 500 000 und 600 000 Mitglieder auf sich vereinten.

1951 gründete sich als einflussreiche Dachorganisation der »Verband deutscher Soldaten«. Ihm gehörten als Mitgliedsinstitutionen neben anderen Gruppen die »Hilfsgemeinschaft auf Gegenseitigkeit der Angehörigen der ehemaligen Waffen-SS« (HIAG) und später auch der »Stahlhelm, Bund der Frontsoldaten« an, eine ebenfalls 1951 erfolgte Wiedergründung des einstigen bewaffneten Verbands der rechtsextremen »Deutschnationalen Volkspartei« (DNVP) in der Weimarer Republik. Von den mehreren hunderttausend ehemaligen Waffen-SS-Mitgliedern waren rund 20 000 in der HIAG organisiert, während der 1951 gegründete »Stahlhelm« etwa 70 000 Mitglieder zählte. Auch der ursprünglich im Jahr 1900 gegründete militaristische »Kyffhäuserbund« wurde 1952 als soldatischer Traditionsverband wieder ins Leben gerufen. Ebenfalls ab 1952 organisierten sich ehemalige Ritterkreuzträger – also Soldaten, die im Zuge der NS-Kriegspropaganda mit dem höchsten militärischen Orden des Regimes ausgezeichnet worden waren – in einem elitären Zusammenschluss, der ab 1960 den Namen »Ordensgemeinschaft der Ritterkreuzträger des Eisernen Kreuzes« trug.

Nur eine Minderheit der Soldatenverbände – zu nennen ist etwa der »Stahlhelm« oder die kurzlebige und mit 8000 Mitgliedern wesentlich kleinere (der rechtsextremen »Deutschen Gemeinschaft« nahestehende) Vereinigung »Graue Front« – trat explizit als politische Organisation auf. Die deutliche Mehrheit präsentierte sich als prinzipiell unpolitisch und stellte ihren Einsatz für die sozial- und versorgungsrechtlichen Belange ihrer Mitglieder heraus. Hinzu kam die Hilfestellung bei der Suche nach vermissten Soldaten. Bei »Kameradschaftsabenden« konnten sich die Mitglieder über ihre Kriegserlebnisse austauschen.

Allerdings atmeten die Verbände auch in ihrer »unpolitischen« Tätigkeit den Geist von Wehrmacht und Waffen-SS. Bei den Treffen wurde ein »Kameradschaftsgeist« gepflegt, der an die Rituale des Militärs in der Nazizeit positiv anschloss. Erklärtermaßen sollten die Sicherung der »Ehre« der ehemaligen deutschen Soldaten erreicht und soldatische Leitbilder und die »Wehrbereitschaft« propagiert werden. Aus den Verbänden wurde gegen die »Willkür« der Alliierten protestiert, Kriegsverbrecherprozesse als »Siegerjustiz« denunziert und Amnestien gefordert. Der Leiter des »Verbands deutscher Soldaten«, der ehemalige Wehrmacht-Generaloberst Johannes Frießner, verurteilte das Hitler-Attentat vom 20. Juli 1944 als Versuch eines »politischen Mords« und rechtfertigte den deutschen Angriff auf Polen 1939. 1952 hielt der Kriegsverbrecher und ehemalige Wehrmachtgeneral Hermann-Bernhard Ramcke in Verden eine Ansprache vor SS-Veteranen, in der er die »wahren Kriegsverbrecher« – die Alliierten – in scharfen Tönen geißelte. Deutsche Kriegsverbrechen wurden aus den Verbänden verleugnet, kleingeredet oder die Schuld an ihnen einer kleinen Clique in der nationalsozialistischen Regierung zugesprochen, während den deutschen Soldaten im Zweiten Weltkrieg »Anständigkeit« attestiert wurde: Sie seien missbraucht worden und selbst zu Opfern geworden. Aus den Verbänden wurde somit eine eigene Geschichtsschreibung und -interpretation entwickelt, die eine maßgebliche Grundlage für das spätere Geschichtsbild der extremen Rechten wurde. Die HIAG sammelte für ihr Sozialwerk in den 1950er-Jahren einen Millionenbetrag, der auch zugunsten von verurteilten Kriegsverbrechern eingesetzt wurde. Die Organisation verwendete weiterhin Vokabular aus dem Nationalsozialismus, intern etwa auch den SS-Wahlspruch »Meine Ehre heißt Treue« oder die Abwandlung »Ihre Ehre heißt Treue«. Aus den Soldatenverbänden wurde ein aggressiver Antikommunismus vertreten, der teilweise auch die Ablehnung der Sozialdemokratie und von Gewerkschaften beinhaltete.

Die Verbände bekannten sich öffentlich allerdings zum Staat der Bundesrepublik und auch zum Prinzip der Demokratie. Aus dem internen Schriftgut ließ sich ablesen, dass es sich dabei oft nur um Lippenbekenntnisse handelte. Intern wurde das »Parteiengezänk« in der Bundesrepublik beklagt und ein volkgemeinschaftliches Denken gepflegt. Mitglieder hielten Kontakte zur »Deutschen Reichspartei« und zur »Sozialistischen Reichspartei«. Zu einer Mitgliedsorganisation des »Verbands deutscher Soldaten« gehörte die *Deutsche Soldatenzeitung*, die später vom DVU-Gründer und Publizisten Gerhard Frey aufgekauft wurde. Zeitweise erschien das Blatt zusammen mit einer Beilage als offizielles Organ des »Verbands deutscher Soldaten«. Die Verbände waren insgesamt, so Hans-Gerd Jaschke und Peter Dudek, der Bundesrepublik gegenüber »teiloppositionell« eingestellt, da ihre Bekenntnisse zur Demokratie taktischen Charakter hatten. In ihrer Grundorientierung seien sie für rechtsextreme Inhalte »prädisponiert« gewesen.

Vonseiten der Bundesregierung und der demokratischen Parteien wurde schon zu Beginn der 1950er-Jahre eine politische Radikalisierung der frisch gegründeten Verbände gefürchtet. Versuche, dezidiert staatstragende Verbände als Alternative zu gründen, scheiterten. Daraufhin wurde eine Annäherung an die Verbände eingeleitet, um die ehemaligen Soldaten als Wählergruppe zu umwerben und um sich ihrer Loyalität zu versichern. Bundeskanzler Konrad Adenauer besuchte 1953 den verurteilen Kriegsverbrecher und späteren HIAG-Vorsitzenden Kurt Meyer im Zuchthaus. Bei einem Treffen von rund 20 000 ehemaligen Soldaten im gleichen Jahr in Hannover steuerten der Bundestagspräsident und der Vizekanzler Grußworte bei. Auch aus der SPD, etwa durch Oppositionsführer Kurt

Schuhmacher, wurden integrative Signale in Richtung der Soldatenverbände ausgesendet. Mehrmals hielt der spätere SPD-Kanzler Helmut Schmidt im Verlauf der 1950er-Jahre Ansprachen bei HIAG-Treffen. Diese Kontakte resultierten in politischen Weichenstellungen und somit in Erfolgen der Soldatenverbände. Im Rahmen der 131er-Gesetzgebung übernahm die Bundesrepublik erhebliche finanzielle Verpflichtungen gegenüber den ehemaligen Angehörigen der Wehrmacht, des Reichsarbeitsdienstes und ab 1961 dann auch der Waffen-SS – also einer als verbrecherisch eingestuften Organisation.

Zur 1955 gegründeten Bundeswehr unterhielten die Soldatenverbände ebenfalls Beziehungen und kooperierten auch mit den entstehenden angrenzenden Organisationen wie dem 1960 geschaffenen »Verband der Reservisten«. Zu entsprechenden Veranstaltungen wurden Vertreter der Soldatenverbände eingeladen. Allerdings ging mit der Gründung der Bundeswehr die Bedeutung die Soldatenverbände allmählich zurück. Dabei spielte auch die einsetzende Überalterung der Mitglieder eine Rolle. Aus den Verbänden wurden verstärkt geschichtsrevisionistische Inhalte betont. Im Laufe der Jahrzehnte wurde ihr Profil eindeutiger rechtsextrem, während die Mitgliederzahlen weiter zurückgingen. Im »Stahlhelm« setzten sich unter den verbliebenen Kräften jene durch, die eine stärkere paramilitärische Ausrichtung befürworteten und die Nähe zu NPD, DVU und anderen rechtsextremen Parteien suchten. Zu den Mitgliedern zählten ab den 1970er-Jahren Personen aus Neonazivereinigungen, etwa der Rechtsterrorist Uwe Rohwer.

Im Laufe der 1980er-Jahre büßten die Verbände ihre Bedeutung endgültig ein. 1992 löste sich die HIAG auf, ihr Organ *Der Freiwillige* ging 2014 in dem rechtsextremen Magazin *Deutsche Militärgeschichte – Zeitgeschichte* auf. 1996 benannte sich die bereits seit den 1950er-Jahren erscheinende Zeitschrift *Alte Kameraden* der »Arbeitsgemeinschaft für Kameradenwerke und Traditionsverbände« in *Kameraden* um, verbunden mit einer Erweiterung der Zielgruppe auf Soldaten der Bundeswehr und ehemalige Angehörige der Nationalen Volksarmee der DDR. 1999 untersagte der Bundesverteidigungsminister Rudolf Scharping Kontakte der Bundeswehr zur »Ordensgemeinschaft der Ritterkreuzträger«. Die Bundeswehr erließ schließlich 2004 ein Kontaktverbot zum »Verband deutscher Soldaten«, der 2014 sein Verbandsorgan *Soldat im Volk* abwickelte und 2016 seine Arbeit endgültig einstellte. Weiterhin erscheinen Rundbriefe von Truppenkameradschaften, die traditionell eine Verbindung zur extremen Rechten haben. 2012 wurde mit *Ein Fähnlein* ein neues Magazin gegründet, welches »zur Erhaltung von Tugend und Tradition« beitragen will und sich an ein militärgeschichtlich interessiertes, vor allem neonazistisches Publikum richtet.

Studentenverbindungen

Die Studentenverbindungen in der Bundesrepublik bilden mit ihren Sozialisations- und Netzwerkfunktionen ein Milieu, von dem Teile an den Rechtsextremismus angebunden sind. Diese traditionsreichen und gegenwärtig schätzungsweise 1000, in Universitätsstädten ansässigen Zusammenschlüsse bilden ein breites politisches Spektrum ab. Heute gehören in Relation zur Gesamtzahl nur noch wenige Studenten und noch weniger Studentinnen dieser Subkultur am Rande des studentischen Lebens in Deutschland an – weniger als ein Prozent aller Studierenden sind in Studentenverbindungen organisiert. Unter anderem durch eigene Immobilien (Verbindungshäuser) und den Wohnraum, den sie darin anbieten können, verfügen sie über eine Infrastruktur, die Grundlage für die Lebenswelt der Verbindungen ist.

Grundsätzlich teilen alle Studentenverbindungen neben einem strukturellen Konservatismus einige Organisationsprinzipien. Dazu gehören eine abgestufte Mitgliedschaft (beginnend mit einer Bewährungszeit in der Anwartschaft), eine Fixierung auf Traditionen und Rituale inklusive einer verbindungsstudentischen Uniformierung (z. B. mittels der studentischen »Farben«), die autonome, gleichberechtigte Entscheidungsfindung in »Conventen« genannten Mitgliederversammlungen sowie ein recht reglementierter Alltag. Hinzu kommt das Lebensbundprinzip: Wer zu Studienzeiten in einer Studentenverbindung aktiv wird, soll ihr bis ans Lebensende angehören und sich als »Alter Herr« einbringen. Die Verbindungen wirken somit weiterhin – trotz eines von Nachwuchssorgen geplagten Milieus – als Seilschaften, die ein Netzwerk zur gegenseitigen Unterstützung der jüngeren und älteren Mitglieder im Berufsleben bereitstellen.

Vereinzelt gibt es auch »Damenverbindungen« oder gemischtgeschlechtliche Gruppen, in der überwältigenden Mehrheit sind Studentenverbindungen jedoch rein männliche Organisationen. Sie unterteilen sich in über ein Dutzend unterschiedliche Subkategorien wie Turnerschaften, die elitären Corps, katholische Verbindungen und ähnliche, die jeweils einen oder mehrere konkurrierende Dachverbände haben. Eine weitere Subkategorie stellen Burschenschaften dar, die sich im Gegensatz zu anderen als explizit politische Zusammenschlüsse verstehen, sich fast vollständig zum Wahlspruch der Jenaer Urburschenschaft »Ehre, Freiheit, Vaterland« bekennen und ein Selbstbild als akademisch-elitäre Männerbünde pflegen.

Auch wenn prominente Rechtsextreme anderen Studentenverbindungen angehörten – die Publizisten Götz Kubitschek und Karlheinz Weißmann etwa entstammen der mit den Traditionen der historischen Jugendbewegung verbundenen »Deutschen Gildenschaft« –, sind rechtsextreme Tendenzen besonders stark unter den Burschenschaften vertreten. Burschenschaften entstanden vor dem Hintergrund der frühen deutschen Nationalbewegung und der antinapoleonischen Befreiungskriege im 19. Jahrhundert. In ihnen wurden zusammen mit nationalen und demokratischen auch antiaufklärerische und antisemitische Positionen vertreten. Sie schwankten, wie es Alexandra Kurth und Bernd Weidinger ausdrücken, »zwischen völkischem Nationalismus und Liberalismus«. Die Jenaer Urburschenschaft wurde 1815 gegründet. 1902 bildete sich als Dachverband die »Deutsche Burschenschaft« (DB). Trotz ihrer urdemokratischen Herkunft bildeten die Burschenschaften in der Weimarer Republik ein wichtiges Milieu für die antirepublikanische Rechte. Viele Mitglieder schlossen sich den bewaffneten und gewalttätigen Freikorps an. Die DB verabschiedete 1920 einen Aufnahmestopp für Juden (»Arierparagraph«) und verlangte von allen Neumitgliedern, »frei von jüdischem oder farbigem Bluteinschlag« zu sein. Die Machtübernahme des Nationalsozialismus begrüßten die Burschenschaften größtenteils ausdrücklich. Nichtsdestotrotz wurden sie später »gleichgeschaltet«, in den »Nationalsozialistischen Deutschen Studentenbund« eingegliedert und dort teilweise als »Kameradschaften« fortgeführt. Nach dem Zweiten Weltkrieg konnten sich auf dem Gebiet der DDR keine neuen Studentenverbindungen etablieren. In der Bundesrepublik kam es – nach einem zunächst geltenden Verbot – bald zu Neugründungen. 1950 wurde die »Deutsche Burschenschaft« wieder ins Leben gerufen und entwickelte ein autoritär-konservatives Profil, das die Grenzen zur NS-Apologie berührte und manchmal überschritt.

Viele Studentenverbindungen und auch Burschenschaften nehmen nur Deutsche auf und richten ihren Begriff von Deutschtum nicht an der

Staatsangehörigkeit, sondern am »Abstammungsprinzip« aus. Bei einem Burschentag 2011 kam es zu einem öffentlichen Skandal, als die »Alte Breslauer Burschenschaft der Raczeks zu Bonn« einen Antrag einbrachte, der passagenweise ähnlich zu den Nürnberger Rassengesetzen von 1935 formuliert war: »Beispielsweise weist eine nichteuropäische Gesichts- und Körpermorphologie auf die Zugehörigkeit zu einer nicht deutschen Abstammung hin«. Die Breslauer hatten sich daran gestoßen, dass ein Burschenschafter mit chinesischen Wurzeln in den Bund der »Hansea Mannheim« aufgenommen worden war. Episoden über rassistische Ausgrenzungen und Auswahlkriterien von Bewerbern werden immer wieder publik, genauso wie antisemitische und andere rechtsextreme Vorfälle bei Feiern oder anderen Veranstaltungen in Verbindungshäusern.

Österreichische Staatsbürger indes werden einem »großdeutschen« Verständnis von Deutschtum entsprechend von vielen Burschenschaften aufgenommen. Etliche Gruppierungen stellen auch weiterhin die aktuellen Grenzen infrage und sehen die Wiedereinverleibung ehemals deutscher Gebiete wie Schlesien oder des Sudentenlandes als politische Fernziele an. In den 1960er-Jahren waren Burschenschafter am Südtirol-Terrorismus beteiligt. Die österreichische Regierung löste deshalb 1961 die »Olympia Wien« auf (die sich einige Jahre später jedoch neu konstituierte).

Die politische Ausrichtung der einzelnen Burschenschaften ist – jenseits der Implikationen ihrer allgemeinen Traditionsbestände – durchaus heterogen, teilweise offen rechtsextrem und beispielsweise NPD-nah, öfter aber an demokratischen Parteien ausgerichtet. Ein Teil steht den Unionsparteien nahe, auch Sozialdemokraten sind vertreten. Die gemäßigteren und die radikal-völkischen Kräfte rangen durch die Geschichte der Bundesrepublik um die Hegemonie im Spektrum. 1961 bildete sich die »Burschenschaftliche Gemeinschaft« (BG) als Netzwerk der Radikalen in der »Deutschen Burschenschaft«, die den »volkstumsbezogenen Vaterlandsbegriff« besonders herausstellte. Ein Kompromiss rettete 1971 die Einheit des Verbandes: Österreichische Burschenschaften konnten fortan (wie von den Radikalen gefordert) aufgenommen werden, während das pflichtschlagende Prinzip abgeschafft wurde. Die Mitgliedsburschenschaften konnten nun selbst entscheiden, ob sie ihre Mitglieder zur Teilnahme an den Mensuren, also an ritualisierten Zweikämpfen, verpflichten. 1996 kam es, diesmal an der Frage der Anerkennung der deutschen

Grenzen, doch zur Spaltung der »Deutschen Burschenschaft«, aus der sich einige gemäßigtere Gruppen lösten und die »Neue Deutsche Burschenschaft« als konkurrierenden Dachverband bildeten. 2016 wiederholte sich das Szenario und aus der »Deutschen Burschenschaft« verabschiedeten sich weitere Gruppen, die sich nun wiederum zur »Allgemeinen Deutschen Burschenschaft« zusammenschlossen. Der – mit mehreren tausend Mitgliedern insgesamt weiterhin größte – Ursprungsverband ist dadurch geschrumpft und hat sich radikalisiert. Die radikal-völkischen Kräfte stellen die einflussreichste Gruppe in der »Deutschen Burschenschaft« und lassen eine Bewertung des gesamten Verbandes als rechtsextrem gerechtfertigt erscheinen. Daneben existiert seit 2012 die Vernetzung »Initiative Burschenschaftliche Zukunft«, die sich gegen offenen Rechtsextremismus in der »Deutschen Burschenschaft« aussprach, die jedoch mittlerweile im Verband selbst durch viele Austritte nur noch schwach vertreten ist.

Das Verbandsorgan *Burschenschaftliche Blätter* integriert seit Längerem rechtsextreme Positionen. Zwischen 2005 und 2012 fungierten mit Herwig Nachtmann und Norbert Weidner zwei Personen als Chefredakteure, die der Neonaziszene entstammen. 2009 wurde ein Interview mit dem damaligen NPD-Landtagsabgeordneten Arne Schimmer (Mitglied der Dresdensia Rugia) abgedruckt. Es folgten Personen, die zuvor für Publikationen wie die *Junge Freiheit* und die *Blaue Narzisse* geschrieben hatten. Rechtsextreme Beiträge, etwa aus dem Kreis der »Identitären Bewegung« werden weiterhin veröffentlicht. So konnte der »Deutsche Burschenschafts«-Funktionär und Leiter der AfD-nahen rechtsextremen Agentur »Ein Prozent«, Philip Stein, seine Organisation in den *Burschenschaftlichen Blättern* bewerben.

Der Aufstieg der AfD in den vergangenen Jahren hat den Handlungsspielraum der Burschenschaften und anderer Verbindungen allgemein erhöht. Für die AfD stellt dieses Milieu ein Personalreservoir dar. Etliche Abgeordnete auf Bundes- und Landesebene sind »Alte Herren«. 2018 wurde mit dem »Deutschen Akademikerverband« eigens ein kleiner AfD-naher Verein für Burschenschafter gegründet. Auch in den parlamentarischen Mitarbeiterstäben der AfD sind Burschenschafter überproportional vertreten. Sie rekrutieren sich auch aus den gemäßigteren Verbänden. Die »Allgemeine Deutsche Burschenschaft« stellte 2018 burschenschaftliche AfD-Abgeordnete in ihrem Verbandsorgan vor und notierte erfreut:

»Der Aufstieg der AfD hat auch eine ganze Welle von Korporierten in die Parlamente getragen.« Im radikaleren Flügel kommen insbesondere Personen aus dem Dunstkreis der aktivistischen »Identitären Bewegung«, aus akademischen rechtsextremen Zirkeln und der AfD inklusive ihrer Jugendorganisation »Junge Alternative« zusammen. So befindet der AfD-Politiker Björn Höcke explizit: »Die AfD profitiert von Akademikern, die burschenschaftlich geprägt sind.«

Rechtsextreme in Sicherheitsbehörden und Armee

Die Polizei gehört in Deutschland konstant zu den höchstgeschätzten Institutionen. 84 Prozent der Deutschen haben großes oder sogar sehr großes Vertrauen in die Behörde. Ihr wird damit sogar höheres Vertrauen als dem Bundesverfassungsgericht entgegengebracht. Die Polizei ist eine wichtige Akteurin in der Auseinandersetzung mit dem Rechtsextremismus. Nicht zuletzt deshalb ist sie ein Feindbild für viele, besonders die militanten Rechtsextremen, die in den Polizistinnen und Polizisten die Verkörperung jenes Staates identifizieren, den sie stürzen wollen. Michèle Kiesewetter, Stefan Grage, Thomas Goretzky – nur drei Namen aus einer viel längeren Liste von Polizistinnen und Polizisten, die in der Bundesrepublik von Rechtsextremen ermordet wurden.

Trotzdem ist das gegenseitige Verhältnis von Polizei und Rechtsextremismus ambivalent. Parallel zur Ablehnung der Polizei ist im Rechtsextremismus auch eine positive Bezugnahme aufzufinden. Viele Polizistinnen und Polizisten stünden eigentlich auf ihrer Seite, meinen nicht wenige Rechtsextreme. Denn die Bedrohungen der Gesellschaft hätten viele Beamtinnen und Beamte ebenfalls erkannt und würden nur durch die Regierung und die eigenen Führungskräfte daran gehindert, endlich mit Missständen »aufzuräumen«. Unter günstigen politischen Umständen könne auf die Unterstützung der Polizei gezählt werden, wenn es endlich darum gehe, Staat und Gesellschaft im Sinne des Rechtsextremismus umzugestalten.

Dieser Optimismus vieler Rechtsextremer ist sicherlich übertrieben. Jedoch werden immer wieder und in erschreckender Frequenz Fälle bekannt, bei denen vonseiten der Polizei unzureichend gegen Rechtsextreme vorgegangen wurde, bei denen sensible Informationen an Rechtsextreme weitergegeben wurden, bei denen eine Sympathie für Rechtsextreme erkennbar wurde oder sogar in den Behörden selbst rechtsextreme Umtriebe aufgedeckt wurden. In jüngerer Zeit sind etliche Chatgruppen von Polizei-Auszubildenden oder aktiven Polizeikräften bekannt geworden, in denen rechtsextreme Nachrichten ausgetauscht wurden. Seit August 2018 und bis Anfang Dezember 2020 verschickten Unbekannte wüste Drohschreiben mit der Signatur »NSU 2.0«. Insbesondere Frauen wurden adressiert, mit Seda Başay-Yıldız unter anderem eine Nebenklagevertreterin im Münchener NSU-Prozess. Viele dieser Schreiben enthielten persönliche Daten, die nicht öffentlich zugänglich waren, aber auf Polizeicomputern abgefragt wurden. Im Zuge von Ermittlungen dazu wurden mindestens 70 Verdachtsfälle rechtsextremer Polizistinnen und Polizisten aus Hessen entdeckt. Eine Beamtin, die relevante Daten abgerufen hatte, war, so stellte sich heraus, Mitglied einer rechtsextremen Chatgruppe. Einige Polizistinnen und Polizisten wurden suspendiert und der hessische Polizeipräsident musste zurücktreten. Im Mai 2021 wurde wegen der »NSU 2.0«-Drohschreiben in Berlin ein Verdächtiger – der kein Polizist ist – festgenommen. Vorkommnisse mit rechtsextremen Chatgruppen und Ähnliches betreffen auch andere Sicherheitsbehörden wie den Zoll oder den Verfassungsschutz und daneben mit der Bundeswehr auch die deutschen Streitkräfte.

Dass es Rechtsextreme und rechtsextreme Zusammenschlüsse in Polizei und anderen Behörden sowie der Bundeswehr gab und weiterhin gibt, wird inzwischen seltener bestritten. Von der gesellschaftlichen Diskussion darüber ist die Frage nicht zu trennen, wie stark diskriminierende Haltungen und Praktiken (etwa: »racial profiling«) in der Polizei verbreitet sind. Schlechterbehandlungen von Angehörigen von Minderheiten durch die Polizei oder gar polizeiliche Übergriffe kommen vor. In parlamentarischen Untersuchungsausschüssen zum NSU wurde vielfach festgestellt, dass es ein eklatantes Versagen der Sicherheitsbehörden im Umgang mit dieser neonazistischen Mordserie gab. Frühen Hinweisen auf rassistische Motive für die Morde wurde nicht nachgegangen und stattdessen entgegen der Wissenslage jahrelang Verdacht gegen Angehörige der Opfer gehegt, und es wurden Verbindungen der Familien in die Drogenkriminalität und Mafiastrukturen unterstellt. Diese Behandlung der Angehörigen durch die Polizei rief eine sekundäre Viktimisierung, also eine zweite Opferwerdung nach den eigentlichen Taten, hervor. Die polizeiliche Unfähigkeit im Umgang mit den NSU-Morden offenbarte, so der Tenor der parlamentarischen Aufarbeitungen, ein Versagen, das mit individuellen Fehlleistungen nicht erklärbar ist, sondern systematischen Charakter hat. Es sei die Frage zu stellen, ob tief verankerte rassistische Deutungsmuster beim Handeln der Polizei eine Rolle spielten. Institutioneller Rassismus in der Polizei müsse erkannt und Gegenmaßnahmen müssten ergriffen werden, wurde gefordert. Dies liege nicht nur im Interesse der Betroffenen von rassistischen Gewalttaten, sondern letztlich auch im Interesse der Polizei selbst. Als Institution, die in einer Demokratie allen Bürgerinnen und Bürgern gleichermaßen zu dienen habe, könne sie es sich nicht leisten, das Vertrauen von Teilen der Bevölkerung zu verspielen.

Die Auseinandersetzung mit dem NSU offenbarte zudem, dass die Verfassungsschutzbehörden das fragliche Neonazimilieu durchaus kannten, dieses aber durch zahlreiche szenezugehörige V-Leute im Endergebnis nicht effektiv bekämpft, sondern, so lässt sich begründet interpretieren, auch protegiert und durch Spitzelhonorare mitfinanziert hatten. Verfassungsschutzleute und Neonazis hatten teilweise ein symbiotisches Verhältnis zueinander entwickelt, wurde kritisiert. Manche Details aus den NSU-Akten können nur beunruhigen und wurden bislang nicht aufgeklärt: Der Verfassungsschutzmitarbeiter Andreas Temme, der seit Jugendzeiten den Spitznamen »Kleiner Adolf« trug, hielt sich 2006 in einem Kasseler Internet-Café auf, als dort dessen Besitzer Halit Yozgat von den NSU-Neonazis ermordet wurde. Der Verfassungsschutzpräsident, der das Amt in den für die NSU-Entstehung entscheidenden Jahren zwischen 1994 und 2000 in Thüringen leitete, publiziert mittlerweile im rechtsextremen Ares-Verlag. Nach der Selbstenttarnung des NSU zog sich 2012 der Präsident des Bundesverfassungsschutzes als eine Konsequenz aus dem Geheimdienstgebaren in dieser Sache von seinem Amt zurück und wurde durch Hans-Georg Maaßen ersetzt. Letzterer bagatellisierte in seiner Amtszeit rechtsextreme Tendenzen und tritt seit seiner Versetzung in den einstweiligen Ruhestand 2019 als ein CDU-Rechtsaußen auf, der sich nicht scheut, rechtsextreme Argumentationsfiguren zu nutzen.

Für eine 2020 veröffentlichte Studie der Ruhr-Universität Bochum wurden Betroffene von Polizeimaßnahmen nach ihren subjektiven Erfahrungen mit der Polizei befragt. Ein hoher Anteil der befragten Menschen mit Migrationshintergrund berichtete von Diskriminierungserlebnissen, unter den Nicht-Weißen lag der Anteil bei 62 Prozent. Gewaltförmiges

Vorgehen der Polizei hinterließ der Bochumer Studie zufolge nicht nur körperliche, sondern auch psychische Folgen. Viele Befragte schilderten, dass sie gegen die von ihnen als unrechtmäßig erlebte polizeiliche Gewalt keine Anzeige erstattet hätten, weil dies ihrer Ansicht nach Risiken berge und geringe Erfolgsaussichten hätte. Schon 1993 wurde in einer Polizeifachzeitschrift über eine Umfrage unter Beamtinnen und Beamten berichtet, bei denen 44 Prozent der Befragten der Aussage zugestimmt hatten, dass ihnen »eine Gesellschaft ohne Ausländer besser gefallen« würde. Nach einer Überprüfung der Freiwilligen Polizei-Reserve in Berlin im gleichen Jahr stellte sich heraus, dass etwa ein Fünftel ihrer 2500 Angehörigen eine problematische Vergangenheit hatten oder dem Rechtsextremismus nahestanden. 1994 stellte eine Studie der Polizei-Führungsakademie in Hiltrup-Münster fest, dass es nicht angemessen sei, die schon damals zahlreichen beunruhigenden Meldungen als »bloße Einzelfälle« abzutun. Bei einer Polizeistudie in Hessen 2020 äußerten satte 97 Prozent der Befragten, dass sie die Demokratie für die beste Staatsform halten. Aber es sahen auch 28 Prozent der Befragten die »Gefahr, dass Deutschland ein islamisches Land« werde.

Generell gibt es ein Wissensdefizit zum Ausmaß und Charakter von rassistischen und rechtsextremen Haltungen und Handlungsmustern in der deutschen Polizei. Nicht nur aus der Politik, sondern auch von Standesorganisationen wurden in der Vergangenheit Forderungen nach Studien häufig als unnötig und als schädlich kritisiert, da sie einen Generalverdacht gegen ihre Institution schüren könnten. Entsprechende Vorkommnisse seien Ausnahmen, kämen auch in anderen Berufsgruppen vor bzw. sei die Polizei als Großinstitution ein Spiegelbild der Gesellschaft. Es häufen sich jedoch Stimmen, die die Notwendigkeit von Untersuchungen bejahen, weil nur auf solider Wissensgrundlage ein Bild der Lage gewonnen und passgenaue Gegenmaßnahmen entwickelt werden können. Die Entwicklung einer transparenten Fehlerkultur hälfe der Polizei, den Erfordernissen einer modernen demokratischen Institution zu entsprechen.

Worin liegen mögliche Gründe für eine gewisse Verbreitung von rechtsextremen oder rassistischen Einstellungen in der Polizei? Beim Aufbau der Polizei in der jungen Bundesrepublik wurden zahlreiche Personen in den Apparat übernommen, die zuvor schon unter den Nazis gedient und entsprechend institutionell sozialisiert worden waren. In den bundesrepublikanischen Dienststuben fanden so Gemeinschaften erneut zusammen, die bereits im »Dritten Reich« bestanden und an den nationalsozialistischen Verfolgungsmaßnahmen beteiligt waren. Es ist zu vermuten, dass dieser Umstand bis in die 1970er-Jahre hinein Spuren im Polizeiapparat hinterlassen hat. Jenseits historischer Nachwirkungen ist die Polizei eine Institution, die hierarchisch aufgebaut ist, Autorität verkörpert und die gemäß ihrer Aufgabe auch Gewalt ausübt. Diese Notwendigkeiten begründen keineswegs eine Affinität der Polizei zum Rechtsextremismus. Sie lassen jedoch die Möglichkeit zu, dass es gehäuft Personen in den Polizeidienst ziehen könnte, die solche Muster ansprechen und die eher politischem Autoritarismus zuneigen. Zudem ist die Polizei ihrer Funktionsbestimmung nach in einem bestimmten Sinn eine grundsätzlich konservative Einrichtung, da sie die Einhaltung von Recht und Gesetz absichern soll und dementsprechend mit Gewalt die Ordnung und den Status Quo absichern soll. Auch dies ist nicht mit einer grundsätzlichen Offenheit für den Rechtextremismus zu verwechseln, aber als möglicher Einflussfaktor auf die Struktur der Polizei zu beachten. Polizei-Chatgruppen, in denen linksradikale Umsturzfantasien ausgetauscht werden, sind durchaus folgerichtig unbekannt. In anderen Ansätzen zur Ursachensuche wird der Einfluss der polizeilichen Berufskultur (und stellenweise der Arbeitsbelastung) als Erklärung für Diskriminierungspraktiken erörtert. Eine Organisation wie die Polizei, die ihren Angehörigen hohe und konflikthafte Anforderungen im Berufsalltag abverlangt, sei in ihrem Handeln zwar auch von Bürokratie, Regeln und universellen Leitbildern geprägt, bringt darunterliegend jedoch zusätzlich eine eigene Kultur hervor, um den innerinstitutionellen Zusammenhalt absichern zu können. Diese »Cop Culture«, so der Polizeiforscher Rafael Behr, habe subkulturelle Züge mit eigenen Werten und Normen und sorge unter anderem dafür, dass auch aggressive Männlichkeitsbilder bei Polizisten zutage treten oder sogar befördert werden. Damit gehe die Kultivierung eines Gruppen- und Kameradschaftsgefühls einher, das zu einer Abwehr von äußeren Interventionen oder von Kritik führt. Die Cop Culture bringe eine verstärkte Grenzziehung zu Außenstehenden hervor und könne im Polizeihandeln zu einer Schlechterbehandlung von Personen führen, die als fremd oder potenziell straffällig wahrgenommen werden. Entsprechende Berichte von Betroffenen polizeilicher Grenzüberschreitungen beschränken sich nicht auf Menschen mit Migrationshintergrund, sondern sind auch von Demonstrationen oder aus dem Umfeld von Fußballspielen bekannt. In der Gruppe tradierte Wissens- und Erfahrungsbestände können sich aber – wenn nicht gegengesteuert wird – zu Vorurteilen verdichten und im Polizeialltag das Risiko einer Diskriminierung gegen Angehörige von gesellschaftlichen Minderheiten erhöhen. In einer Gesellschaft, in der Diskriminierungen ohnehin existieren, wäre es auch mehr als überraschend, wenn ausgerechnet die Polizei von diesen Erscheinungen verschont bliebe. Das institutionelle Klima, das mit dem Begriff der Cop Culture angesprochen ist, lässt es als plausibel erscheinen, dass auch Rechtsextreme in der Polizei ihren Dienst verrichten können und negative Konsequenzen entsprechender Äußerungen oder gar Handlungen nicht grundsätzlich befürchten müssen.

Die Aufgaben der Bundeswehr sind andere als die der Polizei und mithin sind Übergriffe auf Nicht-Armeeangehörige und deren Diskriminierung im Dienstalltag keine Phänomene von Bedeutung. Rechtsextreme Vorfälle und die Existenz von rechtsextremen Netzwerken sind in den Streitkräften jedoch ebenfalls in einem Ausmaß vorhanden, die eine Qualifizierung als »Einzelfälle« nicht möglich erscheinen lässt. Neben jüngeren ortsungebundenen Erscheinungen wie rechtsextremen Chatgruppen fielen manche Einheiten und Standorte der Bundeswehr – etwa die Fallschirmjäger-Ausbildungskaserne in oberbayerischen Altenstadt – durch eine höhere Konzentration von solchen Vorfällen auf.

Wie die Polizei wurde die Bundeswehr von ihrer Frühphase an bis in die 1970er-Jahre von ehemals in das NS-System eingebundenen Personen, konkret von ehemaligen Wehrmachtangehörigen geprägt. Viele von ihnen lehnten eine Demokratisierung militärischer Strukturen ab. So fanden auch militärische Traditionsbestände des Nationalsozialismus Eingang in die bundesdeutsche Armee. Dazu gehörten bestimmte Geschichtsbilder und die Ehrerweisung an die »Leistungen« der Wehrmacht und ihrer Soldaten im Zweiten Weltkrieg, aber auch habituelle Komponenten, die dem Militär innewohnende Funktionen wie Gewalt und das Befehlsprinzip nicht einhegten, sondern zu Tugenden erklärten. 1964 warnte der damalige Wehrbeauftragte Hellmuth Heye – der CDU-Politiker war im Zweiten Weltkrieg selbst ein hochrangiger Marineoffizier gewesen –, dass sich in der Bundeswehr ein »Staat im Staate« zu bilden drohe und dass es Tendenzen zur Restauration eines überkommenen absoluten Befehlsgehorsams gebe. Weil er fürchtete, im Bundestag kein Gehör zu finden, veröffentlichte Heye seinen Bericht stattdessen in der Illustrierten *Quick*. Er musste wegen seiner Kritik schließlich zurücktreten. Gleichwohl wurden Konzepte wie die des »Staatsbürgers in Uniform« und der »inneren Führung« zu wehrpolitischen Leitlinien, die eine demokratische Verfasstheit der Bundeswehr absichern sollten.

Zu Skandalen kam es dennoch immer wieder. Im Herbst 1976 wurde der ehemalige Wehrmachtsoffizier Hans-Ulrich Rudel zu einem Traditionstreffen auf einen Fliegerhorst der Luftwaffe eingeladen. Rudel war als hochdekorierter Soldat des »Dritten Reiches« eine Ikone für Rechtsextreme, zumal er sich selbst in diesem Milieu bewegte. Die für die Einladung verantwortlichen Bundeswehrgeneräle wurden nach diesem Eklat entlassen. Als Rudel 1982 verstarb, nahmen rund 2000 Menschen an der Beerdigung teil, etliche verabschiedeten sich mit dem Hitlergruß von dem Wehrmachts-Kriegshelden. Laut zahlreichen Augenzeugenberichten überflogen während der Bestattung Kampfflugzeuge der Bundeswehr ehrerweisend den Friedhof. Aus dem Verteidigungsministerium wurde beschwichtigt: es habe lediglich Manöverübungen in der Nähe aber keine Ehrerweisung gegeben, die Berichte müssten auf optischen Täuschungen beruhen. Zu den fraglichen Flugzeugen gehörten indes Maschinen des Bundeswehr-Geschwaders »Immelmann«, aus der auch 1976 die Einladung an Rudel erfolgt war.

Verbindungen zwischen Wehrmachtstraditionen und der Bundeswehr wurden über Jahrzehnte vielfältig und nicht immer skandalisiert aufrechterhalten, unter anderem über Kontakte im Bundeswehrmilieu zwischen der Armee selbst, Reservistenverbänden, Ehemaligenorganisationen von Wehrmacht und SS und teilweise der Politik. Selbst in den militanten Neonazismus gab es Kontakte. 1995 durfte der erst einige Jahre zuvor aus der Haft entlassene Neonazi-Terrorist Manfred Roeder im Rahmen einer Offiziersweiterbildung bei der Führungsakademie der Bundeswehr referieren. Eine Untersuchung der Bundeswehrhochschule in Hamburg aus dem Jahr 1978 zeigte, das rund zehn Prozent der Armeeangehörigen rechtsautoritäre und antidemokratische Einstellungen hegten.

Die Nationale Volksarmee (NVA) der DDR wurde – wenn auch in geringerem Ausmaß – ebenfalls unter Einbeziehung von ehemaligen Wehrmachtsoffizieren aufgebaut. Eine positive Bezugnahme auf die Wehrmacht und deren Traditionspflege gab es nicht. Dennoch sind eine Vielzahl von rechtextremen Vorfällen in der NVA dokumentiert, oft in Zusammenhang mit Wehrdienstleistenden, die der rechtsextremen Subkultur in der DDR entstammten. Militärnahe DDR-Institutionen wie etwa die »Gesellschaft für Sport und Technik« waren gleichfalls Anziehungspunkte für waffenaffine Rechtsextreme. Auch aus der DDR-Polizei sind Fälle von Sympathiebekundungen für Rechtsextreme und rechtsextreme Netzwerke in diesen Institutionen selbst bekannt geworden. In den 1970er-Jahren hatte sich etwa in der Volkspolizeibereitschaft im brandenburgischen Basdorf eine neonazistische Gruppe gebildet.

Wie zur Polizei ist das Verhältnis von Rechtsextremen zur Bundeswehr ambivalent. Die bundesrepublikanische Armee wird von Teilen der Rechtsextremen als zwangsweise durchdemokratisierte und darum von Militär- und Männlichkeitsidealen entrückte und verweichlichte Truppe verachtet, die im Dienste eines falschen Staates stehe. Andere Rechtsextreme beschreiben die Bundeswehr zwar ebenfalls als beschnittene Institution, sehen sie aber dennoch als zu schätzendes und zu nutzendes Reservoir für die eigene Politik. Wehrhaftigkeit, Gehorsam, männlicher Kampfgeist, Autorität und die dadurch vermittelte Charakterprägung würden in der Bundeswehr stärker hochgehalten als in anderen gesellschaftlichen Einrichtungen. Besonders vor dem Fall der Mauer zählte zudem das Argument, dass es wichtig sei, sich für die Verteidigung Deutschlands bereitzuhalten, auch wenn dies im Dienste der Armee eines falschen Staates getan werden müsse. Die Möglichkeit, sich an der Waffe ausbilden zu lassen und sich so die in der Zukunft nötige Kampfkraft anzueignen, wird von vielen Rechtsextremen genutzt. In den Biografien zahlreicher Rechtsextremer, vom Neonazi Michael Kühnen bis zum »Flügel«-Exponenten Andreas Kalbitz, spielte die Ableistung des Wehrdienstes eine wichtige Rolle.

Einige hohe Bundeswehroffiziere haben sich nach ihrem Dienst dem Rechtsextremismus angenähert. Der ehemalige Generalmajor der Bundeswehr Gerd Schultze-Rhonhof, seit 1996 im Ruhestand, veröffentlichte 2003 das Buch *1939 – Der Krieg, der viele Väter hatte*, in dem nicht Deutschland, sondern Frankreich und Großbritannien als Hauptschuldige am Zweiten Weltkrieg erscheinen. Später trat der Autor auch als Referent bei rechtsextremen und verschwörungsideologischen Veranstaltungen auf. Reinhard Günzel, Brigadegeneral und Befehlshaber der Eliteeinheit »Kommando Spezialkräfte« (KSK) nahm ebenfalls einen Weg, der ihn aus der Spitze der Bundeswehr in die Nähe des Rechtsextremismus führte. Auf Briefpapier der Bundeswehr hatte Günzel 2003 eine antisemitische Rede des Bundestagsabgeordneten Martin Hohmann verteidigt und gelobt. Günzel wurde daraufhin in den Ruhestand versetzt und begann umgehend, als Referent und Autor im Kontext von rechtextremen Instituten und Verlagen zu wirken. Das KSK sehe sich vor allem in der Tradition der Wehrmachts-Sondereinheit »Brandenburger«, bekannte Günzel in einer seiner Schriften. 2004 referierte er beim rechtsextremen »Institut für Staatspolitik« über den Offiziersethos und gegen »politische Korrektheit«.

Aus dem KSK wurden auch nach dem Weggang Günzels immer wieder rechtsextreme Vorfälle bekannt, die, so klagte 2020 ein KSK-Offizier in einem anonymen Brandbrief, »kollektiv ignoriert oder gar toleriert« würden. Große Mengen Munition und Sprengstoff sind aus KSK-Beständen verschwunden. Offenbar hatte das KSK-Kommando den Soldaten angeboten, gestohlene Munition straffrei zurückgeben zu können, woraufhin 2021 Ermittlungen wegen Strafvereitelung eingeleitet wurden. Das Verteidigungsministerium musste eine KSK-Kompanie im Jahr 2020 zeitweise sogar auflösen.

Ein weiteres aktuelles Kapitel der Geschichte und Gegenwart rechtextremer Netzwerke in den Sicherheitsbehörden und der Armee ist bisher nicht aufgeklärt. Ungefähr 2015 baute der Bundeswehr-Unteroffizier und KSK-Soldat André S., der dabei das Alias »Hannibal« nutzte, seine Kontakte aus und gründete mit Gleichgesinnten eine Chat-Gruppenvernetzung im deutschsprachigen Raum, um sich auf den von ihnen durch die Flüchtlingspolitik bald erwarteten Zusammenbruch der staatlichen Ordnung am »Tag X« zu rüsten. Zu den Mitgliedern und dem Umfeld dieses »Prepper«-Netzes zählten zahlreiche Angehörige und Ehemalige von Polizei und Armee, aber auch aus der Justiz, dem Verfassungsschutz, aus Sicherheitsfirmen sowie Mitglieder der AfD. Besondere Prominenz erlangten nach dem Bekanntwerden im Jahr 2017 die Chatgruppe »Nordkreuz« sowie der Verein »Uniter«, den »Hannibal« mitbegründet hatte. Mitglieder nahmen an Schießtrainings teil, legten Lager mit (teils aus Staatsbeständen entwendeter) Munition an, äußerten sich rechtsextrem und rassistisch. Wahrscheinlich auch mithilfe von Polizeidatenbanken wurden Listen von tausenden »Flüchtlingsfreunden« erstellt. In Chats erörterten die »Nordkreuz«-Mitglieder die Internierung und Ermordung von politischen Gegnerinnen und Gegnern. Laut Presseberichten wollten Mitglieder des

»Nordkreuz«-Netzwerks 200 Leichensäcke und Löschkalk bestellen. Mit solchem Kalk können Leichen effektiv unkenntlich gemacht werden.

Der Öffentlichkeit bekannt wurde die Vernetzung 2017. Damals war ein Mitglied einer der fraglichen Chatgruppen, der rechtsextreme Bundeswehroberleutnant Franco Albrecht, am Wiener Flughafen festgenommen worden, als er eine Pistole nach Deutschland schmuggeln wollte. Es stellte sich heraus, dass er sich Ende 2015 als syrischer Kriegsflüchtling ausgegeben und Asyl beantragt hatte. Hinweise deuten darauf hin, dass sich Albrecht diese Tarnidentität zugelegt hatte, um »unter falscher Flagge« Anschläge zu begehen, die als Attentat islamistischer Fundamentalisten erscheinen sollten. Bei Durchsuchungen nach seiner Festnahme wurden Waffen und Munition sowie »Feindeslisten« gefunden. Er hatte auch die gegen Rechtsextremismus engagierte »Amadeu Antonio Stiftung« ausgespäht. Seit Mai 2021 wird vor dem Oberlandesgericht in Frankfurt am Main gegen ihn verhandelt. Maximilian Tischer, ein enger Weggefährte von Albrecht und zeitweise Mitbeschuldigter in Strafverfahren, war Mitarbeiter des für Wehrpolitik zuständigen AfD-Bundestagsabgeordneten Jan Nolte und kandidiert bei der Bundestagswahl 2021 für die AfD.

Der zeitweilige Nordkreuz-Chef Marko G., ein Spezialeinsatzkommando-Polizist aus Mecklenburg-Vorpommern, der sich eindeutig rechtsextrem geäußert hatte, wurde mittlerweile wegen Waffendelikten verurteilt. Das »Nordkreuz«-Mitglied Haik J., von Beruf Kriminaloberkommissar, wurde zwischenzeitlich Mitglied im Parteifachausschuss für die Themen Innere Sicherheit, Justiz und Datenschutz der AfD in Mecklenburg-Vorpommern. Der Verein »Uniter« existiert weiterhin und präsentiert sich als Zusammenschluss, der »Sicherheit für Leben, Bildung und Entwicklung sowohl in der Gegenwart als auch in der Zukunft« fördern will.

Eine rechtsextreme Schattenarmee habe sich in der Bundeswehr aller Wahrscheinlichkeit nach nicht bilden können, schätzt der Investigativjournalist Dirk Laabs. Allerdings gebe es das Potenzial, dass aus den rechtsextremen Netzwerken in der Bundeswehr heraus Anschläge begangen werden könnten – wegen ihres Fachwissens und des Zugangs zu Waffen stelle dies eine besondere Gefahr dar. Ende 2020 kam auch das Parlamentarische Kontrollgremium des Bundestags nach einer Untersuchung der Vorgänge um das »Hannibal«-Netzwerk zum Schluss, dass es in Bundeswehr und anderen Sicherheitsbehörden rechtsextreme Netzwerke gebe. Beim »Militärischen Abschirmdienst« (MAD) sei zudem eine mangelnde professionelle Distanz gegenüber rechtextremen Bundeswehrangehörigen festzustellen. Der Bundesverfassungsschutz veröffentlichte 2020 Zahlen, die einen Überblick zu den behördlich erfassten rechtsextremen Vorfällen in Polizei und Sicherheitsbehörden geben. Es ist davon auszugehen, dass es sich um Minimalwerte handelt, da damit gerechnet werden muss, dass ein großer Teil der relevanten Fälle nicht bekannt und nicht zum Gegenstand von behördlichen Ermittlungen wird. Für den Zeitraum von Januar 2017 bis zum März 2020 zählte der Verfassungsschutz 319 rechtsextreme »Verdachtsfälle« in den Polizeibehörden der Bundesländer und weitere 58 bei den Sicherheitsbehörden des Bundes (unter anderem Zoll, Verfassungsschutz, Bundespolizei). In der Bundeswehr wurden dem Militärgeheimdienst MAD für den gleichen Zeitraum 1064 »Verdachtsfälle« bekannt. Zwischen 2018 und 2019 wurden 70 Bundeswehrangehörige nach rechtsextremen Vorfällen aus dem Dienst entlassen. 477 Verdachtsfälle rechtsextremer Umtriebe nahm der MAD im Jahr 2020 neu auf.

Neue Fluidität: Internetmilieus, Verschwörungsgläubige und »Reichsbürger«

Einige der jüngeren Erscheinungsformen des Rechtsextremismus bedürfen wegen ihrer wachsenden Größe und ihrer Spezifität einer besonderen Betrachtung. Im Internet sind Kanäle für rechtsextreme Inhalte entstanden, die größtenteils von Akteurinnen und Akteuren genutzt werden, die sich weitgehend unabhängig von den etablierten rechtextremen Organisationen formiert haben. So wie der Bedeutungsgewinn des Internets das gesellschaftliche Leben in vielen Bereichen einschneidend verändert hat, hat die entstandene Internetkultur auch auf den Rechtsextremismus Einfluss genommen. Aus dem Netz drängen die neuen Formationen auf die Straße – zu sehen etwa bei den Protesten gegen die Corona-Schutzmaßnahmen seit 2020. Der Stuttgarter Gründer des rechtsextrem beeinflussten »Querdenken«-Netzes Michael Ballweg streicht die Bedeutung von Messenger-Apps für die Mobilisierung zu den Corona-Protesten heraus: »Telegram war ein Schlüssel für das Aufkommen von ›Querdenken‹«. In Netzcommunitys haben sich junge Rechtsextreme ihre Ideen angeeignet und danach blutige Anschläge ausgeführt.

Internetaffine Rechtsextreme betreiben eine eigene Kampagnenpolitik im Netz, verbreiten Hetze, drohen und streuen Falschinformationen, um die politische Stimmung in ihrem Sinn zu beeinflussen. Manche sind auf rassistische oder misogyne (frauenfeindliche) Inhalte spezialisiert. Mit dem Internet hat sich jedoch besonders die Verbreitung von Verschwörungserzählungen vervielfacht, die zu unterschiedlichen Themenfeldern gestreut werden. Das Milieu der Verschwörungsgläubigen ist in vielerlei Hinsicht heterogen. Teile haben sich etwa im Zuge der »Querdenken«-Proteste ideologisch und in ihren Methoden radikalisiert und verfügen über dezidiert als rechtsextrem einzuschätzende Elemente. Damit verwandt ist die Szenerie rund um die »Reichsbürger«, deren Zahl und Sichtbarkeit ebenfalls dank der Möglichkeiten des Internets angewachsen ist und die antidemokratisch und zu großen Teilen rechtsextrem orientiert sind. Verschwörungsdenken und der Wahn von einer Weiterexistenz des Deutschen Reichs haben eine lange Geschichte im rechtsextremen Milieu. Neu ist ihre mediale Vermittlung über das Internet und die Größenordnung und die Sichtbarkeit, die diese Phänomene über die neuen Medien erreicht haben. Ältere rechtsextreme Organisationen partizipieren daran, spitzen zu und werben in den neuen Milieus. Dennoch hat sich hier in erster Linie ein fluider Rechtsextremismus ohne Regie der traditionellen Organisationen formiert. Rechtsextreme »Influencer« sind Unternehmerinnen und Unternehmer in eigener Sache und betreiben ihre Kanäle auch aus Geltungsbedürfnis und manchmal aus kommerziellem Interesse. Der kleinteilige Aktivismus in den Onlinecommunitys ist niedrigschwellig, kurzfristig und dezentral mobilisierbar. Manche der Communitys gleichen Subkulturen, folgen deren Funktionslogik und sind popkulturell aufgeladen. Verschwörungsmythen entstehen dynamisch auf internationalen Internetplattformen, verbreiten sich rasant und schlagen sich in Straßenprotesten und Gewalttaten nieder. Die Grenzen zwischen Provokationslust, esoterischen, teilweise alternativ anmutenden Szenen und rechtsextremen Inhalten verschwimmen.

Rechtsextreme Onlinecommunitys

Millionenfach sind hasserfüllte und hetzerische Wortmeldungen in den Sozialen Medien und in den Kommentarspalten etablierter Onlineportale zu finden. Institutionen werden verächtlich gemacht, Falschinformationen verbreitet und Individuen bedroht. Es geht dabei beileibe nicht nur um schlechte Diskussionsmanieren. Für die Betroffenen haben die einschüchternden Hetz-Postings reale Konsequenzen. Das Problem des Hasses im Internet ist vorrangig rechtsextrem. Einer Statistik des Bundeskriminalamtes aus dem Jahr 2019 zufolge sind 77 Prozent der Hasskommentare dem rechtsextremen Meinungsspektrum zuzuordnen.

Der Bedeutungsgewinn und die Spezifika des Mediums Internet haben somit auch im Rechtsextremismus Spuren hinterlassen. Zu Zeiten linearer Medien konnten sich jenseits des organisierten Rechtsextremismus kaum vergleichbare Erscheinungen herausbilden. Zwar kam es wellenförmig je nach Lage der Tagespolitik immer wieder zur Häufung von rechtsextremen Einsendungen an Zeitungen. Die Redaktionen konnten diese Post aber ignorieren oder kritisch verarbeiten, manche druckten hin und wieder Ausschnitte ab. Jüdische Einrichtungen waren permanent mit antisemitischen Einsendungen und Drohungen konfrontiert. Was heute »Hate Speech« genannt wird, ist also kein Novum. Doch der Aufstieg nichtlinearer Medien hat neben seinen zahlreichen positiven Effekten auch die Wirkmächtigkeit rechtsextremer Hassrede potenziert. Die Äußerungen im Internet sind nicht oder nur zurückhaltend moderiert zugänglich, schnell und quasi kostenlos verbreitbar, darum zahlreicher, und sie haben einen sozialraum-generierenden Effekt: Wer sich einbringt, tritt in den virtuellen Austausch mit Gleichgesinnten. Längst sind Online-Gemeinschaften entstanden, deren Mitglieder sich gegenseitig bestärken und zu weitergehenden Aktivitäten anspornen. Hunderttausende Menschen haben sich in den vergangenen Jahren im deutschsprachigen Raum in rechtsextremen Facebook-Gruppen zusammengeschlossen, kommunizieren auf Messenger-Apps, auf Imageboards und in Foren miteinander, stellen ein involviertes Publikum für rechtsextreme Influencerinnen und Influencer und koordinieren sich für Online-Kampagnen. Das zeigt Wirkung: Rechtsextreme Positionen, die in Teilen des Internets in großem Ausmaß anzutreffen sind, können ein Zerrbild davon vermitteln, wie es um die öffentliche Meinung steht.

Medien sind keine neutralen Vermittlungsinstanzen, die jedem Inhalt gleichermaßen zur Verbreitung helfen. Besonders die Sozialen Medien folgen einer Logik, die von rechtsextremer Seite ausgenutzt werden kann, da sie Extrempositionen zu erhöhter Aufmerksamkeit verhelfen. Ein abwägender Kommentar unter einem Nachrichtenartikel zur Flüchtlingspolitik hat viel schlechtere Chancen, Aufmerksamkeit zu erregen, als ein rassistisches Statement. In Kommentardebatten laden Extrempositionen stärker zur Interaktion ein, selbst Gegenreden tragen zum kommunikativen Verkehrsaufkommen bei. Ein rassistischer Kommentar überzeugt nicht notwendigerweise die Mitlesenden, doch er kann leicht zum Mittelpunkt der Diskussion werden und diese dadurch in eine bestimmte Richtung lenken.

Die Algorithmen, die von den Betreiberfirmen Sozialer Medien eingesetzt werden, bevorteilen Zuspitzungen zusätzlich. Wer beim Videoportal »YouTube« Filmclips übers Freizeitjogging sucht und einige ansieht, bekommt typischerweise bald Videos übers Marathonlaufen vorgeschlagen. Beim Laufsport mag diese Tendenz hinnehmbar sein, im politischen Bereich hat sie sich als besonders problematisch erwiesen. Während der Corona-Pandemie führt die »YouTube«-Suche nach Informationen zu diesem Virus leicht auf Pfade, die drastische Wissenschaftskritik, Verschwörungserzählungen und schließlich auch rechtsextreme Positionen bereithalten. Das Publikum bleibt selbstverständlich autonom und schließt sich den vorgesetzten Inhalten nicht automatisch an. Die Einstiegsangebote in eine rechtsextreme Ideenwelt sind jedoch dauerpräsent. Die Teilhabe an rechtsextremen Online-Communitys ist alltagstauglich auf dem Smartphone gestaltbar, sie ist kostengünstig und durch die Möglichkeit, in der Netzöffentlichkeit anonym oder unter falscher Identität aufzutreten, besonders arm an Hürden. Andere Informationskanäle werden von vielen Teilnehmenden weniger als zuvor genutzt. Echokammern, in denen vorrangig rechtextreme Positionen Gehör finden, entstehen und tragen zur Radikalisierung der Individuen (und in der Folge von gesellschaftlichen Debatten) bei.

Dass Individuen eher Informationen aufnehmen, die ihr Weltbild bestätigen, und sie sich überhaupt Medienkanälen zuwenden, die ihren eigenen Überzeugungen nahestehen, ist so bekannt wie logisch. Mit den Sozialen Medien sind diese Tendenzen jedoch auf spezifische Weise verstärkt worden, was, wie sich erwiesen hat, dem Rechtsextremismus zugutekommt. Auf den rechtsextremen Portalen werden Nachrichten, die in das jeweilige Wirklichkeitsbild passen oder entsprechend verfälscht wurden, emotionalisierend kompiliert. Schlagworte werden andauernd wiederholt, um so bei den Rezipientinnen und Rezipienten Assoziationsketten auszulösen und ein apokalyptisches Bild der Verhältnisse zu schaffen. Aufgaben, die zum klassischen Nachrichtenjournalismus gehören, werden von manchen Internetangeboten schlechter oder gar nicht erfüllt: Relevantes von Irrelevantem zu unterscheiden, eine Einordnung zu leisten und die Richtigkeit von Nachrichten durch Recherchen abzusichern. Die anarchische Buntheit der Meinungs- und Informationssplitter im Netz kann erfrischend und anregend sein und sonst unbeachteten Themen und Stimmen die verdiente Aufmerksamkeit schaffen. Sie sorgt aber auch für Ungenauigkeiten und ist anfälliger für Kampagnen, Desinformationen und Propaganda.

Rechtsextreme und rechte Organisationen haben die Potenziale der Sozialen Medien erkannt und beuten sie für sich aus. Die AfD nutzt intensiv »Facebook« für ihre Kampagnen. Der Hauptkanal dieser Partei wird professionell bespielt und hat über eine halbe Million Abonnements. Zum Vergleich: Die als Organisation ungleich wichtigere CDU zählt weniger als halb so viele Abonnements. Netzcommunitys und AfD stehen in einem Wechselverhältnis. Die flüchtlingsfeindlichen Mobilisierungen der Jahre ab 2015 wurden mancherorts von klassischen rechtsextremen Akteuren wie der NPD organisiert. NPD-Leute legten dafür dutzendfach Facebookseiten für »Bürgerinitiativen« an, die im virtuellen Raum gegen die Einrichtung von Flüchtlingsunterkünften mobilmachten und auch ihre Demonstrationsaufrufe verbreiteten. Was sich in rechtsextremer Agitation auf den Straßen der Bundesrepublik bemerkbar machte, basierte zu nicht geringen Teilen auf Stimmungsmache im Internet, ironischerweise betrieben auf der Plattform eines in der USA ansässigen Weltkonzerns.

Trotz der Einflussnahme und Partizipation von rechtsextremen Organisationen lassen sich die sozialen und politischen Zusammenhänge, die im Internet rund um solche Mobilisierungen entstanden sind, im Kern nicht darauf zurückführen. Die rechtsextremen Netz-Communitys sind in erster Linie aus sich selbst gewachsen. Sie haben eigene Kommunikationsstile und Zeichensysteme entwickelt und so bestimmte Themensetzungen in der rechtsextremen Agenda neu konturiert. Wieder gilt: das Medium ist nicht neutral, sondern nimmt Einfluss auf die Präsentation des Inhalts und auf diese Weise auf den Inhalt selbst. Die Funktionsweise der Sozialen Medien, die Internetkultur allgemein, der netzaffine Pop, »Memes«, der Netzjargon und die entsprechenden Moden und Trends werden dabei verarbeitet. Oft wird Hetze in Form von »ironischen« Kommentaren formuliert.

Auch nationale und sprachliche Grenzen spielen dem internationalen Charakter des Internets entsprechend eine geringere Rolle. Die Figur »Pepe the frog«, ein harmloses Comicfröschlein, ging vor Jahren in die internationale Netzkultur ein, oft, um mit ihr ironische oder zynische Äußerungen in Diskussionen zu illustrieren. Rechtextreme in den USA okkupierten später »Pepe« durch simple Dauernutzung für sich. Es gelang ihnen, aus der Popfigur ein Symbol zu machen, dessen bloße Abbildung Assoziationen mit rassistischer Hetze hervorruft. Diese Bedeutungsverschiebung wurde schelmisch und triumphierend gefeiert. Diese Spielart der Einflussnahme durch Okkupation von Symbolen schwappte auch nach Deutschland, wo »Pepe« in rechtsextremen Netz-Communitys stellenweise ebenfalls populär wurde.

Die einzelnen Kanäle der rechtsextremen Online-Communitys sind, wie es typisch für die Internetkultur im Allgemeinen ist, fluide und unstet: Die Grenzen zwischen rechtsextremen und nicht-rechtsextremen Gruppen, Userinnen und Usern sind verschwommen. Gruppen zerfallen oft schnell, neue gründen sich und schließen die Lücken. Der hohe Takt zwingt zu eigenen Kommunikationsmustern und erlaubt dabei eine hohe Flexibilität, da rasch auf neue Entwicklungen reagiert und Argumentationsmuster erprobt werden können. Beständig werden neue Empörungszyklen befeuert, Kodierungen eingeführt und Ideologiepartikel in den Diskurs gebracht. Diese Geschwindigkeit hat aus Sicht der herkömmlich organisierten extremen Rechten auch Nachteile. Ihr gelingt es nur in geringem Maße, vom emotional aufgeladenem Online-Aktivismus zu profitieren und die dort eingebundenen Personen zu einer tiefer greifenden Ideologisierung und einer festen Organisierung zu bewegen.

Neben »Facebook« sind auch in anderen Sozialen Medien wie dem Kurznachrichtendienst »Twitter«, beim Videoportal »YouTube«, dem bildbasierten Dienst »Instagram«, der Spieleplattform »Steam« oder im Messengerdienst »Telegram« vergleichbare Orte rechtsextremer Vergemeinschaftung entstanden. Der rechtsextreme Täter des antisemitischen Attentats in Halle im Oktober 2019 hatte seine Gewalttat live über die Videoplattform »Twitch« verbreitet. In seinem auf Englisch verfassten und über ein Imageboard veröffentlichten Tatbekenntnis nutzte er den Jargon internationaler rechtextremer Online-Communitys, der auf Plattformen wie »4chan« (nebst Nachfolgern wie »8chan« und aktuell »8kun«) geprägt wurde. Zwischen den rechtsextremen und weiteren

Online-Communitys, in denen diskriminierende Positionen zu bestimmten Themenfeldern verbreitet werden, bestehen Überschneidungen. Aggressiv frauenfeindliche und sexistische Geschlechtervorstellungen sind beispielsweise in Minderheiten der Computerspiele-Communitys zu finden. Während der internationalen »Gamergate«-Kampagne 2014 wurden antifeministische Inhalte tausendfach verbreitet und sexismuskritische Frauen mit den Methoden des *cyber bullying* massiv attackiert. »Gamergate« erwies sich als ein wichtiger Impuls bei der Etablierung der netzzentrierten »alt right« in den USA. Auch die maskulinistische »Manosphere«, die netzzentrierten »Pick Up Artists« oder die antifeministischen »Incels« sind Szenen, an denen eine Offenheit für Rechtsextremismus besteht. Misogynie und Antifeminismus stellen neben dem Rassismus mittlerweile wichtige Felder dar, in denen rechtsextreme und andere Netzcommunitys zusammenkommen und sich überlappen.

Zu bedeutenden Figuren in rechtextremen Online-Communitys sind Personen avanciert, die es auf besondere Weise verstanden haben, schnell und für die Nutzgewohnheiten des Internets adäquate Inhalte zu produzieren. Diese rechtsextremen Influencerinnen und Influencer haben eigene Anhängerschaften gefunden und versorgen diese permanent mit weiteren Inhalten. Ein ehemaliger Grundschullehrer aus Berlin etwa firmiert seit 2017 im Internet als »Volkslehrer« und bespielt verschiedene Plattformen. Bei »YouTube« – inzwischen ist der Kanal gelöscht worden – hatte er eine Community von 60 000 Abonnentinnen und Abonnenten um sich geschart. In seinen Videos verbreitet der »Volkslehrer« drastische rassistische Hetze, führt sympathisierende Interviews mit Neonazis und versucht mit zynischen Formulierungen, Zweifel an der Faktizität des Holocaust zu säen. Der Onlineaktivismus und Auftritte in der Öffentlichkeit gehen miteinander einher. Als »Journalist« nimmt der »Volkslehrer« an rechtsextremen Aktionen oder Corona-Protesten teil und berichtet darüber auf seinen Kanälen. Der Berliner Kochbuchautor Attila Hildmann hat sich im Zuge der Corona-Pandemie rasant nach rechts radikalisiert. Über seinen »Telegram«-Kanal verbreitet er mittlerweile extreme antisemitische und nationalsozialistische Hetze. Seine Nachrichten erreichen dort ein Publikum, das über 100 000 Personen umfasst – ein gewisser Anteil davon mag den Kanal als eine Art makabres Entertainment konsumieren, der größte Teil aber sympathisiert mit den Inhalten von Hildmann.

Rechtsextreme Influencerinnen und Influencer verbreiten über ihre Medien die entsprechenden politischen Inhalte, daneben sind sie allerdings typische Vertreterinnen und Vertreter ihrer Zunft. Seltener schreiben, sprechen und filmen sie, um für eine bestimmte Organisation zu werben. Häufiger fühlen sie sich nur sich selbst und ihrer jeweiligen Community verpflichtet. Mit dem Onlineaktivismus sind oft auch die Befriedigung persönlicher Eitelkeiten und geschäftliche Interessen verbunden. Durch Spendenaufrufe in eigener Sache, den Verkauf von Fanartikeln oder durch die Beteiligung an den Werbeeinnahmen der Sozialen Medien lässt sich mit dem rechten Netzaktivismus Geld verdienen.

Zudem ist die Wahrnehmbarkeit von rechtsextremen Straßenaktivitäten durch das Wachstum der Online-Communitys gesteigert worden. Zuvor hing die Resonanz einer Demonstration auch davon ab, ob etwa Zeitungen über dieses Ereignis berichteten. Heute sorgen zahlreiche live per Smartphone-Kamera sendende Teilnehmerinnen und Teilnehmer selbst für die Verbreitung. Mit ihren Online-Communitys haben Influencerinnen und Influencer und rechtsextreme Medien eine neue Form der Kampagnenfähigkeit entwickelt. Durch Protestaufrufe können sie eine Flut von empörten, aggressiven oder gar drohenden Zuschriften und Anrufen bei denjenigen generieren, gegen die sich die jeweiligen Kampagnen richten. Im deutschsprachigen Raum gehörte das Portal »Politically Incorrect« (»PI-News«) zu den ersten, die Aufrufe zu solchen »shit storms« professionalisiert haben. Zwischen 2017 und 2019 organisierte sich per »YouTube« und über den Onlinedienst »Discord« eine Gruppierung namens »Reconquista Germanica«, eigens um »shit storms« auszulösen und dadurch die politische Stimmung zugunsten der AfD zu beeinflussen. Die Gruppe versuchte, sich mittels in Organigrammen festgehaltenen Rangordnungen eine autoritäre Hierarchie zu geben, um die Aktivitäten der mehreren tausend Beteiligten zu koordinieren. Der rechtsextreme Hass im Internet wird also nicht nur spontan gestreut, sondern teilweise mit netzspezifischen Mitteln orchestriert. Mit besonderer Intensität werden Frauen zur Zielscheibe dieser Hetzkampagnen.

Zu den Gegenmechanismen, die von den Betreiberinnen und Betreibern Sozialer Medien zunächst recht zögerlich eingeführt wurden, gehören »fact checks«, Löschungen von einzelnen Kanälen, Anpassungen von Vorschlagsalgorithmen oder die Kennzeichnung von tendenziösen Beiträgen mit Warnhinweisen. 2017 wurde von der Bundesregierung das Netzwerkdurchsetzungsgesetz erlassen, das Firmen verpflichtet, gegen strafrechtlich relevante Hetze auf ihren Plattformen vorzugehen und auf Beschwerden über entsprechende Inhalte unverzüglich zu reagieren. Weitere Regelungen folgten seitdem. Diese Maßnahmen haben immerhin eine Eindämmung bewirken können, aber insgesamt keine Lösung der Probleme gebracht. Als wirksamstes Mittel erwiesen sich bislang die »De-Platforming« genannten Löschungen, die für die betroffenen rechtextremen Akteurinnen und Akteure ernste Rückschläge darstellten. Der Verlust ihrer Präsenzen auf »Facebook« 2018 reduzierte die Kampagnenfähigkeit der »Identitären Bewegung« schlagartig und nachhaltig. Auch die Reichweite und die Größe der Demonstrationen von »Pegida« schmolzen, nachdem »Facebook« deren zentralen Kanal (mit über 200 000 Nutzerinnen und Nutzern) gelöscht hatte. Das De-Platforming von Hetzaccounts ist nötig, berechtigt, effektiv und wird immer noch zu zurückhaltend betrieben – medienethische und Grundrechtsfragen dürfen trotzdem nicht aus dem Auge verloren werden. Es bleibt mindestens eine Gratwanderung, wenn der Staat oder private Firmen ohne eingeübte demokratische Kontrollmechanismen den Informationsfluss im Internet regulieren. Einen weiteren wichtigen Baustein zur Bekämpfung des rechten Hasses im Internet könne jenseits solcher Maßnahmen die digitale Zivilgesellschaft liefern, sie müsse darum nachhaltiger als bisher gestärkt werden, merken Organisationen wie die »Amadeu Antonio Stiftung« an.

Die rechtsextremen Onlinecommunitys stützen sich bislang fast vollständig auf die Angebote der großen Sozialen Medien. Teilweise gibt es jedoch Bemühungen, eine eigene Infrastruktur aufzubauen, besonders, um das De-Platforming auszuhebeln. Aus dem Dunstkreis des US-Rechtsextremismus wurden »Twitter«-Alternativen wie »Gab« und »Parler« entwickelt, als »zensurfreie« Alternative zu »YouTube« wird »Bitchute« genutzt. In Deutschland gründete der den »Identitären« nahestehende und sich Journalist nennende Influencer Hagen Grell 2018 das Videoportal »Frei3«. Bislang sind solche Ausweichplattformen jedoch nur mäßig erfolgreich. Technisch haben sie in der Regel noch nicht die Qualität der etablierten Sozialen Medien erreicht. Aus der Sicht von Rechtsextremen problematischer ist der Umstand, dass sie auf diesen Plattformen nur mit sich selbst interagieren können. Die Kulisse des großen Publikums der etablierten Sozialen Medien fehlt. Sie sind weniger alltagstauglich und darum bisher reichweitenarm geblieben.

Verschwörungsgläubige

Der Glaube an Verschwörungen gehört seit jeher zur DNA rechtsextremen Denkens. Schon der Antisemitismus als Weltdeutungsmuster ist ohne Verschwörungserzählungen kaum denkbar. Seit dem Beginn des 20. Jahrhunderts kursiert die antisemitische Fälschung der »Protokolle der Weisen von Zion«, mit der angeblich eine geheime Verschwörung mächtiger jüdischer Kreise zur Unterdrückung der Welt offengelegt wurde. Die von Militärs und Rechtsextremen nach dem Ersten Weltkrieg in die Welt gesetzte »Dolchstoßlegende« diente dazu, die Schuld an der deutschen Niederlage der Sozialdemokratie und dem als »bolschewistisch« markierten Judentum zuzuschieben. Nach 1945 entstand im Austausch und unter dem Einfluss des internationalen Rechtsextremismus die Holocaustleugnungsszene, die nachweisen wollte, dass es den massenhaften Mord an Jüdinnen und Juden durch die Nazis nicht gegeben habe. In den 1990er-Jahren vermischte ein unter dem Pseudonym Jan van Helsing veröffentlichender Autor Esoterik, Rechtsextremismus und Verschwörungsdenken. Sein Buch *Geheimgesellschaften und ihre Macht im 20. Jahrhundert* wurde zum Bestseller, dessen Auflage im sechsstelligen Bereich liegen soll. Die Reichweite von Verschwörungserzählungen hat jedoch in den letzten Jahren stark zugenommen. Die Beschäftigung mit ihnen ist zu einem eigenen Genre von Online-Communitys geworden, das sich auch in Straßenkampagnen niederschlägt und unter rechtsextremen Einfluss steht.

Verschwörungserzählungen, so definieren die Autorinnen Pia Lamberty und Katharina Nocun, sind Narrative darüber, dass Einzelpersonen oder eine Gruppe wichtige Ereignisse auf der Welt beeinflussen und dies im Geheimen und absichtsvoll zum Schaden der Bevölkerung geschieht. Da es Phänomene wie Verschwörungen, Vertuschungen, Propaganda und politische Lügen tatsächlich gibt, können sich Annahmen über Verschwörungen generell als wahr oder unwahr erweisen. Verschwörungsgläubige konstruieren ihre Sicht der Wirklichkeit jedoch auf Grundlage von Vermutungen, weit Hergeholtem oder sogar von Widerlegtem. Der landläufige Begriff »Verschwörungstheorie« wird mittlerweile in der kritischen Diskussion seltener verwendet. Die Qualifizierung von oft unlogischen Behauptungen als »Theorie« kann, so ein kritischer Einwand, eine falsche Vorstellung von Wissenschaftlichkeit erzeugen. »Verschwörungserzählung« unterstreicht hingegen eher den Operationsmodus und die Mechanik der infrage stehenden Phänomene. Auch »Verschwörungsmythen« (für abstrakte Narrative wie im Antisemitismus) oder »Verschwörungsideologie« (für die Tendenz, die ganze Welt anhand der Aufdeckung von Verschwörungen verstehen zu wollen) sind gängige Begriffe. Gegenstand von Verschwörungserzählungen kann sowohl das Bestreiten von Tatsachen (etwa: des Holocausts) als auch das Behaupten von Tatsachen (etwa: von Chemtrails) sein. Sie können geschichtliche oder aktuelle Themen betreffen und in einer Vielzahl von gesellschaftlichen Bereichen angesiedelt sein.

Verschwörungsgläubige erklären sich selbst zu aufklärerischen Kräften. Zu den jeweils in ihrem Interesse stehenden Phänomenen würden sie Untersuchungen anstellen, fragten nach dem *Cui bono* (lat.: »Wem nutzt es«) und machten auf Ungereimtheiten aufmerksam. Mit dem Gestus der Kritik wird dabei die Aufklärung in ihr Gegenteil, in Irrationalismus, verkehrt. Wichtige Ereignisse müssen einen großen Hintergrund haben, argwöhnen Verschwörungsgläubige, und wenn dieser nicht ersichtlich ist, wird er durch lose oder gar nicht in der Realität verankerte Behauptungen herbeiassoziiert und in bestehende weltanschauliche Vorprägungen eingepasst. Als 2019 die Kathedrale Notre Dame in Paris durch einen Brand schwer beschädigt wurde, sammelten rassistische Verschwörungsgläubige rasch »Belege« und »Beweise«, die zeigen sollten, dass es sich um eine Brandstiftung durch Muslime gehandelt haben müsse. Andere klassische Verschwörungserzählungen kommen ohne krisenhafte Realereignisse als Leinwand aus. Dazu gehört die seit den 1990er-Jahren kursierende Erzählung, dass die Bevölkerung mittels von Flugzeugen versprühten »Chemtrails« vergiftet wird. Immer aber brauchen Verschwörungserzählungen eine strenge Gut-Böse-Unterscheidung, die Behauptung also, dass geheime Eliten zum Schaden des Guten agierten. Im Verschwörungsglauben liegt die Messlatte für Belege, die für die Existenz von Verschwörungen sprechen, niedrig, während es gleichzeitig für Gegenbeweise nur eine geringe oder keine Offenheit gibt. Schon Fotos von Flugzeug-Kondensstreifen am Himmel zählen als Belege für »Chemtrails«; das durch Messungen nachweisbare Fehlen von künstlichen Giftstoffen in der Luft wird hingegen als Gegenbeweis nicht anerkannt. Verschwörungserzählungen sind somit meist hermetisch. Widerlegungen werden als Fälschungen abgelehnt und daher noch als Beweise für die Stärke und Größe der Verschwörungen interpretiert: sogar die Messgeräte werden für den Einsatz von »Chemtrails« manipuliert. Die Praktikabilität der unterstellten Verschwörung bleibt hingegen außer Acht. Real wäre es natürlich kaum möglich, zigtausende Flughafen- und Fluglinienbeschäftigte im Geheimen in die Chemtrailverschwörung einzuweihen, zum Mittun zu bewegen und dauerhaft zur Verschwiegenheit zu verpflichten.

Wichtiger als die Faktizität sind die narrativen Qualitäten und ihre Einpassungsfähigkeit in die Wertevorstellungen der Zielgruppen. Verschwörungserzählungen sind emotionsbasiert, weil sie Gefühle von Bedrohung und Hass ansprechen, aber auch den Bedarf nach Handlungsfähigkeit kanalisieren. Sozial und psychologisch erfüllen sie also Bedürfnisse. Immerhin bieten sie Erklärungsmuster an, die es ermöglichen, in einer komplizierten Welt Orientierung zu finden und vermeintliche Strukturen und Muster zu erkennen. Verschwörungsgläubige bilden soziale Gemeinschaften und verschaffen sich so die Möglichkeit, sich durch die Gruppenzugehörigkeit individuell aufzuwerten. Zudem sind die neueren, internetzentrierten Verschwörungserzählungen hochgradig partizipativ. Eifrig wird in Diskussionsgruppen im Internet an der Unterfütterung der Ideen gebastelt, wozu Interessierte durch Internetrecherchen und ähnliches leicht beitragen können. Individuen kann dies stärken und regelrecht »empowern«, denn sie werden Teil einer Gemeinschaft, die sich von der restlichen Gesellschaft abhebt, »gegen den Strom schwimmt« und im Gegensatz zu anderen »die Wahrheit« erkannt habe. In Teilen der Verschwörungsszenen wird der Vorgang des Einlassens auf Verschwörungserzählungen als »Redpilling« beschrieben und verherrlicht – in Anspielung auf eine Szene im Actionfilm »Matrix« entschiede man sich für die »rote Pille« und damit für ein Erkennen der Wahrheit und eine Abkehr vom manipulierten Leben der Restgesellschaft. Verschwörungsglaube kann zudem behilflich sein, das eigene Verhalten vor sich selbst und anderen selbstbewusst zu rechtfertigen. Wenn der Klimawandel nur eine Lüge ist, dann braucht das Fahren eines PS-starken Dieselautos nicht diskutiert zu werden und kann sogar als mutiger Akt des Widerstandes erscheinen.

Auch wenn es in den Verschwörungsszenen Menschen mit psychischen Erkrankungen gibt, dürfen psychologische Erklärungen der Attraktivität von solchem Denken nicht dazu führen, die Verschwörungsgläubigen als pathologisch gestört misszuverstehen. Genauso wenig liegt bei den meisten eine geringere kognitive Leistungsfähigkeit vor. Verschwörungserzählungen sind in wohl allen modernen Gesellschaften zu finden und in vielgestaltigen Formen in unterschiedlichen gesellschaftlichen Schichten und weltanschaulichen Strömungen anzutreffen. Auch die Weltsicht von manchen Linken trägt Züge von Verschwörungsdenken und in den esoterischen Sphären der Alternativkultur sind sehr ausgeprägt entsprechende Ansichten zu finden. Trotz der Existenz von solchen Gegenbeispielen neigen Verschwörungsgläubige in liberalen Demokratien allerdings politisch nach rechts und sind nicht selten für den Rechtsextremismus offen. Weil sowohl zum Verschwörungsglauben als auch zum Rechtsextremismus strikte Freund-Feind-Bestimmungen gehören und eine Verfolgung und Unterdrückung der Eigengruppe unterstellt wird, ist diese Überschneidung naheliegend und lässt sich auch empirisch nachweisen. Eine US-Studie zeigte, dass der Klimawandel vor allem von konservativ orientierten Menschen abgestritten wird.

Rechtsextreme bedienen sich permanent Verschwörungserzählungen, weil sie an diese selbst glauben, aber auch, weil sie deren politische Potenziale nutzen wollen und auf ein Publikum treffen, das ihren Thesen gegenüber offen ist. Internetbasierte Communitys sind oft Ausgangspunkt, Beschleuniger und Verstärker für die Verbreitung von alten und neuen Verschwörungserzählungen. Sie betreffen den Gesundheitsbereich (etwa zu Impfungen, HIV, Corona) genauso wie viele andere. Nicht selten werden Verschwörungserzählungen patchworkartig verknüpft und zu Paralleldeutungen der Welt ausgebaut. In den USA hatte die »Q-Anon«-Szene seit 2017 rasante Verbreitung gefunden, in der die unbedingte Unterstützung für den damaligen US-Präsidenten Donald Trump mit bizarren Erzählungen über angeblich pädophile Eliten, geheime jüdische Machenschaften im »tiefen Staat« und andere fantastische Elemente zu einer rechtsextremen Gesamterzählung verknüpft wurden. In der »Q-Anon«-Community wurden diese Erzählungen als Angebote wahrgenommen, denen teilweise oder in Gänze Glauben geschenkt wird und die zur Untermauerung der Unterstützung Trumps genutzt werden. Erst infolge der mit den Glaubenssätzen von »Q-Anon« nicht zu vereinbarenden Vereidigung von Trumps Nachfolger Joe Biden (und dem De-Platforming wichtiger Internetkanäle) verlor »Q-Anon« ab Januar 2021 an Zugkraft. Zuvor hatte »Q-Anon« auch in deutschsprachigen Internetcommunitys eine Anhängerschaft entwickelt, die sich im Zuge der Corona-Proteste im Jahr 2020 auch auf der Straße zeigte. Ein zentraler Kanal auf »Telegram« kam rasch auf 120 000 Abonnements. Globale Verbreitung haben Verschwörungserzählungen über den ungarischstämmigen Investor und Holocaustüberlebenden George Soros gefunden, der einen Großteil seines Vermögens an die mit ihm verbundene gemeinnützige »Open Society Foundation« gespendet hat. Bereits um das Jahr 2010 tauchten in den USA Verschwörungserzählungen über Soros auf, die ihm antisemitisch unterstellten, mit seiner Stiftung »globalistische« Ziele zur Zerstörung der Nationalstaaten zu verfolgen.

Dämonisierende Mythen zu weltweiten Migrationsbewegungen hingegen wurden im Jahr 2011 durch das Buch *Le grand remplacement* des rechtsextremen französischen Autors Renaud Camus aktualisiert. 2016 erschien unter dem Titel *Revolte gegen den Großen Austausch* beim »Antaios-Verlag« eine Sammlung mit zentralen Texten dieses Autors in deutscher Übersetzung. Das durch Camus popularisierte Schlagwort vom »großen Austausch« vermittelt: Globale Eliten und korrupte Regierungen planten absichtlich, durch ihre Migrationspolitik die einheimischen und rechtmäßigen Bevölkerungen der westlichen Länder zu ersetzen, sie begingen also gewissermaßen einen Völkermord durch die Hintertür. Der Topos des »großen Austausches« schließt an die ältere »Volkstod«-Rhetorik des Neonazi-Spektrums an, die eine ähnliche Bedeutung transportiert.

Besonders über das Umfeld der »Identitären Bewegung« hat sich die rechtsextreme Verschwörungserzählung vom »großen Austausch« auch in Deutschland verbreitet, wird aber auch von Parteien wie der AfD eingesetzt. Der »Bevölkerungsaustausch« laufe in Deutschland auf »Hochtouren«, äußerte sich 2017 der stellvertretende AfD-Vorsitzende Alexander Gauland. Mit einer wütenden Internet- und Demonstrationskampagne versuchten Teile der AfD, andere Rechtsextreme und bündniswillige Verschwörungsgläubige 2018, die Unterzeichnung des UN-Migrationspakts zu verhindern. Die »Globalisten« wollten mithilfe dieses Vertrags Abermillionen von Armutsflüchtlingen nach Europa und besonders nach Deutschland manövrieren, so die Unterstellung. In den Kampagnentexten fiel immer wieder der Name George Soros, der als Hintermann des Migrationspakts porträtiert wurde. Der rechtsextreme Täter des rassistischen Anschlags im neuseeländischen Christchurch 2019 überschrieb sein Bekennerschreiben mit der englischen Übersetzung des Buchtitels von Renaud Camus als »The Great Replacement«.

Bei den im Zuge der Ukrainekrise 2014 entstandenen bundesweiten »Mahnwachen für den Frieden« zeigte sich erstmals, das neue und über das Internet kultivierte Verschwörungserzählungen dazu taugen, Protestbewegungen anzutreiben. Als noch mobilisierungsstärker haben sich die Proteste gegen die Corona-Schutzmaßnahmen erwiesen, die seit dem Frühjahr 2020 von Berlin und von Südwestdeutschland ausgehend die Republik erfasst hatten. Diese Protestbewegung trat und tritt unter verschiedenen Slogans und Labeln auf, ist aber vor allem unter der Bezeichnung »Querdenken« bekannt geworden. Einig sind sich die Protestierenden darin, dass sie die Maßnahmen zur Eindämmung der Pandemie für verfehlt halten und die Grundrechte und Freiheiten für gefährdet ansehen. Von Anfang an waren Verschwörungserzählungen präsent. Einmal mehr sind George Soros und der Microsoft-Gründer Bill Gates Ziel von verschwörungsideologisch untermauerten und antisemitisch grundierten Unterstellungen. Studien belegen einerseits die Heterogenität der »Querdenken«-Protestierenden, aber andererseits die Präsenz von Verschwörungsdenken. Bei einer (nicht repräsentativen) Befragung durch ein Forschungsteam um den Soziologen Oliver Nachtwey lehnten lediglich knapp neun Prozent der Protestierenden die Aussage ab, dass Politikerinnen und Politiker »nur Marionetten der dahinterstehenden Mächte« seien. Das Forschungsteam betonte dennoch, dass die Ergebnisse verzerrt sein könnten, da möglicherweise vor allem Personen an der Befragung teilnahmen, die ihre Bewegung in ein moderates Licht rücken wollten – die Zustimmungswerte zu rassistischen Statements waren beispielsweise überschaubar. Ein knappes Drittel der Befragten verweigerte indes eine Auskunft, ob sie der Aussage »Auch heute noch ist der Einfluss von Juden auf die Politik zu groß« zustimmen oder nicht. Die Protestierenden ordneten sich selbst diversen politischen Spektren zu, nicht wenige hatten zuvor Bündnis 90 / Die Grünen gewählt. Bei den nächsten Wahlen wollten jedoch 27 Prozent die AfD und zu 61 Prozent »andere« Parteien oder gar nicht wählen. Es handelte sich also in der Mehrheit um ein von der Parteienpolitik abgekoppeltes oder rechtsorientiertes Klientel. Eine Studie des Thinktanks »D-Part« zeigte 2021, dass rund 15 Prozent der Bevölkerung in Deutschland die Existenz einer »Corona-Verschwörung« annehmen. Knapp die Hälfte dieser Menschen gab an, Sozialen Medien als Nachrichtenquelle am ehesten vertrauen. Stärker als im Bundesschnitt aufzufinden sei das Corona-bezogene Verschwörungsdenken in den südlichen Ost-Bundesländern sowie in Baden-Württemberg. Die Demokratiestudie »Thüringen Monitor« für das Jahr 2020 zeigte, dass rechtsextremes und Verschwörungsdenken unter Menschen besonders verbreitet ist, die sich als »Corona-skeptisch« einordneten. Die Hälfte davon glaubte an den Einfluss von »geheimen Organisationen« und ein Drittel vertrat rechtsextreme Positionen. Eine Studie der Freien Universität und der Humboldt-Universität in Berlin sowie des »Deutschen Zentrums für Integrations- und Migrationsforschung« ergab, dass in der Corona-Pandemie die Menge und Intensität von Anfeindungen dramatisch anstieg, die von einem antiasiatischen Rassismus motiviert waren.

Neben einer unüberschaubaren Anzahl von kleinen Veranstaltungen bundesweit sind über die Kanäle der »Querdenken«-Bewegung mehrmals Großversammlungen organisiert worden. Schon im Mai 2020 kamen in Stuttgart rund 10 000 Personen zusammen. Zehntausende demonstrierten im August in Berlin, im November in Leipzig und im März 2021 in Kassel. Schnell kam es zu Eskalationen – auch in ihren Methoden hat sich das »Querdenken«-Spektrum radikalisiert. Neonazis, »Reichsbürger« und rechte Hooligans unter den Teilnehmenden schritten zur Tat. Vor der russischen Botschaft in Berlin randalierten im August 2020 hunderte Rechtsextreme und wenig später erstürmten »Reichsbürger« die schlecht gesicherten Treppen am Reichstagsgebäude. In Leipzig überrannten Protestierende die Polizei, um den Innenstadtring zu umlaufen – symbolträchtig wurden so Erinnerungen an die Leipziger Demonstrationen 1989 geweckt. Die prügelnden Rechtsextremen konnten sich als diejenigen inszenieren, die militant die Interessen der Bewegung durchsetzen. Auch in Kassel gab es im März 2021 heftige Ausschreitungen. Die Arbeit für Journalistinnen und Journalisten, die über die Versammlungen berichten, war durch Anfeindungen und Übergriffe gekennzeichnet, da die Teilnehmenden in der Presse eine Lügen- und Manipulationsagentur zu erblicken meinten. Bei den Versammlungen wurden neben Regenbogenfahnen und esoterischen Symbolen in großer Zahl Reichsfahnen, Embleme von »Q-Anon« und andere rechtextreme Abzeichen gezeigt. Neben Personen aus alternativen, impfskeptischen und esoterischen Milieus nehmen Delegationen von rechtsextremen Organisationen – von »Kameradschaften« bis zu AfD-Gliederungen – teil. Antisemitische und den Holocaust verharmlosende Inhalte wurden und werden in den Internetkanälen der Bewegung und bei ihren Protesten massenhaft verbreitet. Auch zu Anschlagsdrohungen und Anschlägen ist es gekommen. Im Herbst 2020 warfen Unbekannte Molotow-Cocktails auf das Gebäude des Robert-Koch-Instituts in Berlin. Dutzendfach wurden Impfzentren zum Ziel von Straftaten.

Typischerweise werden bei den »Querdenken«-Protesten Corona-Schutzmaßnahmen wie das Tragen von Masken oder das Abstandhalten durch die Teilnehmenden missachtet und diese Verstöße als kollektiver Emanzipationsakt gegen staatliche Willkürmaßnahmen zelebriert. Die Duldung von Regelverstößen durch die Polizei stärkte den Glauben der Bewegung an ihre Durchsetzungsfähigkeit. Querdenken-Organisatorinnen und Organisatoren waren und sind – trotz gegenteiliger Beteuerungen – mit rechtsextremen Akteurinnen und Akteuren vernetzt und zeigen sich gegenüber deren Inhalten gleichgültig oder offen. »Querdenken« richtete in Berlin ein – später von der Polizei aufgelöstes – Zeltlager aus, das als »verfassungsgebende Versammlung« dienen sollte, um eine Alternative zum Grundgesetz zu erarbeiten. Im November 2020 traf sich »Querdenken«-Gründer Michael Ballweg zu einem Koordinierungstreffen mit »Reichsbürgern«, gab dem rechtsextremen Magazin *Compact* ein Interview und auch mit dem rechtsextremen Influencer »Volkslehrer« ist er laut Medienberichten bekannt. Insgesamt erwies sich bei »Querdenken« Verschwörungsdenken als dominant, von Antisemitismus und Rechtsextremismus gab es höchstens verbale Abgrenzungen während Rechtsextreme wichtige Teile der Klientel stellten. Auch deshalb wird in einigen Bundesländern »Querdenken« mittlerweile von den Verfassungsschutzämtern und in Teilen auch vom Bundesamt beobachtet. Während die AfD parteipolitisch als die sichtbarste Stimme der »Querdenker« agierte, sind Versuche aus diesem Spektrum zu verzeichnen, eigene Parteien zu schaffen. Die im Juli 2020 gegründete, esoterisch beeinflusste »Basisdemokratische Partei Deutschland«, die programmatisch »nicht links, nicht Mitte, nicht rechts«, sondern »sachlich« sein will, wuchs bis Mitte 2021 in rasantem Tempo auf rund 15 000 Mitglieder an. Bei den Landtagswahlen in Baden-Württemberg 2021 erzielte sie mit einem Ergebnis von 1,0 Prozent einen Achtungserfolg. Die Aussichten der Partei, sich mittelfristig zu etablieren, dürfen dennoch als überschaubar eingeschätzt werden. Ihr Bundestagskandidat Sucharit Bhakdi, ein ehemaliger Professor für Mikrobiologe, machte indes im Vorfeld der Bundestagswahl 2021 mit antisemitischen Aussagen auf sich aufmerksam, als er die Corona-Impfkampagne Israels mit den Worten kommentierte: »Die Juden haben ihr Land in etwas verwandelt was noch schlimmer ist, als Deutschland damals war. Das ist das Schlimme an den Juden. Sie lernen gut.« Ein klar rechtsextremes Profil hat die seit 2021 agierende Kleinpartei »Freie Sachsen« mit Sitz in Chemnitz, deren Ursprünge in den flüchtlingsfeindlichen Protesten der Vorjahre liegen.

Die »Querdenken«-Proteste verloren ab Mitte 2021 – mindestens vorübergehend, möglicherweise aber dauerhaft – an Mobilisierungskraft. Bei den jüngeren Protesten dieses Spektrums wurden die Corona-bezogenen Verschwörungserzählungen variiert und in verfälschender Wiedergabe von Diskussionen in Kreisen des Weltwirtschaftsforums vor einem »Great Reset« gewarnt. Globale Eliten planten demnach, bald eine digital gestützte Gesundheitsdiktatur zu etablieren und dabei unter dem Vorwand von Klimaschutzmaßnahmen die Unterdrückung der Menschheit durchzusetzen. Mit Versuchen einer Weiterführung und einer Transformation der Proteste hin zu Themen wie Ökologie und Klimaschutz ist also auch nach dem Ende der Corona-Pandemie zu rechnen.

»Reichsbürger« und Ähnliche

Die »Reichsbürger« und ihnen nahestehende Szenen stellen eine weitere Erscheinung dar, die im deutschen Rechtsextremismus in den vergangenen Jahren einige Aufmerksamkeit auf sich gezogen hat. Ihre Ideen sind nicht neu, doch tatsächlich ist diese Szenerie in den vergangenen Jahren ebenfalls angewachsen und stützt sich bei ihrer Vernetzung auf das Internet.

Nur wenige Jahre erst war das »Dritte Reich« überwunden, schon fanden sich im politischen Raum Kräfte, die genau diesen simplen Fakt bestritten. Die 1952 verbotene »Sozialistische Reichspartei« vertrat etwa die Auffassung, dass die bedingungslose Kapitulation der Wehrmacht am 8. Mai 1945 keineswegs zu einem Ende des Reiches geführt habe. Der von Adolf Hitler zu seinem Nachfolger ernannte Großadmiral Karl Dönitz sei das einzig legitime Staatsoberhaupt. Nach Meinung der SRP wurde Dönitz widerrechtlich an der Ausübung der Regierungsgewalt in Deutschland gehindert. Über die ganze Geschichte des Nachkriegsrechtsextremismus hinweg wurde der »Reichsgedanke« gepflegt. Bevor er zum Rechtsterrorist wurde, forderte Manfred Roeder mit seiner »Freiheitsbewegung Deutsches Reich«, einen Friedensvertrag für Deutschland und wollte die Handlungsfähigkeit der aus seiner Sicht legitimen Staates – in Form des Reiches – wiederherstellen. Auch Horst Mahler, einer der bekanntesten Holocaustleugner, verfolgte in seinem »Deutschen Kolleg« ähnliche Ansätze.

Zum Hintergrund dieser Argumentationen wurde eine juristische Konstruktion in der alten Bundesrepublik, die dazu diente, den Nachlass des Nazistaates und die Frage einer deutschen Einheit rechtlich handhabbar zu halten. Das Reich, so befand das Bundesverfassungsgericht 1973, sei einerseits von der Bundesrepublik beerbt worden: Was einst Angelegenheit des Reiches war, wäre in der Bundesrepublik aufgegangen und rein juristisch sei das Reich durch die Bundesrepublik in dieser Hinsicht handlungsfähig. Andererseits existiere das Reich als handlungsunfähiges Abstraktum über dem ganzen Deutschland – also auch über der DDR – und befinde sich bis zu einer Wiedervereinigung gewissermaßen im Schlafmodus.

Diese Konstruktion machte sich der Berliner Bahnarbeiter Wolfgang Ebel (1939–2014) zunutze. Im Berlin des Kalten Krieges wurde aufgrund einer Regelung der Alliierten das S-Bahn-Netz für die Gesamtstadt vom Osten aus von der DDR-eigenen »Deutschen Reichsbahn« betrieben. Der West-Berliner Ebel war also Angestellter der DDR und engagierte sich 1980 in einem Streik gegen seinen Arbeitgeber. Die Reichsbahn entließ Ebel kurzerhand – und der versuchte, sich juristisch zur Wehr zu setzen. Sein Ansatz: DDR wie Bundesrepublik seien illegitime Konstrukte und er selbst als Reichsbahn-Angestellter tatsächlich ein Bürger des Reiches, auf dessen Existenz er sich aufgrund der – eigenwillig und nur bruchstückhaft interpretierten – Verfassungsgerichtsschriftstücke zu berufen können glaubte. Ebels juristische Argumentation endete wenig überraschend im Nirgendwo, aber sie war Impuls für seine persönliche Entwicklung ins Reichsbürgertum. Wenn das Reich existiere, aber handlungsunfähig sei, müsste es wieder handlungsfähig gemacht werden. 1985 gründete Ebel zu diesem Zweck eine »Kommissarische Reichsregierung« und verlieh sich selbst den Posten eines vorläufigen Reichskanzlers, bemüht darum, bei den Alliierten den Abschluss eines Friedensvertrags zu erreichen. Für einen autoritär orientierten Rechten wie Ebel nicht gänzlich verwunderlich, verlegte er sich auf die Vergabe von Fantasie-Posten in seiner »Regierung«, arbeitete scheinjuristisch verfasste, akribisch gestempelte Schreiben aus und lieferte sich lange Briefwechsel mit Behörden und Gerichten.

Mit dem Zwei-plus-Vier-Vertrag zur deutschen Einigung 1990 sind die juristischen Konstruktionen aus der alten Bundesrepublik um die Existenz eines »schlummernden« Deutschen Reiches obsolet geworden, genauso wie Fragen eines Friedensvertrags oder der Geltungsdauer des Grundgesetzes und dessen Charakter als Verfassung (§ 146 GG). Doch paradoxerweise sind die Argumentations- und Aktionsformen im Stile des Reichsbahners Ebel seitdem häufiger anzutreffen als zuvor. 20 000 »Reichsbürger« und »Selbstverwalter« gebe es derzeit in Deutschland, schätzte der Verfassungsschutz für das Jahr 2020 (der diese als »extremistisch«, aber nur eine Minderheit als rechtsextrem orientiert einstuft). Einer brandenburgischen Erhebung zufolge sind Angehörige der »Reichsbürger« und verwandter Szenen zu 80 Prozent männlich und typischerweise im mittleren bis etwas gehobenen Alter. Die Gruppen fluktuieren und geben sich Namen wie »Exilregierung Deutsches Reich«, »Königreich Deutschland«, »Freistaat Preußen«. Mit den »Geeinten deutschen Völkern und Stämmen« wurde 2020 erstmals eine solche Organisation verboten. Es handelt sich bei den »Reichsbürgern« also um keine geeinte Organisation, sondern um eine lose und heterogene Szene, die durch den Glauben an die Illegitimität der Bundesrepublik verbunden ist. Manche nennen sich selbst »Reichsbürger«, andere hingegen »Selbstverwalter« oder »natürliche Personen«. Viele der Gruppierungen und besonders die Leitpersönlichkeiten liegen miteinander über Kreuz. Wer sich selbst als Reichskanzler sieht, muss folgerichtig die Regierungskabinette konkurrierender Gruppen für Scharlatanerie halten.

Typisch sind die in ihrer Machart von Wolfgang Ebel geprägten und inhaltlich variierten Argumentationsversuche. Eine der bekannteren: Die Bundesrepublik sei illegitim, da es sich um keinen Staat, sondern tatsächlich um eine GmbH handele. Immerhin gebe es, »Beweis eins«, im Handelsregister einen 1990 angelegten Eintrag für eine »Bundesrepublik Deutschland Finanzagentur GmbH« (die real im Besitz des Bundes und eine Agentur des Bundesfinanzministeriums ist, um Geldflüsse simpel und rechtssicher abwickeln zu können). »Beweis zwei«: Auf Ausweisdokumenten ist das Wort »Personalausweis« gedruckt, wodurch offenkundig sei, dass die Menschen in Deutschland nur Personal einer Firma seien und keine Bürgerrechte hätten.

Für Behörden und Verwaltungen ist diese Szene derweil zu einer Herausforderung geworden. Mit staatlichen Institutionen beschäftigen sich

Szeneangehörige obsessiv (und haben damit im Übrigen ein Feindbild, das von dem anderer Rechtsextremer abweicht, die sonst eher Minderheiten in den Fokus nehmen). Manche Ämter werden mit langatmigen Schreiben überhäuft, gelegentlich zeigen sich davon verunsicherte Beamtinnen und Beamte überfordert. Bußgeldbescheide werden angefochten, die Zahlung von Steuern, Rundfunk- und anderen Gebühren infrage gestellt oder verweigert. Mithilfe von Fantasiedokumenten versuchen sie, Alternativen zu gültigen Ausweisen oder Fahrerlaubnissen zu schaffen. Einige »Reichsbürger«-Gruppen versuchen, eigene Zentren und »Banken« oder »Krankenversicherungen« ins Leben zu rufen.

Trotz seiner Kuriosität lässt sich das Phänomen nicht als Problem von individuellen psychischen Pathologien abtun. Allerdings haben Studien gezeigt, dass psychologische Elemente neben der Politik eine Rolle spielen. Viele Szeneangehörige gaben in Interviews über Kontrollverlusterfahrungen Auskunft. Ein persönlicher Schicksalsschlag war häufig der Anlass zur Beschäftigung mit den entsprechenden Themen. Ein Teil der Anziehungskraft auf manche Menschen entspringt dem Empowerment, das das Arsenal der »Reichsbürger« und »Selbstverwalter« zumindest temporär bietet. Fühlen sich viele Menschen Behörden mehr oder minder wehrlos ausgeliefert, so glaubt ein »Reichsbürger«, ihnen die Stirn bieten zu können. Wer die nüchtern-autoritäre Sprache von Behördenschreiben imitiert, eignet sich ein Stück von deren Autorität und Gewalt an. Ein Teil der Angehörigen des »Reichsbürger«-Milieus hat eine in mancher Hinsicht »Aussteigern« nicht unähnliche, im Ursprung außerpolitische Motivation zum Mitmachen, die dann in der Form pseudojuristisch und ideologisch und politisch unterfüttert wird.

Der Begriff »Reichsbürger« ist als Sammelbezeichnung indes für diese Szene eigentlich ungenau, weil sie durch die Verneinung der Bundesrepublik geeint sind, aber nicht alle darin Involvierten explizit ein Reich wiedererstehen lassen wollen. Jan Rathje, Politikwissenschaftler beim »Center für Monitoring, Analyse und Strategie«, differenziert das Milieu darum in die Typen »Reichsbürger«, »Selbstverwalter« und »Souveränisten«. Manche wollen lieber ein »Königreich« etablieren oder anderweitige Wege zur Wiedererlangung deutscher »Souveränität« finden. Andere haben kein konkretes Ziel vor Augen, sondern suchen ausschließlich nach Instrumenten zur Selbstaufwertung. Einige verdienen in ihrer Szenerie derweil Geld, indem sie als inoffizielle Milieumanagerinnen und -manager Fantasiedokumente verkaufen oder andere Dienstleistungen anbieten. Etliche sinnen nach Rache für das von ihnen empfundene Unrecht, das ihnen vom Staat angetan worden sei, andere haben naive Vorstellungen eines friedvollen Zusammenlebens, das in ihrer jeweiligen Vorstellung eines Idealstaats möglich werde. Vulgärdemokratisch wird eine Ordnung romantisiert, die dem deutschen Volk angemessen und allein dadurch »demokratisch« sei.

Die »Reichs«-Argumentation ist ein deutsches Spezifikum, doch gibt es bemerkenswerterweise ähnliche Phänomene in anderen Ländern. In den USA – wo es eine ältere und größere Tradition rechter und rechtsextremer Staatsskepsis als in Deutschland gibt – stellen die »souvereign citizens« die Handlungsberechtigung der US-Zentralregierung infrage und versuchen mit scheinjuristischen Spitzfindigkeiten, die Zahlung von Steuern oder die Straßenverkehrsgesetze infrage zu stellen. Wie in Deutschland sind diese buchstäblichen Staatsfeinde politisch vorrangig autoritär und rechts orientiert.

Wer sich drangsaliert fühlt, kann sich gezwungen fühlen, zu Gewalt zu greifen. Seit Jahren häufen sich Gewalttaten aus diesen Szenen, was auch ihrem Wachstum geschuldet ist. Viele Szeneangehörige sind waffenaffin. Behörden meldeten für das Jahr 2019, dass ihnen allein über 500 »Reichsbürger« bekannt sind, die über einen Waffenschein verfügen. Wie viele sich ihrem Rechtsempfinden entsprechend jenseits der bundesrepublikanischen Gesetze illegal mit Waffen ausgerüstet haben, ist unbekannt. 589 Straftaten wurden 2019 von »Reichsbürgern« verübt, darunter 121 Gewalttaten. 2012 wurde ein Gerichtsvollzieher in einer sächsischen Ortschaft bedrängt, als er bei einem Szeneangehörigen klingelte, um einen geringen Schuldenbetrag einzutreiben. Ungefähr 15 »Reichsbürger« in Fantasie-Polizeiuniformen kamen hinzu, fesselten den Beamten mit Kabelbindern und erklärten, er handle im Unrecht, da es die Bundesrepublik schließlich nicht gebe. 2016 musste das Haus eines »Reichsbürgers« und ehemaligen Schönheitswettbewerbsgewinners in Sachsen-Anhalt geräumt werden. Der »Reichsbürger« schoss – und verletzte einen Polizisten am Hals, und wurde dann selbst niedergeschossen. Andere »Reichsbürger«, die sich zur Unterstützung versammelt hatten, warfen mit Steinen. Unter ihnen war auch Wolfgang P., der keine zwei Monate später bei einem Polizeieinsatz in Bayern einen Beamten erschoss und drei weitere verletzte.

Mit der Möglichkeit solcher Eskalationen muss weiter gerechnet werden. Bei den Protesten gegen die Corona-Schutzmaßnahmen sind »Reichsbürger« vertreten und kombinieren die »Querdenken«-Forderungen mit ihren Anliegen, »Souveränität« und einen »Friedensvertrag« zu erreichen. Der »Sturm auf den Reichstag«, bei dem hunderte »Querdenken«-Protestierende am Rand einer großen Demonstration im August 2020 Absperrungen durchbrachen und die Treppen des Reichstags okkupierten, wurde maßgeblich von Angehörigen dieser Szene durchgeführt.

Kampagnen und Themen

Mittels politischer Kampagnen versuchen Rechtsextreme, Einfluss auf das politische Geschehen und die politischen Machtverhältnisse zu nehmen. Durch die dauerhafte Thematisierung von gesellschaftlichen Konfliktfeldern sollen Sympathien in der Bevölkerung geweckt, neue Anhängerinnen und Anhänger gewonnen, politische Forderungen durchgesetzt und die bestehende Ordnung delegitimiert werden. Dabei setzen Rechtsextreme die ihnen jeweils opportun erscheinenden Methoden ein: Manchmal werden Kampagnenthemen im Rahmen von Wahlkämpfen eingebracht, manchmal schlagen sie sich in der rechtsextremen Publizistik nieder, manchmal werden sie mittels Straßenprotesten oder durch Gewalttaten adressiert.

Fast immer lehnen sich rechtsextreme Kampagnen an Debatten an, die auch in anderen Teilen der Gesellschaft geführt werden. Rechtsextreme wollen in diesen ihre eigenen Positionen einbringen, sie normalisieren, politische Bündnisse ermöglichen und so eine »Verzahnung« mit der Gesellschaft erreichen. In einigen Fällen stellen Rechtsextreme zugespitzte und eskalative Forderungen auf oder wählen besonders drastische oder sogar illegale Methoden um sich ein eigenes Profil in der Öffentlichkeit zu verschaffen. Aus strategischen Erwägungen begnügen sie sich in anderen Fällen jedoch mit nicht-eskalativen Formen, weil so die gewünschte Einbindung in gesellschaftliche Diskussionen leichter abgesichert werden kann.

Die rechtsextreme Kampagnenpolitik unterliegt Konjunkturen. Einige Kampagnen sind mittlerweile eingestellt worden oder zumindest zu Nischenangelegenheiten abgestiegen, die nur noch von Kleinorganisationen bespielt werden. Die Forderung nach der Wiedergewinnung der ehemaligen deutschen Ostgebiete bleibt zwar für viele Rechtsextreme eine Herzensangelegenheit, sie ist jedoch als Objekt öffentlichkeitswirksamer Kampagnen untauglich geworden. Andere Themen hingegen haben – ungeachtet dessen, dass es historische Vorläufer und Anknüpfungspunkte gibt, an Wichtigkeit gewonnen. So hat etwa die Kampagne gegen Feminismus und Gleichstellungspolitik deutlich an Bedeutung gewonnen.

Eine Auflistung und Analyse sämtlicher rechtsextremer Kampagnen kann hier nicht geleistet werden. Es reicht jedoch aus, im Folgenden drei Beispiele zu betrachten, die die Bandbreite verdeutlichen. Durch die ganze Geschichte des bundesdeutschen Rechtsextremismus zieht sich die Kampagne – genauer: die Kette von aneinander anschließenden Kampagnen –, mit der Rechtsextreme der »geschichtlichen Wahrheit« zu ihrem Recht verhelfen wollen – also eine umfassende Revision der Geschichtsschreibung anstreben. Ab der Mitte der 1970er-Jahre setzte die Kampagne gegen »Überfremdung« ein. Der mit ihr geführte Kampf gegen Zuwanderung und für ethnische Homogenität hat sich seitdem als das zugkräftigste Thema erwiesen, mit dem die extreme Rechte Politik betreibt. Schließlich betreibt die extreme Rechte auch Kampagnen auf dem »weichen«, kultur- und diskurspolitischen Terrain. Mit ihrer Kampagne für »Meinungsfreiheit« und gegen »politische Korrektheit« will sie die Debattenräume für ihre eigenen Positionen verbessern.

»Geschichtliche Wahrheit«

Der in seiner Partei mächtige AfD-Landeschef von Thüringen, Björn Höcke, redete sich im Januar 2017 im Dresdener »Ballhaus Watzke« in Rage. Die Vergangenheit müsse in der Öffentlichkeit endlich positiver dargestellt werden, ereiferte sich Höcke: »Die deutsche Geschichte wird mies und lächerlich gemacht!« Insbesondere die Erinnerung an die nationalsozialistischen Verbrechen sei schädlich für Deutschland und müsse im nationalen Interesse fundamental revidiert werden: »Diese dämliche Bewältigungspolitik, die lähmt uns heute noch viel mehr als zu Franz Josef Strauß' Zeiten. Wir brauchen nichts anderes als eine erinnerungspolitische Wende um 180 Grad.«

Die Äußerungen Höckes lösten einen Skandal aus und feuerten die Debatte um den rechtsextremen Charakter der AfD an. Inhaltlich bewegte sich Höcke in diesem Abschnitt seiner Ansprache auf dem Terrain der geschichtspolitischen Kampagne der extremen Rechten, wie sie sich in der Bundesrepublik schon bald nach 1945 entwickelt hatte. Deutschlandpolitisch wurden bis 1990 die Wiedervereinigung der deutschen Staaten und zusätzlich die Wiedereingliederung der verlorenen »Ostgebiete« angestrebt. Es sei zudem nötig, die aus Sicht des Rechtsextremismus nach 1945 beschädigte deutsche Identität wiederzubeleben. Die alliierte »Reeducation« und die Thematisierung nationalsozialistischer Verbrechen empfanden und porträtierten Rechtsextreme als verlogen, interessengesteuert und aufgezwungen. Die Nürnberger Prozesse gegen Hauptverantwortliche des NS-Regimes wurden als Propagandashows und als illegitime Siegerjustiz verunglimpft. Um Deutschland zu einer neuen nationalen Größe verhelfen zu können, sei es nötig, diese Fehlstellungen zu korrigieren. Erst eine Revision der Geschichte ermögliche, die nationale Identität der Deutschen zu wahren und wieder zu stärken.

Im Rechtsextremismus wurde und wird die deutsche Schuld am Zweiten Weltkrieg in Zweifel gezogen. In verschiedenen Varianten behaupten sie einen eigentlich friedfertigen Charakter der nationalsozialistischen Außenpolitik und eine aggressive und »anti-deutsche« Politik anderer Staaten. 1961 veröffentlichte der US-Historiker David L. Hoggan das Buch *Der erzwungene Krieg* im rechtsextremen »Verlag der Hochschullehrerzeitung« von Herbert Grabert, das zu einem Meilenstein in der revisionistischen Literatur wurde. In den USA hatte Hoggan für seine in der Fachwissenschaft rasch widerlegten Thesen keinen Verleger gefunden. Andere revisionistische Veröffentlichungen versuchten, die alliierte Kriegsführung als systematisch verbrecherisch darzustellen. Gegen Deutsche verübtes Unrecht im Zweiten Weltkrieg sei schwerwiegender als die deutschen Verbrechen oder ihnen zumindest ebenbürtig gewesen.

Mit den Auschwitz-Prozessen ab 1963 und dann verstärkt durch die 1979 in der Bundesrepublik ausgestrahlte US-amerikanische TV-Serie »Holocaust – Die Geschichte der Familie Weiss« rückte der deutsche Massenmord an den europäischen Jüdinnen und Juden mehr als zuvor in das historische Bewusstsein der Öffentlichkeit. Hinzu kam ein wachsendes wissenschaftliches Verständnis des Nationalsozialismus, das in der Summe breit vermittelt wurde, etwa in schulischen Lehrplänen und in Gedenkstätten, und so eine Herausstellung von »positiven« Aspekten des Nationalsozialismus erschwerte. Als Hemmnis für die freie Entfaltung einer »nationalen« Politik wurde die Erinnerung an den Holocaust fortan spektrenübergreifend im Rechtsextremismus und keineswegs auf den Neonazismus beschränkt bekämpft (»Holocaustreligion«). Seit den 1960er-Jahren beschrieb Armin Mohler, einst Sekretär Ernst Jüngers und Redenschreiber für Franz Josef Strauß, die »Vergangenheitsbewältigung« als gegnerische Waffe im Kampf gegen deutsche Interessen.

In pseudowissenschaftlichen und oft zynischen Schriften wurde von Rechtsextremen versucht, die Zahlenangaben zu den jüdischen Opfern des Nationalsozialismus herunterzurechnen. Meist wurde ergänzend mit antisemitischer Grundhaltung betont, dass die Erinnerung an den Holocaust insbesondere jüdischen Interessen diene. Thies Christophersen, ein ehemaliger SS-Sonderführer in Auschwitz, publizierte 1973 die Broschüre *Die Auschwitzlüge*, in der er die Behandlung der Gefangenen im Konzentrationslager auf geradezu bizarre Art beschönigte. 1979 – im Jahr der Ausstrahlung der TV-Serie »Holocaust« – erschien das Buch *Der Auschwitz-Mythos* des zuvor schon einschlägig in Erscheinung getretenen ehemaligen Wehrmacht-Luftwaffenoffiziers Wilhelm Stäglich. Mithilfe von »Gutachten« und eingebunden in ein internationales Netz von »Revisionisten« wurde zudem der Holocaust durch die Behauptung infrage gestellt, dass es keine für den Menschenmord betriebenen Gaskammern in deutschen Konzentrationslagern gegeben habe. 1988 schrieb der sich selbst fälschlich als Ingenieur bezeichnende US-Amerikaner Fred Leuchter im Auftrag des deutschkanadischen Holocaustleugners Ernst Zündel den *Leuchter-Report*, der diese These mit abenteuerlicher Beweisführung untermauern wollte. Ab dem Ende der 1980er-Jahre vertritt auch der britische rechtsextreme Historiker David Irving diese Position und wird von deutschen Rechtsextremen dafür geschätzt. Seit 1994 ist die Leugnung des Holocausts in der Bundesrepublik nicht mehr nur als Beleidigungsdelikt, sondern als Volksverhetzung strafbar.

Bis in die 1980er-Jahre hinein stieß die geschichtspolitische Kampagne des Rechtsextremismus durchaus auf eine nennenswerte Resonanz in der Gesellschaft. An solchen Diskursen beteiligten sich neben Rechtsextremen auch Rechtskonservative und Nationalliberale und sie fanden in abgemilderter Form auch Widerhall in der Geschichtswissenschaft, wie der Politikwissenschaftler Richard Stöss vermerkte. Zum zweiten korrespondierten die geschichtspolitischen Angebote des Rechtsextremismus bis zu einem gewissen Grad mit den Parolen der Kriegsgeneration an ihren Stammtischen. Sie stellten, so beschreibt es der Politikwissenschaftler Fabian Virchow, also eine rechtsextreme »Sub-Basiserzählung« dar, die an die allgemeine, in der politischen Kultur der Bundesrepublik verwurzelte Basiserzählung bis zu einem gewissen Grad angekoppelt blieb. Seitdem haben die geschichtspolitischen Kampagnen des Rechtsextremismus ihre damalige Reichweite im Ringen um gesellschaftlichen Einfluss verloren. Auch wird seltener als in den vorangegangenen Jahrzehnten in der Öffentlichkeit versucht, das nationalsozialistische Regime offen zu entschuldigen. Eher gibt es ein Bemühen, an Narrative und vorhandene Stimmungen in der Bevölkerung anzuknüpfen, die das zivile deutsche Leid im und besonders am Ende des Zweiten Weltkriegs betonen, etwa zur alliierten Bombardierung Dresdens im Februar 1945. Es sei dabei, so der Politikwissenschaftler Gideon Botsch, eine Tendenz zu erkennen, dass von Rechtsextremen vermehrt eine »historisch-fiktionale Gegenerzählung« kreiert werde, die sich von der gesellschaftlichen Basiserzählung löse und sich geschichtlichen Wissens nicht mehr nur instrumentell bediene, sondern eine an Fakten desinteressierte eigene Geschichtserzählung entwerfe. Analog zur Holocaustleugnung werde beispielsweise der inzwischen solide geschichtswissenschaftliche Forschungsstand zur Zahl der Toten nach der Bombardierung Dresdens 1945 im Rechtsextremismus schlicht ignoriert, zur Fälschung »interessierter Kreise« erklärt und den Fakten zum Trotz inflationär erhöhte Angaben verbreitet.

Von Parteien wie der NPD gibt es indes Argumentationsleitfäden für den eigenen Funktionärskader, in denen explizit davon abgeraten wird, in öffentlichen Diskussionen geschichtliche Themen einzubringen. Zu groß sei die Gefahr, sich dabei ins Abseits zu stellen. Für die Identität und die Herstellung von Bindungskraft im rechtsextremen Lager ist Geschichte jedoch weiterhin von zentraler Bedeutung. Das Magazin *Compact* proklamierte 2021: »Die gesamte Geschichtsschreibung der letzten 120 Jahre ist gegen Deutschland gerichtet. Diese muss endlich vom Kopf auf die Füße gestellt werden.« Ein ganzer Zweig der rechtsextremen Publizistik ist auf geschichtspolitische Themen und die Verherrlichung der militärischen Leistungen von Wehrmacht und SS im Zweiten Weltkrieg spezialisiert. Die Kundgebungen gegen die Stationen der ersten Version der Wanderausstellung »Vernichtungskrieg. Verbrechen der Wehrmacht 1941 bis 1944« ab 1995 waren ein einigendes Projekt der extremen Rechten. An einer Protestdemonstration gegen die Ausstellung im März 1997 in München nahmen rund 5000 Rechtsextreme teil. Zum 50. Jahrestag des Kriegsendes veröffentlichten neurechte Kreise 1995 einen Appell »8. Mai 1945 – gegen das Vergessen« und drangen darauf, diesem Datum nicht als Befreiung zu gedenken, weil solch eine Sichtweise keine Grundlage für eine »selbstbewusste Nation« bieten könne. Das Papier wurde neben Rechtsextremen auch von Konservativen unterzeichnet. Eine zentrale Veranstaltung, bei der unter anderem der CDU-Politiker Alfred Dregger auftreten sollte, musste schließlich abgesagt werden. 1996 wurde in der *F.A.Z.* eine Anzeige »Appell der 100 – Die Meinungsfreiheit ist in Gefahr!« veröffentlicht, in der Rechtsextreme vor dem Hintergrund eines Prozesses gegen einen Holocaustleugner beklagten, dass es »Sondergesetze« gegen die freie Geschichtsforschung gebe.

In Dresden erinnern Neonazis regelmäßig zum Jahrestag der alliierten Bombardierung der Stadt an das Ereignis, weil es ihnen dienlich scheint, die Deutschen als die eigentlichen Opfer des Zweiten Weltkriegs darzustellen. Die Aufmärsche, die die Bombardierung mit durchschaubarer Intention als »Bombenholocaust« darstellen, erreichten in den 2000er-Jahren mit bis zu 6500 teilnehmenden Neonazis einen Höhepunkt. Für das Jahr 2010 ist die Teilnahme des späteren AfD-Politikers Björn Höcke dokumentiert. Allgemein sind viele der großen Kundgebungen des militanten Neonazismus in der Geschichtspolitik verortet, etwa zum Gedenken an Hitler-Stellvertreter Rudolf Heß oder zur »Kesselschlacht von Halbe« 1945.

Jenseits der dominierenden Frage der Bewertung des Nationalsozialismus wird im Rechtsextremismus auch auf andere geschichtliche Epochen rekurriert, die zur Begründung und Legitimierung der eigenen Politik herangezogen werden. Oft handelt es sich dabei um Mythen, deren historische Belegbarkeit zweitrangig ist und die vor allem als Stoff für die rechtextremen Erzählungen und Deutungen dienen. Zu den nationalistischen Urmythen gehört etwa die Schlacht im Teutoburger Wald im Jahr 9 n. Chr., bei der der Cheruskerfürst Arminius eine römische Armee bezwang. Für antimuslimisch-rassistische Kampagnen werden von der extremen Rechten hingegen Ereignisse wie die Kreuzzüge, die spanisch-portugiesische Reconquista ab dem 8. Jahrhundert oder die Verteidigung Wiens gegen die türkische Belagerung 1683 herangezogen.

In der politischen Rhetorik werden seit einigen Jahren von Rechtsextremen verstärkt auch Bezüge auf die DDR genommen. Ambivalent wird die DDR dabei wahlweise als kommunistische Diktatur dargestellt, der sich die Bundesrepublik immer weiter annähere – der Verfassungsschutz wird etwa als »Stasi 2.0« bezeichnet. Andererseits erblicken Rechtsextreme positive Seiten an der DDR, deren hoher Grad an ethnischer Homogenität und deren autoritäres Verständnis von Staat und Gesellschaft betont und der im Anschluss an gesellschaftliche Erinnerungslagen in Ostdeutschland ein besserer Zusammenhalt und eine Distanz zum Konsummaterialismus bescheinigt wird. Ähnlich wird etwa von der AfD die »Wende« 1989/1990 als rhetorischer Verweis genutzt, um eine neue »friedliche Revolution«, diesmal gegen die Bundesrepublik, einzufordern.

»Überfremdung«

Die Ablehnung von Zuwanderung ist seit bald 40 Jahren das Thema der zugkräftigsten Kampagne, die von der extremen Rechten betrieben wird. Seitdem der geschichtliche Revisionismus allmählich an gesellschaftlicher Wirkkraft einbüßte, ließen sich von der extremen Rechten mit »Überfremdungs«-Parolen die mit Abstand größten Mobilisierungserfolge erzielen, die über das eigene Spektrum hinauswiesen.

In der frühen Geschichte der Bundesrepublik spielten in der extremen Rechten völkischer Rassismus und Migrationsfragen hingegen keine herausgehobene Rolle. Die staatliche Anwerbung von »Gastarbeitern« in den 1950er-Jahren wurde intern diskutiert, aber kaum breiter wahrgenommen, geschweige denn als Schwerpunkt für politische Interventionen genutzt. Zunächst blieben Forderungen wie die der NPD im Wahlkampf 1967, »kriminelle Ausländer unverzüglich abzuschieben«, eher selten. Dies änderte sich erst in den 1970er-Jahren. Im Zuge der wirtschaftlichen Stagnation verhängte die Bundesregierung 1973 einen Anwerbestopp für ausländische Arbeitskräfte. Gesellschaftlich wurde die vermehrte Arbeitslosigkeit in Zusammenhang mit der Migration stärker als zuvor debattiert, woraus sich Anknüpfungspunkte für rechtsextreme Politik ergaben. Themen der Migration, die Soziale Frage und Belange der inneren Sicherheit wurden von Rechtsextremen verbunden. Als nach dem Militärputsch 1980 in der Türkei viele politisch Verfolgte in die Bundesrepublik flüchteten, kam zusätzlich der rechtsextreme Antikommunismus zum Tragen, indem den Flüchtlingen eine Neigung zu linksradikalen Ansichten unterstellt wurde.

Ab der Mitte der 1970er-Jahre nahm zunächst die NPD im Rechtsextremismus eine Vorreiterrolle ein und begann, systematisch in ihrer Politik gegen »Ausländer« mobil zu machen. Ab 1980 gründeten sich aus dem Umfeld der Partei heraus Zusammenschlüsse, die sich Namen wie »Bürgerinitiative Ausländerstopp« gaben und teilweise zu Wahlen antraten. Schon die äußere Formgebung als »Bürgerinitiative« war für den Rechtsextremismus innovativ, weil er weniger eng an klassische Parteien geknüpft war und den Duktus damaliger zivilgesellschaftlicher Gruppierungen imitierte. Im gleichen Jahr 1980 installierte die damals noch nicht als Partei organisierte »Deutsche Volksunion« eine Vorfeldorganisation namens »Initiative für Ausländerbegrenzung«. Die rassistische Kampagne wurde auch im Rechtsterrorismus aufgegriffen. 1980 verübten die »Deutschen Aktionsgruppen« einen tödlichen Brandanschlag auf ein Übergangswohnheim für Flüchtlinge.

1981 wurde in der DVU-nahen *Deutschen Wochen-Zeitung* und dann in der Zeitschrift *Nation Europa* eine Erklärung von 15 rechtsextremen und konservativen Professoren veröffentlicht. In der *Heidelberger Manifest* genannten Schrift warnten die Unterzeichner vor einer »Unterwanderung des deutschen Volkes« und vor den Gefahren einer »Überfremdung« durch Zuwanderung bei gleichzeitig zurückgehender Geburtenrate. »Multirassische Gesellschaften« wären selbstzerstörerisch. Auch das deutsche Volk sei ein »genetisch und durch Traditionen« bestimmter Organismus, der ein »Naturrecht auf Erhaltung seiner Identität und Eigenart auf seinem Wohngebiet« hätte. Die »Rückkehr der Ausländer in ihre angestammte Heimat« müsse darum organisiert werden. Eingewoben in diese Analyse waren ökologische und antifeministische Argumente. Die über rechtsextreme Kanäle verbreitete Erklärung stellte die bis dahin wirkmächtigste Legitimierung rassistischer Thesen aus den Wissenschaften in der Bundesrepublik dar. Das *Heidelberger Manifest* zog öffentliche Empörung nach sich, ermöglichte aber auch die Diskussion rassistischer Thesen in der breiteren Öffentlichkeit. Eine in den Formulierungen, weniger aber in den Inhalten entschärfte zweite Version wurde 1982 veröffentlicht und unter anderem in der *Frankfurter Rundschau* abgedruckt. Der aus den Auseinandersetzungen um die Erklärung hervorgegangene »Schutzbund für das deutsche Volk« ist weiterhin aktiv, verfehlte als vollständig rechtsextrem ausgerichtete Institution aber sein Ziel, eine umfassende Schirmorganisation für den Graubereich zwischen konservativer und rechtsextremer »Migrationskritik« zu werden. Das Thema Migration rückte im weiteren Verlauf der 1980er-Jahre noch stärker ins öffentliche Bewusstsein und damit zusammenhängend ins Zentrum der Politik des Rechtsextremismus. Mit Parolen wie »Ausländer raus« (die inzwischen unter bestimmten Umständen als Volksverhetzung strafbar ist) heizte die extreme Rechte die Stimmung an.

Am Ende der 1980er-Jahre setzte eine zweite, besonders durch Gewalt gekennzeichnete Welle der rechtsextremen Kampagne gegen »Überfremdung« ein. »Die Republikaner« bestritten ihrem Wahlkampf zu den Abgeordnetenhauswahlen in Berlin 1989 mit rassistischen Untergangsszenarien. In einem TV-Werbespot wurden Bilder von spielenden türkischen Kindern mit der Melodie von »Spiel mir das Lied vom Tod« unterlegt. Unmittelbar nach der Vereinigung der deutschen Staaten 1990 bekam ein mit Nationalismus verquickter Rassismus in größeren Bevölkerungsteilen Auftrieb. Die steigende Zahl von Asylanträgen, bedingt etwa durch die mörderischen Kriege auf dem Balkan durch den Zerfall Jugoslawiens, führte zu heftigen gesellschaftlichen Debatten um einen zu befürchtenden »Asylmissbrauch«, woraus Einflussmöglichkeiten für die extreme Rechte erwuchsen. Besonders auf dem Gebiet der ehemaligen DDR erwies sich angesichts des wirtschaftlichen Zusammenbruchs nach der Wiedervereinigung die Verknüpfung der »Überfremdungs«-Kampagne mit der Sozialen Frage als zugkräftig. Neonazistischen Kleinorganisationen gelang es, auf die wachsenden rechtsorientierten Jugendszenen Einfluss zu nehmen. Rassistische Alltagsgewalt und geplante Anschläge nahmen bisher ungekannte Dimensionen an und forderten Menschenleben. Nach dem rassistischen Pogrom 1991 im sächsischen Hoyerswerda wurden die attackierten Wohnheime evakuiert. Diesen Erfolg ihrer Gewalt feierten die einheimischen Neonazis und rühmten sich, die erste »ausländerfreie« Stadt erstritten zu haben. Die Formulierung wurde 1991 zum ersten Unwort des Jahres der »Gesellschaft für deutsche Sprache« gekürt. Die 1993 vom Bundestag durch eine Änderung des Grundgesetzes erreichte Einschränkung des Asylrechts wurde von Teilen der Politik auch mit der grassierenden rassistischen Gewalt begründet, was von Rechtextremen als Erfolg interpretiert werden konnte.

Die dritte Welle der migrationsfeindlichen Kampagne begann mit dem Bedeutungsgewinn des antimuslimischen Rassismus, der ungefähr im Jahr 2010 einsetzte und sich an die gesellschaftlichen Diskussionen über

»Integration« und »Parallelgesellschaften« sowie Thilo Sarrazins Buch *Deutschland schafft sich ab* anlehnte. Der antimuslimische Rassismus beschwor altbekannte Untergangsszenarien, proklamierte im Gegensatz zur vorherigen Kernargumentation der extremen Rechten allerdings stärker, für Menschenrechte und demokratische Werte einzutreten: Weil er eine rückständige, gewalttätige und homosexuellenfeindliche Ideologie sei, müsse der Islam aus Deutschland zurückgedrängt werden. Die hohe Zahl von Flüchtlingen, die 2015 und 2016 in der Bundesrepublik Aufnahme fanden und zu nicht geringen Teilen aus Krisengebieten wie Syrien und Afghanistan stammten, wurde für eine Zuspitzung der Kampagne genutzt. Den ankommenden Flüchtlingen wurden fundamentalistische Orientierungen, ein Hang zur Kriminalität und die Vortäuschung von Asylgründen unterstellt. In Anlehnung an die schon 2014 in Dresden gestarteten »Pegida«-Proteste stieg die Zahl von flüchtlingsfeindlichen Demonstrationen bundesweit rasant an. Wenngleich das blutige Niveau der frühen 1990er-Jahre nicht wieder erreicht wurde, ging mit den Demonstrationen ein Anstieg rassistisch motivierter Gewalttaten und Anschläge einher. Der Aufstieg und die Radikalisierung der 2013 gegründeten AfD erfolgten ebenfalls im Zusammenhang mit der Welle dieses Protests.

»Politische Korrektheit«

Helmut Sündermann fungierte während des Nationalsozialismus als Vize-Pressechef der NSDAP und der Reichsregierung. Der SS-Mann im Rang eines Obersturmbannführers war ein Hauptverantwortlicher für die totale Unterdrückung der Meinungs- und Pressefreiheit im Nazistaat. Wer journalistisch arbeiten wolle, schrieb Sündermann 1938, müsse »sich das Recht zu solchem Beruf in den Reihen der Bewegung« verdienen. Nach dem Kriegsende blieb Sündermann bis zu seinem Tod 1972 seinen nationalsozialistischen Ideen treu.

Als in der Bundesrepublik einige NS-apologetische Schriften durch die damalige »Bundesprüfstelle für jugendgefährdende Schriften« indiziert wurden, reagierten Sündermann und mit ihm andere Rechtsextreme mit Unverständnis. Der empörte Sündermann initiierte im Jahr 1960 die Gründung der »Gesellschaft für freie Publizistik« (GfP) mit und schwang sich so zu einem Kämpfer für die seiner Ansicht nach bedrohte Meinungsfreiheit auf. Es gebe in der Bundesrepublik »Meinungsmonopolisten«, die freie akademische und gesellschaftliche Debatten über Fragen der Zeit unterdrückten, hieß es aus dem GfP-Präsidium, der neben Rechtsextremen anfangs auch einzelne FDP- und CDU-Mitglieder angehörten. Mit »autoritären Methoden« und »unfairen Mitteln« würden »Verfechter der Wahrheit« mundtot gemacht. Die GfP existiert bis heute und wirbt mit dem Lied »Die Gedanken sind frei« für sich und ihren Einsatz für die »nationale Publizistik«.

Kontinuierlich seit Jahrzehnten wird über alle Strömungsgrenzen hinweg im bundesdeutschen Rechtsextremismus eine Beschränkung freier Meinungsäußerung durch »Tabus« beklagt und kampagnenhaft versucht, den Begriff der Meinungsfreiheit zu kapern. Rechtsextreme werfen Politik und gesellschaftlichen Institutionen regelmäßig vor, eine unterdrückerische »Indoktrination« der Bevölkerung zu betreiben. Die Bundesrepublik selbst stellen Rechtsextreme als ein zunehmend totalitäres System dar. Andererseits zögern sie aber selten, offen oder verdeckter nach Grundrechtseinschränkungen für missliebige Gruppen zu verlangen oder Freiheitsrechte und die Autonomie in Bereichen wie der Kunst oder der Lehre anzugreifen. Gegenwärtige schulische Lehrpläne werden harsch kritisiert, weil sie von einer antinationalen »Ideologie« geprägt seien. Die AfD pocht stattdessen auf »Neutralität«. Was damit gemeint ist, zeigt das Beispiel des Landesverbands in Sachsen-Anhalt, wo die Partei Schulen dazu verpflichten wollte, eine – natürlich hochideologische – »gefestigte Nationalidentität« zu vermitteln. Gegen missliebige Spielpläne von Theatern und gegen Kunstprojekte ist die AfD schon mehrfach Sturm gelaufen und forderte die Streichung von Subventionen. Auch die Religionsfreiheit wird aus Parteigliederungen attackiert. 2019 beklagte der AfD-Ehrenvorsitzende Alexander Gauland, dass ihm die gegenwärtige »Meinungsfreiheit in manchen Dingen zu weit« ginge. Menschen, die Meinungen äußern, welche mit rechtsextremen Vorstellungen nicht konform sind, müssen seit jeher mit Drohschreiben, Verleumdungen und Denunziationen durch Rechtsextreme rechnen.

Es ist fraglos paradox, wenn Rechtsextreme sich für »Freiheit« und gegen die von ihnen ausgemachte »Meinungsdiktatur« einsetzen. Die heutigen westlichen Vorstellungen von Meinungsfreiheit fußen auf den liberalen und revolutionären Ideen der Aufklärung. Sie wurden etwa in den Artikeln 10 und 11 der französischen Menschenrechtserklärung von 1789 festgehalten und stammen somit aus einer Tradition, denen die extreme Rechte misstrauisch bis ablehnend gegenübersteht. Allgemein sind öffentliche Äußerungen in der Bundesrepublik durch den Paragrafen 5 des Grundgesetzes umfassend geschützt und sie sind nur anhand von einigen Strafrechtsparagrafen wie jenen gegen Beleidigung, Volksverhetzung oder die Verwendung von Kennzeichen verfassungswidriger Organisationen begrenzt. Trotzdem ist die Ausübung der Grundrechte in der Praxis nicht immer gewährleistet. Beispiel Pressefreiheit: Im diesbezüglichen Index der Organisation »Reporter ohne Grenzen« belegte Deutschland im Jahr 2021 den 13. Platz und rangierte mit der Wertung »zufriedenstellend« im oberen europäischen Mittelfeld. Das ist keine schlechte Bilanz, aber bei Weitem kein makelloses Zeugnis. Als zunehmende Einschränkungen der Pressefreiheit hob »Reporter ohne Grenzen« die körperlichen und verbalen Angriffe bei oder am Rande von Demonstrationen gegen Corona-Maßnahmen hervor – also Vorfälle, an denen Rechtsextreme prominent beteiligt waren.

Jenseits solcher Bestandsaufnahmen wird seit einiger Zeit in den Feuilletons der Republik über antirassistische und feministische Identitätspolitik, über Gender-Sternchen, einen Moralismus der Linken und eine damit einhergehende »Cancel Culture« debattiert. Sehr vieles daran erinnert an ältere Debatten, die unter dem Schlagwort der »politischen Korrektheit« geführt wurden und weitergeführt werden. Damals wie aktuell handelt es sich um breite Diskussionen, die weder ihren Ursprung in der extremen Rechten haben noch von dieser dominiert werden. Allerdings aber werden diese Debatten aus der extremen Rechten genau beobachtet und sind zum Objekt ihrer Interventionsversuche geworden. Die grundlegende Funktionsweise und der Zweck der Kampagnen ist konstant: Die Klagen über Tabus und Meinungsbeschränkungen sollen in die gesellschaftliche Diskussion eingebracht werden und so der politische Raum für die eigenen Positionen erweitert werden. Die Kampagnen dienen seit jeher als Türöffner zur Beteiligung an gesellschaftlichen Diskussionen. Dabei haben Rechtsextreme immer wieder die Vokabeln aus den jeweils aktuellen gesellschaftlichen Diskussionen aufgenommen und teilweise auch Begriffe aus wissenschaftlichen Debatten (»Schweigespirale«, »Meinungskorridor«, »Overton-Fenster«) in ihren Wortschatz aufgenommen.

Bezogen sich die Klagen der extremen Rechten über eine eingeschränkte Meinungsfreiheit lange Zeit vorrangig auf Diskussionen über die deutsche Geschichte, so haben sie in den letzten Jahrzehnten eine Verschiebung und Erweiterung erfahren. Je nach den Konjunkturen gesellschaftlicher Debatten und der politischen Kampagnen des Rechtsextremismus selbst, werden die zumeist mit publizistischen Mitteln geführten »Meinungsfreiheit«-Kampagnen variiert, sodass sie flankierend als eine Art situativ angepasster Meta-Kampagnen fungieren. Ein neuer Schwerpunkt wurde zunächst die Frage nach der nationalen Identität und des Nationalstolzes. In jüngerer Zeit sind Themenfelder wie Antirassismus, Diskriminierungskritik, Feminismus und Geschlechterpolitik dominant geworden.

Ein Ausgangspunkt hierfür waren internationale Entwicklungen außerhalb des rechtsextremen Lagers. In den späten 1960er-Jahren wurde in den USA in den dortigen feministischen und antirassistischen Bewegungen und in akademischen Disziplinen über den Zusammenhang von Sprache und Diskriminierung diskutiert und darüber, wie Machtansprüche über Sprache hergestellt und reproduziert werden. Die Politologin Katrin Auer weist darauf hin, dass in diesen Diskussionen der Begriff »politically correct« als eine selbstironische Bezeichnung für die Suche nach diskriminierungsfreier Sprache aufkam. Ein Gründungsdokument der »politischen Korrektheit« existiert dementsprechend nicht und es liegen lediglich anekdotische Überlieferungen der Begriffsherkunft vor. Was als Selbstironie begann, wurde von Konservativen in den USA aufgegriffen. 1990 veröffentlichte der Journalist Richard Bernstein einen einflussreichen Artikel in der *New York Times*, in der er die »Rising Hegemony of the Politically Correct«, also eine wachsende Hegemonie des »politisch Korrekten« beklagte. Die Debattenkultur an den US-Universitäten sei bedroht, weil dort ein »PC«-Fundamentalismus um sich greife, der womöglich sogar ein »liberaler Faschismus« sei. Der Widerspruch gegen Sexismus, Rassismus und Homophobie dulde selbst keinen Widerspruch mehr und sei somit zu einer unterdrückerischen Ideologie geworden, unter der Lehrpersonal wie Studierende zu leiden hätten. »Political Correctness« wurde in der Folge in den USA zu einem Stigmawort, mit dem politische Feindbilder geschaffen und markiert wurden.

Mit kurzer Verzögerung wurde die konservative Kritik an der »political correctness« in Deutschland importiert, wo in der *F.A.Z.* und in der *ZEIT* entsprechende Beiträge erschienen, die sich bald nicht mehr nur auf die akademische Welt bezogen. Mit Titeln wie *›Politische Korrektheit‹ in Deutschland: eine Gefahr für die Demokratie* (1995) oder *Die Dikta-*

tur der Guten. Political Correctness (1996) folgte eine Welle von Buchveröffentlichungen. Der Ton in diesen Schriften war stellenweise ähnlich drastisch wie bei den US-Vorläufern: »PC« sei nichts weniger als eine »verbale Apartheid«, war etwa zu lesen. In Lifestyle-Magazinen erschienen Beiträge, in denen behauptet wurde, wegen des um sich greifenden Feminismus und »den Geboten der Politischen Korrektheit« sei der »männliche Mann« zu einer »vom Aussterben bedrohten Spezies« geworden. Stattdessen müsse man sich getrauen, »die Dinge wieder beim Namen zu nennen«. Nicht nur unter Konservativen, sondern auch auf der Linken wurde der Diskurs um »political correctness« aufgegriffen: Der Kampfbegriff »Gutmensch« etwa wurde durch die Polemik *Das Wörterbuch des Gutmenschen. Zur Kritik der moralisch korrekten Schaumsprache* popularisiert, 1994 in der »Edition Tiamat« erschienen. In den USA war bereits zur Zeit der Bürgerrechtsbewegung das ähnliche konnotierte »do-gooder« als Schmähwort für weiße liberale Antirassistinnen und Antirassisten in Gebrauch.

In und im Umfeld der deutschen extremen Rechten wurden diese Debatten in den 1990er-Jahren aufgegriffen und um eigene Akzente ergänzt. Paradigmatisch wurde 1995 im *Euro-Kurier*, einem Werbeblatt des »Grabert Verlages«, die angebliche Einschränkung der Meinungsfreiheit als Instrument zur Machtstabilisierung der »etablierten Mächtigen« kritisiert. »Eine Ideologie – ob Antifaschismus, One-World, Paneuropa oder einfacher Antigermanismus im Rahmen der Umerziehung – soll durchgesetzt werden, und dazu dienen dann Mittel wie die Faschismus-Keule oder der Auschwitz-Knüppel, die angebliche Ausländerfeindlichkeit oder der Multi-Kulti-Wahn. Auf der anderen Seite werden Werte und Ideale wie Reich, Volk, Familie, Treue, Autorität verteufelt und ganz aus dem Sprachschatz verbannt.« Anstatt sich dem Zeitgeist anzupassen, müsste die »Gedankenkontrolle« zurückgewiesen und über »Aids, Minderheitenfragen, Rassenprobleme, Verbrechen« wieder frei gesprochen werden, forderte im Vorjahr die Zeitschrift *Nation & Europa*. Der »totale rhetorisch-diskursive Vernichtungswillen« der politisch Korrekten gegenüber der »eigenen Identität« sei identisch mit dem »totalen Vernichtungswillen NS-Deutschlands gegenüber dem jüdischen Volk«, hieß es 1995 im Sammelband *Die selbstbewusste Nation*.

Die Ablehnung von »political correctness« wurde in der Folge zum zentralen Ansatzpunkt der rechtsextremen »Meinungsfreiheit«-Kampagnen.

Die Wochenzeitung *Junge Freiheit* machte den Slogan »PC – nein danke« ab 1996 zu ihrem Markenzeichen. Das Schlagwort dient auch in der jüngeren Rhetorik des rechtsextremen Spektrums als Werkzeug, um Diskursräume zu verschieben. Die damalige AfD-Vorsitzende Frauke Petry schrieb 2016 in der *Jungen Freiheit*: »Die Political Correctness ist am Ende. Die Menschen sind der Euphemismen und wohlmeinenden Verkleisterung der Wirklichkeit überdrüssig. Sie haben den Rassismus der Antirassisten und die Intoleranz der Toleranten satt.« Diese Äußerungen flankierten einen offensiven Vorstoß: Einige Wochen vorher hatte Petry dafür geworben, den vollständig durch den Gebrauch im Nationalsozialismus geprägten Begriff des Völkischen endlich »wieder positiv zu besetzen«.

Auch im Neonazismus wird das Gespenst der »political correctness« beschworen und kampagnenhaft thematisiert. Das NPD-Bundesvorstandsmitglied Ronny Zasowk schrieb 2019, dass in Deutschland eine Kultur herrsche, in der »Rassismus-Vorwürfe« und »Nazi-Keule« vorschnell und ungerechtfertigt gebraucht werden. Anstatt sich von »totalitären Denk- und Sprechverboten« gängeln zu lassen, müsse man darum »kontroverse Themen« mutig angehen und »Klartext reden«. Ähnlich werden gesellschaftliche Diskussionen zu Zweck, Sinn und Legitimität von Identitätspolitik marginalisierter Gruppen (wieder vor allem im Feminismus und in antirassistischen Bewegungen) verarbeitet. Solche Identitätspolitik sei vom »Dogma moralischer Überlegenheit« geprägt, befindet die NPD. Die Neonazipartei benutzt dabei Formulierungen, die sich teilweise nur um Nuancen von jenen unterscheiden, die auch in Essays renommierter Wochenzeitungen zu diesen Themen zu finden sein könnten. Dabei betreibt die Partei selbstverständlich selbst eine aggressive rechtsextreme, rassistische und ausgrenzende Identitätspolitik »für unser Volk«.

Insgesamt ist die Zahl an Broschüren, Büchern und Artikeln zum Thema aus der extremen Rechten seit den 1990er-Jahren rasant angewachsen und regelrecht zu einem eigenen Genre geworden. Über den dabei erhobenen Totalitarismusvorwurf wird eine Abgrenzung zum Gesellschaftsliberalismus und zur Linken vollzogen. Oft wird diesen Kräften eine fulminante Macht oder gar eine heimliche Unterwanderung und Schädigung der Gesellschaft über den Umweg der Sprach- und Integrationspolitik unterstellt. In Gestalt von dämonisierenden Klagen über einen solchen »Kulturmarxismus« wohnt den Argumentationen häufig eine antisemitische und verschwörungserzählerische Qualität inne.

Fallbeispiel Neue Rechte: Hintergründe, Strategie, Aufstieg und Bedeutungsverlust der »Identitären«

In journalistischen und anderen öffentlichen Auseinandersetzungen taucht immer wieder ein Etikett auf, das manches beschreiben kann, wegen seiner Vieldeutigkeit und inflationären Verwendung jedoch auch für Verwirrung sorgt: die »Neue Rechte«. Es gibt kaum ein rechtsextremes Phänomen in der Bundesrepublik, das noch nicht als »neurechts« bezeichnet worden ist – von der NPD über AfD bis hin zu parteifreien Neonazigruppen.

Was unter dem Begriff »Neue Rechte« in der wissenschaftlichen Beschäftigung mit diesem Thema gefasst wird, soll darum an dieser Stelle skizziert werden. Zudem lässt sich an einem jüngeren Projekt – der »Identitären Bewegung« – exemplarisch zeigen, wie sich ideologische Positionen der »Neuen Rechten« mit dem Aktivismus einer vermeintlichen Jugendbewegung gepaart haben. Die Gruppierung erlebte in den vergangenen Jahren ein rasantes Wachstum, ist mittlerweile aber – aus zu erläuternden Gründen – an Grenzen ihres Politikmodells gestoßen.

Zunächst lässt sich – in Anschluss an Klaus Schönekäs – die »Neue Rechte« als ein Netzwerk von Kleingruppen, Zirkeln und Publikationen fassen, welches keineswegs mehr »neu« ist. Schon in der Mitte der 1960er-Jahre zeichnete sich eine Veränderung in der politischen Landschaft des deutschen Rechtsextremismus ab, die von programmatischen Zielsetzungskonflikten und einem Generationenkonflikt herrührte. Einige Rechtsextreme begannen, sich zusehends von der »Alten Rechten« abzugrenzen – mit diesem Etikett meinten sie unter anderem die NPD. Während in der NPD Personal dominierte, das dem NS-Regime noch durch unmittelbares eigenes Erleben und Mittun verbunden war, stammten ihre Kritikerinnen und Kritiker vorrangig aus Geburtenjahrgängen zwischen den frühen 1930er- und den späten 1940er-Jahren. Diese Jüngeren kritisierten die NPD als besitzbürgerlich und systemangepasst und warfen ihr das Festhalten am nicht mehr zeitgemäßen Reichsgedanken vor. Stattdessen gelte es, eine Politik »ohne schwarz-weiß-rotes Brett vor dem Kopf« zu entwickeln, wie der Aktivist Lothar Penz 1965 in seinem Blatt *Neues Forum* schrieb. Eine ideologische Inspirationsquelle waren die älteren (politisch erfolglosen) neunationalistischen Kleinstparteien wie die neutralistische »Deutsche Gemeinschaft« (DG) und die strasseristische »Unabhängige Arbeiterpartei« (UAP). Stilistisch, strategisch und teils auch programmatisch setzten sich die »Neuen Rechten« zudem mit der linken »Außerparlamentarischen Opposition« (APO) und ihren Nachfolgerinnen auseinander und versuchten, deren Methoden zu imitieren. So betrieb die Gruppe »Außerparlamentarische Mitarbeit« (APM) um Sven Thomas Frank zeitweise einen Stadtteilladen in Berlin-Neukölln, um einen Anlaufpunkt für Interessierte zu schaffen. Der sozialrevolutionäre Gestus der Neuen Rechten zeigte sich in der Inanspruchnahme von Parolen damaliger antikolonialer Bewegungen. So wurde etwa eine »Entkolonisierung Deutschlands« gefordert.

Als eine einflussreiche Organisation fungierte während ihrer kurzen Existenz zwischen 1972 bis 1974 die »Aktion Neue Rechte« (ANR), die unter dem ehemaligen bayerischen NPD-Landesvorsitzenden Siegfried Pöhlmann zeitweise rund 400 Mitglieder zählte und einen »Befreiungsnationalismus« propagierte. Zur ANR zählten bemerkenswerterweise zahlreiche Personen, die später im Neonazismus und auch Rechtsterrorismus zu Bedeutung kommen sollten. Rein den Zahlen nach blieb die »Neue Rechte« klein: In ihrer Hochphase sollen in diesen Zirkeln in der Mitte der 1970er-Jahre rund 1100 Rechtsextreme aktiv gewesen sein. Mit Schriften wie *Nationale Identität* (Henning Eichberg) und *Nation oder Klasse* (Wolfgang Strauss) wurde aus dem Spektrum jedoch ein weitaus größeres Publikum erreicht. Henning Eichberg brachte die weiterhin und inzwischen im gesamten Rechtsextremismus wirkmächtige Formel des »Ethnopluralismus« in die Debatte ein – eine modernisierte Begründung der völkischen Forderungen nach der Segregation von »Völkern« und »Rassen«: Weil Völker wertvolle und erhaltenswerte Organismen seien, müsste ihre Vielfalt durch strikte Trennung geschützt werden.

Eine andere Interpretationsart sieht in der »Neuen Rechten« keine eigenständige bundesdeutsche Entwicklung, sondern eine Adaption von Entwicklungen im europäischen, vor allem im französischen Rechtsextremismus. Thomas Assheuer und Hans Sarkowicz ordneten die »Neue Rechte« als Ableger der »Nouvelle Droite« aus Frankreich ein, in deren Zentrum der Vordenker Alain de Benoist stand. Diese Strömung hatte ihren Ausgangspunkt in der Entfremdung der französischen extremen Rechten von der Politik des konservativen Präsidenten Charles de Gaulle gegen Ende des Algerienkriegs (1954–1962) genommen. Vor dem Hintergrund der damaligen antikolonialen Bewegungen betonte die »Nouvelle Droite« die Bedeutung des als weiß verstandenen Kontinents Europa, der als Machtblock erhalten bleiben und sich behaupten müsse. Die »Nouvelle Droite« lehnte Egalitarismus und Universalismus entschieden ab, war strikt antiliberal und propagierte ein biologistisches, ethnozentrisches Weltbild mit heidnischen, antichristlich-antisemitischen Einschlägen. Als Bezugspunkte dienten vor allem deutsche Autoren der sogenannten »Konservativen Revolution« der Weimarer Republik, aber auch Friedrich Nietzsche, die (Prä-)Faschisten Julius Evola und Georges Sorel und der Zoologe Konrad Lorenz. Eine besondere Resonanz erfuhr die selektive Vereinnahmung der Kulturtheorie des italienischen Marxisten Antonio Gramsci. Aus der Lektüre von Gramsci-Schriften leitete Benoist sein Konzept der »Metapolitik« ab. Tiefgreifender politischer Wandel im Sinne der extremen Rechten könne nur erreicht werden, so Benoists Analyse, wenn vorher kulturelle Vorarbeit geleistet wird, die eine Änderung von Mentalitäten und Werten in der Gesellschaft bewirkt. 1985 erschien Benoists Buch *Kulturrevolution von rechts* erstmals in deutscher Übersetzung. Insofern auf den »Gramscianismus von rechts« Bezug genommen wird, wird die »Neue Rechte« also auch als Ausdruck einer Kulturstrategie der extremen Rechten und ihrer Intellektualisierung interpretiert.

In einer dritten Lesart wird die deutsche »Neue Rechte« als direkte Wiederbelebung der »Konservativen Revolution« diskutiert. Der Schweizer Publizist Armin Mohler, der als Vordenker der »Neuen Rechten« gilt, hatte in seiner 1949 vorgelegten Dissertation diesen Begriff popularisiert. Darunter subsummierte er einige der antidemokratischen und rechtsextremen Strömungen der Weimarer Republik wie die romantisch-rassistischen Völkischen, die volkszentrierten Nationalrevolutionären und die staatszentrierten Jungkonservativen. Mohlers Schrift entwarf das Bild einer damaligen »geistigen Erneuerungsbewegung«, die zwar entschieden rechts und konservativ ausgerichtet gewesen sei, aber vom Nationalsozialismus unterschieden werden könne. Aus Mohlers Schrift waren nicht zufällig politische Anknüpfungspunkte für eine Wiedergeburt dieses Spektrums abzuleiten, das sich mit dem historischen Erbe des Nationalsozialismus nicht weiter zu belasten brauche. Der Ideengeschichtler Stefan Breuer wies in seiner Analyse von Mohlers These darauf hin, dass dessen Rede von einer »konservativen Revolution« nicht nur ein begrifflicher Widerspruch in sich sei, sondern dass die Vorstellung einer Abgrenzbarkeit eines solchen Spektrums zum Nationalsozialismus nichts weiter als ein aus politischem Interesse formulierter »Mythos« sei. Wichtige Protagonisten der »Konservativen Revolution« waren tief in das NS-Regime verstrickt. Indes stammen von den von Mohler betrachteten Autoren zentrale Bezugstexte für die »Neue Rechte« in der Bundesrepublik. Die Wochenzeitung *Junge Freiheit* warb in den 1990er-Jahren mit dem Slogan »Jedes Abo eine konservative Revolution« für sich. In ihre publizistische Ausrichtung gingen insbesondere Positionen aus dem Jungkonservatismus ein (der sich stark auf Arthur Moeller van den Bruck bezieht, dem Autor von *Das dritte Reich*). Das im Jahr 2000 von den rechtsextremen Publizisten Karlheinz Weißmann und Götz Kubitschek gegründete »Institut für Staatspolitik« und die damit verbundene Zeitschrift *Sezession* haben viele der von Mohler porträtierten Autoren weiter kanonisiert.

Am Anfang der 1990er-Jahre kam der Politologe Wolfgang Gessenharter in seiner Analyse der »Neuen Rechten« zu dem Schluss, dass diese als ein »Scharnier« funktioniere. Die neurechten Autoren trügen dazu bei, informelle Verbindungen zwischen dem Rechtsextremismus und dem demokratischen Konservatismus aufzubauen und so rechtsextreme Ideen in die Gesellschaft einzuspeisen. Gessenharter wies darauf hin, dass Texte der »Neuen Rechten« sowohl in dezidiert rechtsextremen als auch in konservativen Publikationen erschienen. Der für den Verfassungsschutz tätige Politologe Armin Pfahl-Traughber wandelte diese Analyse ab und sprach von einem »Brückenspektrum«. Rechtsextrem-neurechte Publikationen wie *Criticón* oder *Junge Freiheit* arbeiteten an der Erosion der Grenzen zwischen Rechtsextremismus und dem demokratisch-konservativen Lager. Durch Behörden werden »neurechte« Projekte unterschiedlich bewertet. Seit 2006 taucht die *Junge Freiheit* nach gerichtlichen Auseinandersetzungen nicht mehr in Verfassungsschutzberichten auf. Das »Institut für Staatspolitik« und die »neurechte« Kampagnenagentur »Ein Prozent« hingegen werden seit 2020 vom »Bundesamt für Verfassungsschutz« als Verdachtsfälle beobachtet.

Eines der ausstrahlungsstärksten Projekte, das in den vergangenen Jahren aus der »Neuen Rechten« hervorging, war die »Identitäre Bewegung« (IB). An dem Aufstieg (und dem inzwischen feststellbaren Schwinden) dieser Organisation lässt sich aufzeigen, mit welchen politischen und medialen Strategien die »Neue Rechte« weiterhin aktiv ist und wie sie dabei keineswegs nur auf eine Intellektualisierung ihres Milieus abzielt. Die Anfänge der »Identitären« liegen in Frankreich, wo sich bereits 2002 eine »Génération identitaire« gründete, nachdem ihre Vorgängerin, die militante und antisemitische »Unité Radicale« (UR) verboten worden war. Ein UR-Mitglied hatte zuvor ein Attentat auf den französischen Staatspräsidenten Chirac verübt. Die betont jugendlich und modern auftretende »Génération identitaire« verband Aktivismus mit internetaffinen PR-Strategien. 2012 wurde das Dach einer im Bau befindlichen Moschee im westfranzösischen Poitiers besetzt und dazu per »YouTube«-Video eine professionell inszenierte »Kriegserklärung« gegen den Islam, Globalisierung und »Political Correctness« veröffentlicht. Die »Génération identitaire« popularisierte als Symbol den griechischen Buchstaben Lambda und kombinierte so Popkultur und geschichtlichen Pathos. In ihrer Bildsprache nutzten die »Identitären« Verweise auf den Comic und Film »300«, der die antike Schlacht bei den Thermopylen in grellen Bildern glorifiziert. Die Assoziation, die damit hervorgerufen werden sollte: So wie sich im altertümlichen Vorbild eine kleine Schar spartanischer Kämpfer einer persischen Übermacht aus dem Osten entgegenstellte, verteidigten heute die »Identitären« Europa gegen eine islamische Invasion. Wenige Tage nach der Moscheebaubesetzung in Poitiers war Götz Kubitschek bei einem Treffen der französischen »Identitären« zu Gast. Diese verstünden es, »mittels Bildern, Filmchen und der gemeinsamen Aktion jene Szene-Geschichten zu erzählen, die Suggestivkraft ausüben«, lobte Kubitschek in einem Reisebericht. 2012 wurden die »Identitäre Bewegung« (IB) in Österreich und in Deutschland ins Leben gerufen, die eng miteinander kooperierten und mit Kubitschek verbunden waren.

Zunächst blieben die »Identitären« in Deutschland vor allem ein Internetphänomen. Erst 2016, auf dem Höhepunkt der »Flüchtlingskrise« und der damit einhergehenden Proteste, gelang ein Durchbruch. Eine kleine Gruppe von »Identitären« erkletterte für einige Minuten das Brandenburger Tor in Berlin und entrollte ein Banner mit der Aufschrift »Sichere Grenzen – sichere Heimat«. Weniger diese »Besetzung« selbst, die vor Ort nur von Wenigen überhaupt bemerkt wurde, sondern die selbst gefertigten und professionell aufbereiteten Fotos und Videos davon erregten das öffentliche Interesse. Die Aktion trat – ähnlich wie die französische Initialaktion in Poitiers – eine Lawine von Medienberichten über die »Identitäre Bewegung« los. Erst dadurch wurde die Organisation in Deutschland bekannt und schlagzeilenträchtig. Tenor mancher Berichte:

Vom althergebrachten Rechtsextremismus unbelastete Jugendliche bauten hier ein »Greenpeace von rechts« auf, stramm rechts zwar, aber im zeitgemäßen »Hipster«-Stil auftretend, jenseits von den Stereotypen des plumpen Neonazismus und dazu erklärtermaßen gesetzestreu. Die »Identitären« stellten mithin auch den Journalismus vor Herausforderungen. Über aufkommende rechte Bestrebungen muss selbstverständlich berichtet werden. Doch mit einer geschickten Strategie können Rechtsextreme die Mechanismen des Nachrichtenbetriebs ausnutzen und die Medien zu Transmittern ihrer eigenen Botschaften umfunktionieren.

Die »Identitären« distanzierten sich in ihren Erklärungen tatsächlich von Rassismus und stellten sich als gewaltfreie Bewegung dar. Ihre Konzepte von Nation, Europa und Identität wären lediglich im Sinne eines »Ethnopluralismus« zu verstehen. Stattdessen warnte sie vor dem »Großen Austausch«, den sie verhindern wolle – die Verschwörungserzählung einer vorgeblich geplanten und geduldeten Auflösung der europäischen und deutschen Identitäten durch die Überflutung des Kontinents mit »Fremden«. Im Sommer 2017 inszenierten die europäischen Identitären einen weiteren PR-Stunt. Bei der »Mission Europe« fuhren einige ihrer Mitglieder mit einem gecharterten Schiff durch das Mittelmeer, um dort Seenotrettungsaktionen für Flüchtlinge zu dokumentieren, zu verhindern und als »Schlepperei« zu denunzieren. In den Sozialen Medien präsentierten die »Identitären« diese Aktion als politische Abenteuerreise und setzten mit Fotos die von der Mittelmeersonne braungebrannten Beteiligten geschickt in Szene. In den Medien wurde diese Vorlage abermals aufgegriffen: Das Ziel der »Mission«, Personal, Standort, Pro und Contra wurden minutiös diskutiert und vermeldet. Presseberichte waren durchaus von kritischen Tönen geprägt, allerdings machte das schiere Ausmaß der Berichterstattung die Schifffahrt zu einem Sommerloch-Topereignis und so erst zum Erfolg. Die IB strotzte danach vor Selbstbewusstsein. Sie sei »Europas am schnellsten wachsende Jugendbewegung«, vermeldete die Gruppe. Über 16 Regionalgruppen und 100 Ortgruppen verfüge sie inzwischen in der Bundesrepublik, so eine Selbstauskunft. Durch die Bekanntheit wuchs die Reichweite ihrer »Facebook«-Seite rasant an und ihr Werbematerial wurde zu einem Kassenschlager: Aufkleber, Flugblätter, T-Shirts und andere Artikel erreichten unter jüngeren Rechtsextremen eine hohe Verbreitung. Über ständig verbreitete Spendenaufrufe generierte die IB erhebliche Mittel, um ihren Aktivismus finanzieren zu können.

Die IB fungierte als eine Art Avantgarde der seinerzeitigen Antiflüchtlingsproteste, die rund um die »Pegida«-Demonstrationen entstanden war. Ihre Aktionen ergänzten die Protestversammlungen um spektakuläre, jugendliche Bilder. Auch von zahlreichen Politikerinnen und Politikern der AfD wurde der Aktivismus begrüßt. Etliche IB-Funktionäre waren und sind im Parteiapparat angestellt und nehmen so Einfluss. Mit der Parteijugend »Junge Alternative« entwickelte sich ein besonders enges Verhältnis – zuerst zumeist unterhalb der Schwelle einer öffentlichen Kooperation, aber anhand von personellen und sozialen Verquickungen dennoch schlüssig nachvollziehbar. Dieses Nahverhältnis wurde aufrechterhalten, auch nachdem der Verfassungsschutz 2019 begann, die IB unter Beobachtung zu stellen. Auch zu Burschenschaften und besonders zum »Institut für Staatspolitik« des Spindoktors Götz Kubitschek pflegten die »Identitären« enge Beziehungen.

Im Sinne der neurechten »Metapolitik« war die IB betont bemüht, ihren Angehörigen und Interessierten eine neue Form rechter Lebenswelt und einen eigenen popkulturellen Kosmos zu offerieren. 2017 veröffentlichte der Identitäre Mario Müller das Buch *Kontrakultur*, in dem zahlreiche popkulturelle Erscheinungen aus rechtsextremer Sicht auf ihre Verwendbarkeit für eine eigene Kultur abgeklopft und vereinnahmt wurden. Von 2017 bis Ende 2019 betrieb die IB ein Hausprojekt in Halle (Saale), in der zeitweise auch ein AfD-Abgeordneter mit seinem Wahlkreisbüro einzog. Das in der Nähe des halleschen Universitätscampus gelegene Haus sollte Modellcharakter haben, um ein Eindringen der Identitären in »linke Wohlfühlzonen« zu ermöglichen. Direktes Vorbild waren die »sozialen Zentren«, die die neofaschistische »CasaPound«-Gruppe in Italien eingerichtet hat. Im Internet baute die IB ihre Präsenz ebenfalls aus und etablierte eine Reihe von medialen Formaten. Der auch in Deutschland einflussreiche österreichische IB-Funktionär Martin Sellner wurde über seinen regelmäßig bespielten »YouTube«-Kanal zu einem regelrechten Popstar der »Identitären« im deutschsprachigen Raum aufgebaut und so zu ihrem bekanntesten Gesicht.

Seit 2018 hat die IB an Anziehungskraft und Bedeutung eingebüßt. Mehrere Faktoren trugen dazu bei. Die »Identitären« vermochten es nicht, das mediale Interesse an ihrer Gruppe aufrechtzuerhalten. Ihre PR-Aktionen begannen, einander zu ähneln. Die Nachricht »Rechte imitieren Greenpeace« verlor ihren Neuigkeitswert, zumal die flüchtlingsfeindliche

Protestbewegung, an die die IB andockte, ebenfalls an Schwung verlor. Eine Aktion der europäischen Identitären am französisch-italienischen Alpengrenzpass Col de l'Échelle im Jahr 2018 war ebenfalls aufwendig inszeniert, zog jedoch kaum noch Berichterstattung nach sich. Parallel zur verminderten Medienpräsenz erlitten die eigenen Kommunikationskanäle der IB im Internet empfindliche Rückschläge. 2018 wurden mehrere Dutzend Facebook- und Instagram-Accounts von »Identitären« und ihren Organisationsgliederungen gesperrt oder gelöscht. Es traf unter anderem den zentralen »Facebook«-Account der deutschen »Identitären Bewegung« mit zehntausenden Abonnentinnen und Abonnenten. Damit wurden auf einen Schlag ihre wichtigsten Kommunikationskanäle lahmgelegt. Über diese Kanäle wurde die eigene Anhängerschaft zuvor direkt erreicht – sie waren ein wichtiger Teil ihres politischen Kapitals.

Zugleich hatte die IB Schwierigkeiten, die Rechten, die sich für ihre Arbeit interessierten, über die Zahlung von Spendengeldern hinaus nachhaltig einzubinden. Die IB, so legte ein vielbeachteter Artikel in der *Zeit* schon 2017 offen, war tatsächlich keinesfalls eine »Bewegung«, sondern eine straff geführte und hierarchische Gruppe. Gerade einmal 100 Personen waren intensiv eingebunden: »fast nur Männer, hauptsächlich Studenten zwischen 20 und 30 Jahren«. In der Öffentlichkeit setzte sich zudem die Erkenntnis durch, dass die Eigendarstellung der »Identitären« von Selbstverharmlosung gekennzeichnet war. Schon 2014 hatten Julian Bruns, Kathrin Glösel und Natascha Strobl in ihrem Buch *Die Identitären* auf den rechtsextremen Gehalt der IB-Slogans hingewiesen. Durch journalistische Recherchen verdichtete sich dieses Bild und setzte sich so auch in der breiteren Öffentlichkeit durch. Wichtige Kader der IB stammten aus dem organisierten Neonazismus. Der Vorsitzende des deutschen IB-Trägervereins etwa kam aus der verbotenen neonazistischen »Heimattreuen Deutschen Jugend«, andere aus der NPD. Das IB-Gesicht Martin Sellner hatte seine politische Sozialisation im österreichischen Milieu des Neonazi-Urgesteins Gottfried Küssel erfahren. Noch 2014 hatte Sellner das Konzept der »Identitären« erkennbar nicht als Lösung von den Inhalten des Neonazismus, sondern als modernisierte Präsentation beworben: »Wir wollten uns, unsere eigene Weltanschauung, jenseits aller Phrasen, neu erschließen. Wir wollten neue Begriffe und einen neuen Stil finden, um alles Ewige, Gute und Wahre zu behalten«.

»Neue Rechte« und »Alte Rechte«, so zeigt das Beispiel der IB, sind tatsächlich nicht sauber auseinanderzuhalten und sie eint mehr, als sie trennt. Die Distanzierung der IB vom Zeichenrepertoire des Neonazismus war mehr politische Strategie als inhaltliche Abkehr. Auch die nach außen propagierte Gewaltfreiheit war ein Trugbild. Die Ideologie und auch die heroisch-martialische Bildsprache der IB tragen ohnehin eine Gewaltlegitimierung in sich. Aus dem IB-Haus in Halle kam es immer wieder zu Gewaltstraftaten, unter anderem wurde ein Zivilpolizist attackiert. 2019 überfiel ein Rechtsextremer im neuseeländischen Christchurch zwei Moscheen und ermordete 51 Menschen. In seinem Manifest stützte er sich auf die Argumentationsmuster der »Identitären«. Mehr noch: mit dem IB-Funktionär Martin Sellner hatte er kommuniziert und ihm eine größere Summe Geld gespendet. Die französischen »Identitären« hatten dem späteren Attentäter sogar eine Art Ehrenmitgliedschaft verliehen. Durch diese Skandale änderte sich auch international der staatliche Umgang mit der IB. In Österreich sind die Insignien der Gruppe mittlerweile verboten, in Frankreich wurde die dortige »Identitäre Bewegung« 2021 aufgelöst, und in der Bundesrepublik steht die deutsche Sektion weiterhin unter Beobachtung des Verfassungsschutzes.

Auch wenn die Gruppe noch existiert, so hat sie durch diese Entwicklungen als politische Marke, die Modernität und Frische ausstrahlt, für den deutschen Rechtsextremismus an Wert verloren. Der aktivistische Teil der »Neuen Rechten« sucht somit nach neuen Betätigungsfeldern oder versucht, das Erreichte zu verteidigen. Viele IB-Mitglieder sind größtenteils weiterhin aktiv. In der AfD-Jugendorganisation »Junge Alternative« ist die von der IB popularisierte Ideologie bestimmend geworden. Einige »Identitäre« starteten Reorganisierungsversuche, die bislang aber erfolglos blieben. Inzwischen wirkt Martin Sellner faktisch eher als Selbstvermarkter und Influencer in den ihm verbliebenen Internetkanälen, ist in seiner Reichweite deshalb nicht zu unterschätzen, dient aber nicht mehr wie zuvor als Aushängeschild und Werbeträger einer Organisation. Einige IB-nahe Medienformate und ihnen nahestehende Projekte sind hingegen weiterhin im Internet präsent. Das »Institut für Staatspolitik«, die Patenorganisation im Hintergrund der IB, ist ohnehin weiter tätig, genauso wie die Kampagnenagentur »Ein Prozent« aus dem gleichen Spektrum.

VERBREITUNG UND URSACHEN

Was Rechtsextreme tun, was sie motiviert, wie sie sich organisieren, wie sie auf die Bundesrepublik und die Welt schauen und wie sie politischen Einfluss gewinnen wollen, wurde in den vorangegangenen Kapiteln umrissen. Zur Abrundung der Betrachtung werden hier zwei ergänzende Fragen jenseits der Akteursperspektive besprochen. Zum einen werden Studien vorgestellt, die untersuchen, wie weit das entsprechende Denken jenseits des organisierten Rechtsextremismus in der breiten Bevölkerung geteilt wird bzw. wie groß die Publikums- und Partizipationspotenziale für rechtsextreme Politik sind. Außerdem: Dass es Rechtsextremismus in organisierter Form oder als Einstellungsmuster gibt, kann nicht als Selbstverständlichkeit vorausgesetzt werden, sondern ist für sich erklärungsbedürftig. Darum werden ältere wie jüngere Erklärungsversuche vorgestellt, die die Ursachen auf unterschiedlichen Ebenen verorten: durch politische Gegebenheiten, durch historische Traditionen, durch gesellschaftliche und individuelle psychologische Mechanismen sowie auf der Ebene von sozialen Reaktionen auf Krisen.

Wie verbreitet ist rechtsextremes Denken?

Jenseits der mehr oder minder dicht organisierten extremen Rechten soll hier der Blick auf die Teile der Gesellschaft gerichtet werden, die von dieser adressiert werden. Wie viele Menschen sind es, die mit den weltanschaulichen Positionen der extremen Rechten so weit übereinstimmen, dass sie für deren politische Offerten potenziell empfänglich sind? Wie groß ist also die mögliche Nachfrage für die entsprechenden Angebote?

Diese Frage ist von erheblicher Bedeutung, um die Chancen abschätzen zu können, die die extreme Rechte hat, den gesellschaftlichen Wandel in ihrem Sinne zu erreichen. Selbstverständlich können politische Kräfte in Wahlen oder Krisensituationen durch gelungene Ansprache darüber hinaus auch in benachbarten Milieus punkten. Doch wenn man weiß, wie viele Menschen in ihrem Denken wesentliche Fragmente rechtsextremer Ideologie verinnerlicht haben, ist es möglich, die Größe des gesellschaftlichen Sockels einzuschätzen, auf dem die extreme Rechte aufbauen kann. Antworten darauf bieten sozialwissenschaftliche Erhebungen, die inzwischen in erfreulicher Regelmäßigkeit durchgeführt werden.

Die Rechtsbewegung, die in der Bundesrepublik seit einigen Jahren festzustellen ist – sichtbar geworden etwa in den Wahlerfolgen der AfD – spiegelt sich bemerkenswerterweise in den sozialwissenschaftlichen Erhebungen zur Verbreitung rechtsextremer Denkmuster nur in Teilen wider. Tatsächlich liegt die Größe der manifest rechtsextremen gesellschaftlichen Milieus seit Jahrzehnten auf einem schwankenden, aber immer minoritären Niveau. Sie lässt sich über die vergangenen zwanzig Jahre auf einen Wert zwischen ungefähr 1,7 und 16 Prozent der deutschen Bevölkerung beziffern – abhängig vom Zeitpunkt und davon, welche Methoden der Messung benutzt und welche Definition zugrunde gelegt wurden. Diese Schwankungen in den Angaben sind immens, lassen aber die Aussage zu: Es handelt sich um ein Spektrum von einer siebenstelligen Zahl an Menschen und um eine gesellschaftlich relevante Größe. Bei Ausnutzung günstiger politischer Gelegenheiten ließe sich dieses Potenzial möglicherweise mit dem größeren Potenzial, das latent für rechtsextreme Positionen offen ist, vereinen und zu einem stärkeren, vielleicht auch machtrelevanten politischen Block formieren.

Bisher scheiterte die extreme Rechte in den Jahrzehnten ihres Tuns stets daran, ihr Potenzial zu einen, auszuschöpfen und über einen neuralgischen Punkt hinaus zu mehren. Die extreme Rechte ist weit davon entfernt, das Sprachrohr einer »schweigenden Mehrheit« zu sein, als das sie sich fortwährend auszugeben versucht. Die »Wir sind das Volk«-Rufe auf Pegida-Demonstrationen sind auch angesichts der tatsächlichen Verhältnisse in Deutschland eine Anmaßung und Übertreibung.

Von den Menschen, denen anhand der sozialwissenschaftlichen Erhebungen rechtsextreme Einstellungsmuster bescheinigt werden können, sind wohl die wenigsten an die rechtsextremen Organisationen angebunden. Manche gehen nicht wählen und artikulieren sich politisch auch sonst nicht. Bei anderen klaffen politische Einstellung und Praxis auseinander. Rechtsextreme Einstellungen sind auch unter den Wählerinnen und Wählern von demokratischen Parteien zu finden. Nicht wenige sind zwar politisch unzufrieden, aber dennoch systemintegriert.

Die empirische Erfassung von rechtsextremen Einstellungsmustern in der Bundesrepublik begann vor über vierzig Jahren. Unter dem Eindruck des damaligen Rechtsterrorismus und neonazistischen Tendenzen unter Jugendlichen gab das Bundeskanzleramt unter Helmut Schmidt eine Studie beim Sinus-Institut in München und Heidelberg in Auftrag. Kern war eine Befragung, in der zwischen 1979 und 1980 fast 7000 Bundesbürgerinnen und -bürger Auskunft über ihre politische Orientierung gaben. Der öffentliche Forschungsbericht trug die aufsehenerregende Schlagzeile: »5 Millionen Deutsche: ›Wir sollten wieder einen Führer haben‹«. 13 Prozent der bundesdeutschen Wahlberechtigten, so die Studie, hätten ein »geschlossenes rechtsextremes Weltbild«. Etwa der Hälfte davon, 6 Prozent der gesamten Wahlbevölkerung, wurde bescheinigt, dass sich ihre Einstellung bereits in konkretem Protestverhalten ausgedrückt habe oder bald ausdrücken könnte. Hinzu kamen 2 Prozent, die als »rechtsextremes Öko-Potenzial« gewertet wurden, weil sich bei ihnen Elemente der »Blut und Boden«-Ideologie mit zeitgemäßem Umweltschutzdenken vermischten. Für 37 Prozent der Befragten wurde zusätzlich ein nicht geschlossen rechtsextremes, wohl aber »autoritäres Einstellungspotenzial« ermittelt. Unter den Menschen ab 50 Jahren lagen die Einstellungspotenziale besonders hoch, unter den Jüngeren waren sie weniger weit verbreitet. Deutlich wurde, dass es sich größtenteils um Menschen handelte, die in die Gesellschaft integriert waren und ein eher konventionelles Leben führten: verheiratet, voll berufstätig (oft als einfache Angestellte oder qualifizierte Arbeiterinnen und Arbeiter), mit gutem Einkommen, hoher Lebenszufriedenheit und einem hohen Grad an sozialer Einbindung. Bei der vorangegangenen Bundestagswahl 1976 hatten die als rechtsextrem Eingestuften nur zu 1 Prozent NPD gewählt, zu 56 Prozent aber die Unionsparteien. Geografisch waren die Einstellungen in Nordrhein-Westfalen, Bayern, Baden-Württemberg und Hessen am weitesten verbreitet. Die Zustimmung zu einzelnen Items – also Aussagen, die den Befragten vorgelegt wurden –, war teilweise massiv. So befanden 25 Prozent der Wahlbevölkerung, dass der Einfluss von »Juden und Freimaurern« zu hoch sei. Über die Hälfte – 53 Prozent – hielten eine »echte Volksgemeinschaft« für erstrebenswert. »Unsere Rasse muss rein erhalten werden«, meinten 39 Prozent.

Zwei allgemeine Probleme in der Sozialforschung zu gesellschaftlich kontrovers verhandelten Themen stellten sich auch der Sinus-Studie von 1979/1980, und auch alle folgenden Untersuchungen mussten sich mit ihnen auseinandersetzen: das Problem der übermoderaten Selbsteinschätzung und das der sozialen Erwünschtheit. Nur wenige Menschen verstehen sich selbst als »radikal« oder »extrem«, die meisten verorten sich eher in der Mitte. Die Antworten auf die simple Frage nach einer politischen Selbsteinschätzung (etwa: »Wie stark würden Sie sich als links oder rechts einordnen?«) sagen darum wenig über die tatsächliche Verbreitung rechtextremen Gedankenguts aus. Bei Befragungen zu kontroversen Themen tendieren Menschen außerdem dazu, ihre tatsächliche Meinung zu verbergen, wenn sie befürchten, diese könnte polarisierend wirken oder Widerspruch hervorrufen. Sie antworten also nicht immer ehrlich, sondern geben eine Auskunft, die sie für sozial erwünscht halten.

Für die Sinus-Studie wurden darum nicht einfach nur politische Selbsteinschätzungen abgefragt, sondern es wurden einzelne Bestandteile rechtsextremen Denkens angesprochen und diese Antworten miteinander in Beziehung gesetzt. Das Institut führte eine Vorstudie durch und identifizierte insgesamt 27 solcher Teilbereiche, die sowohl direkt politischen als auch kulturell-sozialen Charakter hatten. Darunter waren beispielsweise Rassismus, Nationalismus, Machismus, Harmoniestreben und Heimatbewusstsein. Allen diesen Teilbereichen wurden Items zugeordnet. Die Auskünfte wurden zusammengezogen und dann bewertet. Eine Zustimmung zu einzelnen Items – so problematisch sie für sich auch sein mögen –, zog keine Einordnung als »rechtsextrem« nach sich. Dieser Schritt erfolgte erst ab einer sehr hohen Zustimmungsquote (ein Wert von 2,5 und höher auf einer Skala von 1 bis 4).

Eine häufig angeführte Kritik an Studien dieser Machart besagt, dass sie durch den Stil der Fragestellung leichtfertig demokratische und konservative Positionen als radikal und illegitim hinstellten: Heimatverbundenheit oder Bedenken gegen eine zu liberale Einwanderungspolitik würden zur Demokratiefeindlichkeit erklärt, was zu alarmistischen Zahlen führe. Der ehemalige SPD-Politiker Sigmar Gabriel kritisierte 2019 etwa, dass die Studien den Wunsch nach Sicherheit und Ordnung als »rechts« brandmarkten. Über Grenzziehungen und über einzelne Items kann selbstverständlich gestritten werden, und folglich sind durch die unterschiedlichen Akzentuierungen nicht alle Einstellungsstudien unmittelbar miteinander vergleichbar. Prinzipiell wird diese Kritik den Studien jedoch nicht gerecht, da durch die verwendeten Berechnungsmethoden eben gerade ausgeschlossen wird, dass Individuen durch streitbare Einzelstatements zu Rechtsextremen erklärt werden. Gemessen werden nicht nur Meinungen zu einzelnen politischen oder kulturellen Fragen, sondern im Mittelpunkt steht deren gemeinsames Auftreten – also ein Einstellungsmuster und keine Einzelmeinungen.

In der DDR wurden derweil keine Untersuchungen durchgeführt, die mit jener des Sinus-Instituts vergleichbar gewesen wären. Als am Ende der 1980er-Jahre das Problem des Neonazismus in der Jugend so groß geworden war, dass man es nicht mehr ignorieren konnte, wurde immerhin eine Jugendbefragung angestellt, die entsprechende Fragen berührte. Das Leipziger Zentralinstitut für Jugendforschung kam dabei – wenig überraschend – zum Schluss, dass rechtsextreme Ansichten weitverbreitet waren. 12 Prozent der befragten 14- bis 18-Jährigen stimmten dem Item »Der Nationalsozialismus hatte auch seine guten Seiten« zu. 64 Prozent der Befragten gaben an, stolz auf ihr »Deutschtum« zu sein. Schätzungsweise hätten 10 bis 15 Prozent der gesamten DDR-Bevölkerung ein »festgefügtes rechtsradikales Denkmuster«. Der Anteil lag also in der Größenordnung der bundesrepublikanischen Werte.

Nach dem politischen Umbruch von 1989/90 wurden auch gesamtdeutsche Untersuchungen möglich und stießen angesichts der drastisch ansteigenden rassistischen Gewalt auf besondere Aufmerksamkeit. Der Mainzer Politikwissenschaftler Jürgen Falter ermittelte 1994, dass die Einstellungspotenziale im Westen Deutschlands mit 13 Prozent deutlich höher waren als jene im Osten mit 8 Prozent. Dieses Verhältnis kehrte sich erst in der zweiten Hälfte der 1990er-Jahre um. Eine Folgestudie 1998 bezifferte das Potenzial nunmehr im Westen auf 10 und im Osten auf 12 Prozent.

Die Berliner Politikwissenschaftler Richard Stöss und Oskar Niedermayer kamen im gleichen Jahr auf ein rechtsextremes Einstellungspotenzial von 13 Prozent in der deutschen Bevölkerung – wie bei Falter war laut der Untersuchung von Stöss und Niedermayer der Osten mit 17 Prozent stärker belastet als der Westen mit 12 Prozent. Der in diesen Umfragen gemessene Wandel spiegelte sich auch in Wahlen und somit auf der Ebene politischen Handelns. Bis in die Mitte der 1990er-Jahre waren die Ergebnisse rechtsextremer Parteien in Westdeutschland höher als im Osten.

Bei den Bundestagswahlen 1998 lagen diese im Osten mit zusammenaddiert 5,0 Prozent der Stimmen erstmals über denen im Westen (2,9 Prozent). Diese Veränderungen im Osten gingen mit Enttäuschungen über den Vereinigungsprozess einher. Der Anteil der Ostdeutschen, die optimistisch in die Zukunft blickten, war in den 1990er-Jahren rapide gesunken.

Stöss und Niedermayer setzten ihre Einstellungsstudien fort. 2003 ermittelten sie ein gesamtdeutsches Potenzial von 16 Prozent – ein Rekordwert im negativen Sinne. 2001 vereinbarten verschiedene Sozialforscherinnen und Sozialforscher, dass Rechtsextremismus fortan im Interesse der Vergleichbarkeit mithilfe von 16 Items gemessen werden solle, die folgenden Dimensionen zugeordnet sind: Befürwortung einer rechtsautoritären Diktatur, Chauvinismus, Ausländerfeindlichkeit, Antisemitismus, Sozialdarwinismus und Verharmlosung des Nationalsozialismus. Mit dieser veränderten, in einigen Punkten strengeren Rechtsextremismusskala ergaben Untersuchungen von Stöss und Niedermayer in den Jahren 2005 und 2008 gesamtdeutsche Werte von 12 bzw. 10 Prozent. Die Kluft zwischen Ost- und Westdeutschland verringerte sich dabei. Die Unterschiede zwischen Norden und Süden waren sogar ausgeprägter als zwischen Ost und West. In Bayern und Baden-Württemberg lagen die Einstellungspotenziale wesentlich höher als in den nordwestdeutschen Bundesländern.

Einen anderen analytischen Zugriff nutzte ein Forschungsteam um den Bielefelder Soziologen Wilhelm Heitmeyer. In einer zehnjährigen Langzeitstudie unter dem Titel »Deutsche Zustände« wurde zwischen 2002 und 2011 die Stärke und Entwicklung von Vorurteilen gegenüber Minderheiten in Deutschland untersucht. Die »gruppenbezogene Menschenfeindlichkeit«, so der oft als »GMF« abgekürzte Terminus, basiere auf einer Ideologie der Ungleichwertigkeit und bezog sich in der Studie auf Rassismus, Fremdenfeindlichkeit, Antisemitismus, Homophobie, Islamfeindlichkeit, Sexismus, Etabliertenvorrechte sowie die Abwertung von Sinti und Roma, Asylsuchenden, Wohnungslosen, Menschen mit Behinderungen und von Langzeitarbeitslosen. Die GMF, so leitete Heitmeyer aus der Studie ab, sei ein Syndrom, da die Abwertungen oft miteinander verknüpft aufträten. Eher selten werten Menschen nur eine dieser Gruppen ab, häufiger werden mehrere gleichzeitig abgelehnt. Zu den Ursachen zählte das Team um Heitmeyer Prozesse der Verunsicherung und Desintegration, also einer Verschlechterung der gesellschaftlichen Bindungskräfte. Auf den Untersuchungszeitraum wirkten sich die Anschläge des 11. September 2001 aber auch die Einführung von Hartz IV aus. Wichtiger seien aber die eher schleichende Entsolidarisierung und die Ökonomisierung des Denkens. Die 2000er seien ein »entsichertes Jahrzehnt« gewesen. Im Verlauf der Studie entwickelten sich die einzelnen Ausprägungen der GMF unterschiedlich. Sexismus, Homophobie und Antisemitismus nahmen ab, Fremdenfeindlichkeit und die Diskriminierung von Langzeitarbeitslosen und Obdachlosen nahmen zu. Auch die Bereitschaft, Gewalt zur Durchsetzung eigener Ansprüche zu billigen oder einzusetzen, wurde erfasst. Bei politisch rechts orientierten Menschen war sie signifikant erhöht und sowohl bei Jüngeren als auch bei Älteren anzutreffen. Personen, bei denen Fremdenfeindlichkeit, Antisemitismus, Autoritarismus und Islamfeindlichkeit zusammen auftraten, wurden in der Studie als Teil des rechtspopulistischen Potenzials gewertet. Über die zehn Jahre der Befragungen hinweg schwankte dieser Wert zwischen knapp 14 Prozent im Jahr 2003 und 9 Prozent im Jahr 2011.

Mit dem Rechtsextremismus-Begriff arbeitet hingegen ein Team von Forschenden, die sich an der Universität Leipzig konzentrieren. Um Oliver Decker und Elmar Brähler ist seit der ersten Studie 2002 (damals zusammen mit dem Berliner Oskar Niedermayer) die größte und sich über den längsten Zeitraum erstreckende Sammlung von miteinander vergleichbaren Umfragedaten entstanden. Da rechte Einstellungen nicht nur an den Rändern der deutschen Bevölkerung zu finden sind, trugen die Veröffentlichungen seit 2006 den Begriff »Mitte« im Titel: *Vom Rand zur Mitte* oder *Die enthemmte Mitte*. Bis 2012 wurden die Studien im Auftrag der SPD-nahen Friedrich-Ebert-Stiftung durchgeführt.

Seit 2014 hat sich der Überblick der Forschungslandschaft insofern zeitweise verkompliziert, als dass ab diesem Jahr die Friedrich-Ebert-Stiftung weitere »Mitte«-Studien bei einem Bielefelder Forschungsteam um den ehemaligen Heitmeyer-Mitarbeiter Andreas Zick in Auftrag gab. In Leipzig wurde die Arbeit zunächst mit dem »Mitte«-Titel weitergeführt. Dann rückte sie stattdessen den Begriff des »Autoritarismus« in den Mittelpunkt, zuletzt mithilfe der Otto-Brenner-Stiftung und der Grünen-nahen Heinrich-Böll-Stiftung realisiert. In Bielefeld werden Rechtsextremismus und GMF miteinander verknüpft erhoben. Es existieren derzeit also zwei Forschungsteams, die Sozialforschung zu der Verbreitung rechten Denkens betreiben, die längere Zeit den Titel »Mitte-Studie« für sich reklamierten und die beide auf den Daten der Erhebungen aus den Jahren 2002 bis 2012 aufbauen. Das rechtsextreme Potenzial des Jahres 2012 – 9 Prozent der Bevölkerung – hat sich den Bielefeler Daten zufolge stark reduziert und schwankt seitdem bei einem Wert zwischen 1,7 und knapp 3 Prozent. In der jüngsten Ausgabe von 2021 war die Zunahme von »teils/teils«-Antworten auffällig, was laut den Forschenden den Verdacht nahelegt, dass vor dem Hintergrund vermehrter gesellschaftlicher Diskussionen zum Themenfeld manche Befragte ihre Zustimmung zu den Statements inzwischen stärker verklausulieren anstatt sie offen zu äußern.

Die Daten aus Leipzig bestätigen den allgemeinen Rückgang des nachweisbar manifest-rechtsextremen Potenzials, auch wenn er nicht gleichermaßen stark ausfällt. Von 9 Prozent im Jahr 2014 fiel der Wert in den drei Leipziger Studien auf rund 6 Prozent im Jahr 2018 und 4,3 Prozent im Jahr 2020. Die Unterschiede zwischen den Leipziger und Bielefelder Ergebnissen – wohlgemerkt werden dieselben Items verwendet – sind unter anderem mit dem Effekt der Sozialen Erwünschtheit zu erklären. In Bielefeld werden Daten durch Telefoninterviews erhoben, bei denen sich die Befragten also mündlich gegenüber einer ihnen unbekannten Person zu ihren Ansichten bekennen müssen. Bei den Leipziger Studien werden hingegen Papierfragebögen verteilt, die unbeobachtet ausgefüllt werden – so wurde es zuvor auch bei den Studien aus den Jahren 2002 bis 2012 gehandhabt.

In den aktuellen Bielefelder und Leipziger Studien bildet sich die unterschiedlich starke Verbreitung der einzelnen Einstellungsdimensionen ungefähr übereinstimmend ab. »Ausländerfeindlich« sind laut den 2020er Leipziger Daten rund 16,5 Prozent der Deutschen eingestellt. Ähnlich weit verbreitet ist mit 14 Prozent der Chauvinismus (womit ein aggressiver Nationalismus gemeint ist). Vergleichsweise schwächer verbreitet sind mit Werten zwischen knapp 2,1 und 3,6 Prozent die Befürwortung einer rechten Diktatur, der Antisemitismus, die Verharmlosung des Nationalsozialismus und Sozialdarwinismus (also das »Recht des Stärkeren«). Bei einzelnen Items werden weiterhin beunruhigend hohe Werte registriert. 10 Prozent der Deutschen halten den »Einfluss von Juden« für »zu groß« und zusätzliche 24 Prozent der Befragten stimmten dieser Aussage »teils zu, teils nicht«. Eine starke Partei, die die »Volksgemeinschaft« repräsentiere, wünschten sich 17 Prozent, während weitere 21 Prozent »teilweise« zustimmten.

Die Einstellungen sind in Ostdeutschland stärker als in Westdeutschland verbreitet. Ein ähnlich starker Unterschied ist derweil auch in Hinsicht auf den formalen Bildungsgrad der Befragten feststellbar. Bei Personen ohne Abitur sind die Einstellungen etwas mehr als doppelt so stark verbreitet wie bei jenen mit Abitur (wobei hier auch eine höhere Auswirkung der Sozialen Erwünschtheit vermutet werden kann, die – wenn zutreffend – diesen Befund relativierte). Unter Frauen sind rechtsextreme Einstellungen laut den Messungen etwas weniger stark verbreitet. Es handelt sich zudem nicht um ein Jugendphänomen. Im Osten sind sie allerdings bei den jüngeren (zwischen 14 und 30 Jahren) und den mittleren Jahrgängen (31–60) stärker verbreitet als bei den älteren. Im Westen sind Chauvinismus und Antisemitismus bei den Älteren stärker ausgeprägt als in den jüngeren Jahrgängen.

Unter Arbeitslosen sind höhere Zustimmungswerte zu finden als unter Erwerbstätigen. Vergleichsweise gering sind die Abweichungen nach Kirchenzugehörigkeit; unter Konfessionslosen liegen die Werte etwas höher als bei Christinnen und Christen. Unter Menschen, die politisch apathisch sind, sind rechtsextreme Einstellungen indes verstärkt verbreitet. Bei Personen, die sich gegenüber dem Leipziger Forschungsteam als »Nichtwähler« bezeichneten, waren rechtsextreme Einstellungen besonders stark aufzufinden. Allerdings waren diese durchaus auch unter den Menschen verbreitet, die eine Parteipräferenz angaben. Insgesamt eher stärker waren sie in den Anhängerschaften der Unionsparteien, der SPD und der FDP zu finden, etwas weniger ausgeprägt bei den Grünen und der Linkspartei. Immerhin äußerten sich 2020 aber 9 Prozent der Linkspartei-Wählerinnen und Wähler ausländerfeindlich, 3 Prozent der Grünen-Anhängerinnen und -Anhänger chauvinistisch und im Fall der FDP 4 Prozent sozialdarwinistisch. Ausländerfeindlichkeit wurde für 9 Prozent der SPD-Anhängerschaft respektive 14 Prozent der Unionsanhängerschaft konstatiert.

Unter den Anhängerinnen und Anhängern einer bestimmten Partei hingegen waren die Zustimmungswerte zu allen Dimensionen rechtsextremer Einstellung eklatant höher als bei allen anderen und lagen meistenteils sogar mehr als doppelt so hoch wie bei den für Rechtsextremismus eigentlich besonders anfälligen Nichtwählerinnen und Nichtwählern: Im Klientel der AfD sind rechtsextreme Einstellungen ausgeprägter vorzufinden als in allen anderen gesellschaftlichen Gruppen. 55 Prozent der Menschen, die sich zur AfD-Wahl bekannten, waren ausländerfeindlich, 46 Prozent chauvinistisch, 9 Prozent befürworteten eine rechte Diktatur, 14 Prozent waren antisemitisch, 6 Prozent sozialdarwinistisch und 7 Prozent verharmlosten den Nationalsozialismus. Vor diesem Hintergrund ist es wenig überraschend, dass die AfD laut der Leipziger Studie unter Rechtsextremen die erfolgreichste Partei ist. 32 Prozent der Rechtsextremen äußerte, bei den nächsten Wahlen AfD wählen zu wollen. Unter den demokratischen Parteien schnitten CDU und CSU mit knapp 21 Prozent bei den rechtsextrem Orientierten am besten ab.

Eine weitere Studie, die von der Bertelsmann-Stiftung Anfang 2020 veröffentlicht wurde, streicht die besondere Position der AfD noch schärfer heraus. Eine manifeste rechtsextreme Einstellung läge demzufolge bei 8 Prozent der deutschen Gesamtbevölkerung vor. Bei den Anhängerinnen und Anhängern der demokratischen Parteien rangierte diese Zahl zwischen 2 und 6 Prozent. Für die AfD-Wählerinnen und -Wähler ermittelte die Stiftung hingegen einen im Vergleich zur Gesamtbevölkerung fast um das Vierfache höheren Wert von 29 Prozent, hinzu kämen latent rechtsextreme und populistische Muster. Das Profil der Partei ähnele in dieser Hinsicht immer mehr dem der NPD: »Fast neun von zehn AfD-Wähler:innen (87 Prozent) sind entweder klar oder zumindest teilweise populistisch und/oder manifest bzw. latent rechtsextrem eingestellt.«

Ein Ostproblem?

In der Berichterstattung über den Rechtsextremismus in den ostdeutschen Bundesländern sind immer noch Klischees anzutreffen: Plattenbauten, Glatzköpfe, Arbeitslosigkeit. In ihrer Simplizität konnten diese Stereotype natürlich die Realität nie abbilden und waren immer auch ein Vehikel, um Probleme bestimmten »Rändern« zuzuschreiben. Zugespitzt: Rechtsextremismus passe nicht zu Deutschland und sei, wenn überhaupt, eine Erscheinung in »unzivilisierten« ostdeutschen Randgruppen.

Dabei ließe sich durchaus das Gegenteil behaupten – in der Mehrheit sind Rechtsextreme Westdeutsche. Zu DDR-Zeiten konnte sich im Osten Deutschlands kein organisierter Rechtsextremismus etablieren, der wesentlich über tradierte Grundstimmungen und subkulturelle und gewaltsame Ausdrücke hinausreichte. Die größeren rechtsextremen Organisationen und Parteien sind durch die Bank Produkte der Bundesrepublik. Hochburgen des Rechtsextremismus entwickelten sich im Westen Deutschlands, etwa in Baden-Württemberg, wo die »Republikaner« in den 1990er-Jahren Wahlerfolge feierten. Der Funktionskader rechtsextremer Organisationen und die Vordenkerinnen und Vordenker des Spektrums haben in ihrer überwältigenden Mehrheit eine westdeutsche Sozialisation. Dies gilt auch für jene, die aktuell in den ostdeutschen Bundesländern ihre Politik betreiben. Addiert man die Zahlenangaben aus Landes-Verfassungsschutzberichten zusammen, so zeigt sich ebenfalls ein Überhang von Westdeutschen. 14 500 Rechtsextreme wurden im Jahr 2019 von den Landesbehörden in Westdeutschland gezählt und nur 11 400 in Ostdeutschland. Auch das Wahlverhalten zugunsten rechter Parteien konzentriert sich nach absoluten Zahlen auf den Westen: Bei den Landtagswahlen zwischen 2016 und 2020 entfielen vier Millionen westdeutsche und 1,8 Millionen ostdeutsche Stimmen auf die AfD.

Natürlich aber verschiebt sich das Bild, wenn die geringere Größe Ostdeutschlands in Rechnung gestellt wird. Nur 16 der 83 Millionen Menschen, die in Deutschland leben, wohnen in Ostdeutschland (Berlin mit eingerechnet). Bei den erwähnten Landtagswahlen zwischen 2016 und 2020 entfielen 22,5 Prozent der Stimmen in Ostdeutschland auf die AfD. In Westdeutschland lag der AfD-Anteil mit 9,5 Prozent weit niedriger. Auch andere Strukturdaten zeigen eine proportional höhere Belastung des Ostens. Die Zahl rechter Gewalttaten ist auf die Bevölkerungsgröße heruntergerechnet im Osten stark erhöht. Seit dem Ende der 1990er-Jahre sind rechtsextreme Denkmuster im Osten stärker als im Westen verbreitet.

Dass der Problemdruck im Osten also höher ist, ist kaum zu bestreiten. Worin die Gründe hierfür zu suchen sind, ist umstritten. Weithin besteht in der Forschung jedoch Einigkeit, dass es keine alleingültige, monokausale Erklärung gibt, sondern ein ganzes Bündel von Einflussfaktoren eine Rolle spielt. Dazu zählen autoritäre Erbschaften aus der DDR-Zeit und der Rassismus der DDR-Gesellschaft, die den Anspruch von »internationaler Solidarität« und von »Völkerfreundschaft« im konkreten Zusammenleben nie einlöste. Alltägliche Erfahrungen mit »Ausländern« konnten kaum gemacht werden.

Entscheidender für die Entwicklung waren wohl auch Frustrationen und Enttäuschungen in den ersten Jahren nach 1989, die bei manchen mit Rechtsextremismus und Rassismus einhergingen. Im Osten Deutschlands sind die Protestpotenziale und die Zahl der Unzufriedenen höher als im Westen und die politischen Institutionen als Stabilisierungsfaktoren sind dort aus historischen Gründen schwächer verankert. So sind auf die Gesamtbevölkerung gerechnet sehr viel weniger Ostdeutsche in Parteien engagiert als im Westen. Auch politische Milieus und Parteienbindungen im Sinne von Stammwählerschaften sind wesentlich fragiler. Die Chancen für neue politische Player und für Proteste sind dadurch im Osten besser, wovon auch Rechtsextreme profitieren können. Der Magdeburger Theologe David Begrich weist darauf hin, dass sich in der Umbruchzeit bis Mitte der 1990er-Jahre Rechtsextremismus im Osten als politisches Milieu ausformen konnte. Die damaligen Jugendlichen, die sich massenhaft den rechten Subkulturen anschlossen, sind älter geworden, haben aber oftmals ihre politische Orientierung nicht grundlegend geändert: Die »Generation Hoyerswerda« wirke darum weiterhin prägend auf das politische Klima des Ostens ein. »Die Strukturen neonazistischer Gruppen und rechter Parteien sind im Osten tiefer in Politik und Gesellschaft verankert. Und zudem ist die Präsenz rechter Politik- und Identitätsangebote im Osten in einem erschreckenden Maße normal«, so Begrich.

Eine Studie des Göttinger »Instituts für Demokratieforschung« stellte 2017 Besonderheiten der Verhältnisse in Ostdeutschland heraus. Verbreiteter als im Westen sei dort das Streben nach Ordnung im Sinne einer kollektiven Identität anzutreffen, für deren Herstellung der Staat Verantwortung zu tragen habe. Bürgerschaftlichem Engagement stünden der Göttinger Studie zufolge manche Ostdeutsche skeptisch gegenüber. Einer Parteienvielfalt werde stärker misstraut, da diese die idealisierte Identität von Volk und Staat untergrabe. So wie sich in der Vergangenheit viele dem Anspruch des DDR-Staates, das Leben seiner Bevölkerung zu durchdringen, widersetzt und sich ins Private zurückgezogen hatten, so gebe es jetzt eine verbreitete Skepsis demokratischen Prozessen und zivilgesellschaftlichem und politischem Engagement gegenüber, die als Teil eines importierten Spektakels wahrgenommen würden. Während vom Staat also zwar die Lösung von Problemen erwartet werde, sei der Alltag vieler Ostdeutscher in einem ungünstigen Maße entpolitisiert. Gegenüber Westdeutschen fühlten sich viele Ostdeutsche benachteiligt und auch gegenüber »Ausländern« zurückgesetzt. Die geringe Wertschätzung für DDR-Biografien und der heutige geringe Anteil Ostdeutscher in führenden Positionen in Wirtschaft, Politik und Justiz wird als kollektive Demütigung empfunden, gegen das politische System in Stellung gebracht und zudem rassistisch aufgeladen.

In manchen ostdeutschen Orten, so die Göttinger Studie, werde der lokale Rechtsextremismus zudem als von Störenfrieden erfundenes Schreckgespenst negiert, rechten Gewalttaten ein politischer Hintergrund abgesprochen und diese somit relativiert. Eine fehlende Problemwahrnehmung begünstige jedoch die Entfaltung rechtsextremer Politik. Im Jahr 2000 hatte der damalige Ministerpräsident Sachsens, Kurt Biedenkopf (CDU), erklärt, dass die Menschen in seinem Freistaat »immun« gegen Rechtsextremismus wären. Nach den rassistischen Ausschreitungen in der sächsischen Kleinstadt Heidenau 2015 bekräftigte er, dass es sich in erster Linie um ein importiertes Problem handele: »Ein nicht unwesentlicher Teil der Leute, die für die Übergriffe verantwortlich waren, waren keine Sachsen. Sie kamen aus Westdeutschland.«

Unterdessen wurden von Rechtsextremen die politischen Potenziale in Ostdeutschland schon frühzeitig erkannt. Gezielt investierten sie Ressourcen, um Aufbauarbeit zu leisten. Dies zahlt sich in Form von Mobilisierungserfolgen und Wahlergebnissen aus. Unter dem Schlagwort »Ex oriente lux« (lat.: »Aus dem Osten kommt das Licht«) wird Ostdeutschland in der extremen Rechten weiterhin als Sehnsuchtsort gehandelt, in dem ein »gesundes« Verlangen nach Autorität und Homogenität weiterhin vorherrsche und eine begrüßenswerte »ethnische Substanz« erhalten geblieben sei. Dort könnten politische Geländegewinne erzielt werden, die mittelfristig die Grundlage für einen bundesweiten Durchbruch der eigenen Politik böten.

In der Summe, so die Göttinger Studie, sei es aber trotz der Spezifika verfehlt, Rechtsextremismus als simples »Ostproblem« zu beschreiben. Strukturschwache, dünner besiedelte und von demografischem Wandel negativ betroffene Orte seien für rechtsextreme Tendenzen deutlich stärker anfällig als größere, urban geprägte Räume. Auch im Westen gebe es diese Gegensätze zwischen Boom- und Abwanderungsregionen, zwischen Regionen mit stärkeren und schwächeren demokratischen Kulturen. Viel klarer als bisher müsse die Ausdifferenzierung des Ostens wahrgenommen werden. Mit einem als »westdeutsch empfundenen Zeigefinger« auf den Osten zu deuten, helfe ebensowenig. Auch im Osten sind Rechtsextreme in der Minderheit und viele Menschen engagieren sich trotz ungünstigerer Rahmenbedingungen für eine demokratische Gesellschaft.

Erklärungen, Bedingungen und Ursachen

Die Frage ist naheliegend, doch ihre Beantwortung fällt schwer: Woher kommt der Rechtsextremismus? Tatsächlich gibt es keine übergreifende und anerkannte allgemeine Theorie des Rechtsextremismus, die dessen Ursachen erschöpfend in allen Facetten erklärt. Schon weil der Begriff unterschiedlich definiert wird – und somit das Phänomen sehr unterschiedlich gezeichnet werden kann –, darf dies nicht verwundern. Nichtsdestotrotz sind die Ursachen und Bedingungen des Rechtsextremismus erklärungsbedürftig. In welche Richtung die existierenden Erklärungsansätze zielen, hängt dabei von den akademischen Disziplinen ab, aus denen sie stammen, aber auch von der Fragestellung und dem zeithistorischen Hintergrund, der ihrer Entwicklung zugrunde lag. In manchen Fällen hat auch die weltanschauliche und politische Orientierung der Forschenden einen Einfluss auf die Akzentuierung der jeweiligen Erklärungsansätze.

Pragmatisch werden die existierenden Erklärungsansätze zumeist als mögliche Deutungsmuster herangezogen, die zwar keine allgemeine Theorie bereitstellen müssen, aber doch einen Erkenntnisgewinn in Teilbereichen versprechen. Manche von ihnen können miteinander in Einklang gebracht werden und ergänzen sich, während andere einander widersprechen. Die Erklärungsansätze, ob sie sich nun auf auslösende oder stabilisierende Faktoren beziehen, lassen sich nach verschiedenen Dimensionen kategorisieren. Richard Stöss etwa unterscheidet nach Erklärungen für »Angebot« und »Nachfrage« bzw. nach »internen« und »externen« Faktoren für den Rechtsextremismus – also danach, ob die Stärke und Gestalt des organisierten Rechtsextremismus als solchem beforscht wird, oder ob nach Ursachen für die Verbreitung und Zustimmungsfähigkeit seiner Ideen bei Individuen oder auf gesellschaftlicher Ebene gefragt wird. Samuel Salzborn differenziert nach strukturellen und gesellschaftlichen Faktoren auf der einen Seite und individuellen auf der anderen. Armin Pfahl-Traughber sortiert wiederum nach statischen, also tendenziell schwer veränderbaren Rahmenbedingungen und nach Erklärungen, die dynamischere und kleinteiligere Veränderungen in den Blick nehmen. Christoph Butterwegge hingegen hat vorgeschlagen, nach kritischen und unkritischen Erklärungen zu unterscheiden: Wird der Rechtsextremismus als ein Problem von gegen gesellschaftliche Normen verstoßenden Randgruppen erklärt oder wird im Gegensatz dazu die Verfasstheit der Gesellschaft als solche kritisch reflektiert? Gibt es Charakteristika der herrschenden Gesellschaftsordnung, die Rechtsextremismus bedingen und ihn beständig aufs Neue hervorbringen?

Im Folgenden werden Theorien über die Ursachen des Rechtsextremismus vorgestellt und einige Hinweise zu ihren jeweiligen Stärken und Schwächen gegeben. Zu diesem Zweck werden sie grob – oft sind die Übergänge fließend – nach vier Feldern geordnet, an denen sie sich orientieren: Politik, Geschichte, Psychologie und Soziales.

Politik: Innere Faktoren und soziale Bewegung

Beim Blick auf die politischen Erscheinungsformen des Rechtsextremismus wird zunächst vorausgesetzt, dass entsprechende gesellschaftliche Potenziale existieren, und gefragt, in welcher Form und unter welchen Bedingungen diese erfolgreich mobilisiert werden können, sich also beispielsweise in steigenden Wahlergebnissen, Auflagen für Publikationen, Mitgliederzuwächse oder der Größe von Veranstaltungen ausdrücken. Wann wird aus latentem ein manifester Rechtsextremismus? Von der Parteien- und Wahlforschung wurden einige Bedingungen identifiziert, die erfüllt sein müssen, um eine vorhandene Nachfrage zu befriedigen oder neu hervorzubringen. Einerseits müssen externe Rahmenbedingungen günstig sein. Voraussetzungen dafür sind etwa eine politische Bewegungsfreiheit, die es Rechtsextremen legal und diskursiv erlaubt, sich zu entfalten. Zudem: Sind die jeweiligen gesellschaftlichen Debatten in ihrem Sinne deutbar und können zugespitzt werden? Gesellschaftliche, ökonomische oder politische Krisen – oder die breite Wahrnehmung von vermeintlichen Krisen – stellen für Rechtsextreme Gelegenheiten dar, um politische Angebote zu machen. Zum anderen muss der Rechtsextremismus auch in der Lage sein, diese Gelegenheiten zu nutzen, also die internen Rahmenbedingungen für erfolgreiches Handeln bereitstellen. Richard Stöss identifiziert als Faktoren hierfür etwa die Fähigkeiten, politische Kompetenz und Glaubwürdigkeit auszustrahlen; attraktive programmatische Alternativen zu kommunizieren; innere Geschlossenheit zu zeigen; populäre und respektable Personen in Führungsgremien aufzuweisen und hinreichende Publizität in den Medien zu erlangen. Somit stehen elementare Kriterien bereit, um Erfolgsaussichten des Rechtsextremismus einzuschätzen, gleichwohl handelt es sich um allgemeine und somit in gewisser Hinsicht unspezifische Faktoren, sind sie doch für jede oppositionelle Strömung relevant.

Vor dem Hintergrund der rassistischen Mobilisierungen zu Beginn der 1990er-Jahre wurde in der Forschung diskutiert, ob es sich beim Rechtsextremismus um eine soziale Bewegung handele und ob diese Einordnung als Erklärung für die Erscheinungsformen und Konjunkturen des Rechtsextremismus tauglich sein könne. Zunächst kann der Begriff in Zusammenhang mit Rechtsextremismus irritierend wirken, da mit »sozialen Bewegungen« tendenziell linksstehende oder um Demokratisierung der Gesellschaft ringende Erscheinungen wie die Frauen-, die Arbeiter- oder die Umweltbewegung assoziiert werden. Mit dem Argument, dass eine politische Formation, die grundsätzlich antisoziale Ziele vertritt, keine soziale Bewegung sein könne, wurde diese Einordnung teilweise zurückgewiesen. Abstrahiert man jedoch von der inhaltlichen Ebene und konzentriert sich auf die strukturelle Dimension, dann kann Rechtsextremismus durchaus als eine soziale Bewegung im Sinne des Soziologen Dieter Rucht verstanden werden, nämlich als ein durch eine kollektive Identität abgestütztes Handlungssystem von Netzwerken, die sozialen Wandel mit Mitteln des Protests herbeiführen, verhindern oder rückgängig machen wollen. Die netzförmige, verzweigte Architektur des Rechtsextremismus wird mit einer solchen pragmatischen Perspektive erfassbar. Rechtsextremismus wird als handelndes Subjekt konzeptualisiert, das sich an Unzufriedene richtet und zur Durchsetzung seiner Ziele Mittel des Protests einsetzt. Die Kampagnen des Rechtsextremismus und die Mittel, die dabei zum Einsatz kommen – neben Wahlteilnahmen sind es auch Demonstrationen, alltagskulturelle Angebote oder Gewalt –, sind mit den Instrumenten der Bewegungsforschung ergründbar. Ob das Protestparadigma auch auf Wahlerfolge rechtsextremer Parteien übertragbar ist, ist strittig. Immerhin aber liegen Daten vor, die diesen Befund unterstützen. Bei zeitlich teilweise weit auseinanderliegenden Wahlauswertungen zu Parteien wie den »Republikanern«, der NPD oder der AfD zeigte sich, dass die jeweilige Wählerschaft selbstverständlich in hoher inhaltlicher Übereinstimmung mit der jeweiligen Partei liegt, ihre Wahlentscheidung aber zusätzlich und damit nicht unbedingt in Widerspruch stehend auch als Protest ansah – als Denkzettel für »die da oben«. Das Selbstverständnis des rechtsextremen Lagers ist mit dem Begriff der Bewegung zudem adäquat widergegeben. Immer wieder finden sich Bekenntnisse dazu, eine oppositionelle »nationale« oder »patriotische Bewegung« zu sein. Auch in Formationen wie der NPD oder der AfD sind Selbsteinordnungen als »Bewegungspartei« zu finden. Teilweise ist der Bewegungsansatz in rechtsextreme Strategiedebatten eingeflossen. Zu nennen sind etwa die seit 1996 propagierte und prinzipiell weiterhin gültige Drei-Säulen-Strategie der NPD (die gleichberechtigte »Kämpfe« um die Köpfe, Straßen und Parlamente vorsieht) oder die in den 1990er-Jahren formulierte Raumdominanzstrategie der »national befreiten Zonen«. Obwohl die Analyse des Rechtsextremismus als soziale Bewegung vieles erklären kann, erscheint es jedoch als fraglich, ob er zeitübergreifend als soziale Bewegung erfassbar ist. Eher ist davon auszugehen, dass Rechtsextremismus bewegungsförmige Episoden hat. Schließlich gab es auch in der DDR einen Rechtsextremismus, der sich jedoch eher kulturell und gewaltförmig artikulierte, aber keinen klassischen politischen Protest und nur rudimentäre Organisationen und Netzwerke hervorbringen konnte. In der frühen Bundesrepublik beschränkte sich Rechtsextremismus in seinen wesentlichen Formen wiederum auf Parteien und kulturelle Organisationen, die nur selten Mittel des Protests – wie etwa Demonstrationen – einsetzten.

Geschichte: Kontinuitäten und politische Kultur

Die Existenz des Rechtsextremismus ist keine Konstante menschlichen Daseins, sondern ein Produkt der neueren Geschichte in der westlichen Welt. So sehr er dazu neigt, eine oft wenig bestimmte Vergangenheit zu verherrlichen, so sehr stammen seine zentralen Kategorien doch aus der Moderne. Rechtsextremismus ist als Ergebnis von geschichtlichen Prozessen verstehbar. Historisch einbettende Betrachtungen zu den Entwicklungslinien der Organisationen dieses politischen Lagers haben ein Erklärungspotenzial, da sie die Reproduktionsketten und die Kontinuitäten auf der Ebene der Akteurinnen und Akteure sichtbar machen. Rechtsextremismus existiert demnach fortlaufend, weil es Wirkmechanismen und konkrete Zusammenschlüsse gibt, die sein Fortbestehen erfolgreich organisieren. Mit den Methoden der Ideengeschichte kann die Genese und Weitergabe sowie die fortwährende Weiterentwicklung der rechtsextremen Anschauungen rekonstruiert werden. Auch in individuellen Sozialisationsprozessen wirken sich geschichtliche Konstellationen aus. So arbeitete die Forscherin Michaela Köttig heraus, dass bei jungen Rechtsextremen (sie interviewte Anfang der 2000er-Jahre weibliche Szeneangehörige) häufig neben anderen Faktoren ein positiver Bezug auf die Großeltern aufzufinden ist und die Geschichte der eigenen Familie während des Nationalsozialismus positiv interpretiert wird.

Noch darüber hinaus weisen Ansätze, die die Ursachen des Rechtsextremismus in der politischen Kultur suchen. Mit diesem Begriff sind die Werte, Glaubensüberzeugungen und Einstellungen gegenüber den politischen Akteuren, Institutionen und Prozessen des politischen Systems gemeint, die in der Gesellschaft zu finden sind. Damit sind emotionale wie kognitive Lagen im politischen Bewusstsein, Besonderheiten des politischen Denkens, die Traditionen und die Erinnerungskultur auch auf abstrakterer und symbolischer Ebene erfasst. Politische Kultur beschreibt ein Tiefenphänomen, also nicht Stimmungsbilder zu tagespolitischen Fragen, sondern tendenziell träge und fortdauernde Traditionen und Haltungen. Auch wenn Forschungen zur politischen Kultur nicht immer unmittelbar historisch argumentieren, haben sie eine geschichtliche Ebene. Vor dem Hintergrund des Erbes der nationalsozialistischen Verbrechen sei in Deutschland jede Form des Rechtsextremismus ein »politisches Problem von unvergleichbarer und einzigartiger Dimension«, argumentierte der Zeitgeschichtler Wolfgang Benz. Christoph Butterwegge zählt auf: »Erblasten der politischen Kultur in Deutschland waren und sind zum Teil noch immer: ein ausgeprägtes Freund-Feind-Denken, die Fixierung auf Staat (Etatismus) und Obrigkeit (Untertanenmentalität), politischer Konformismus und übertriebene Harmoniesucht, Autoritarismus und Antipluralismus, Antiintellektualismus und Irrationalismus, ein Hang zum (rechtlichen) Formalismus, die preußische Ordnungsliebe sowie eine Schwäche der Männer für militärische Disziplin.« Auch ein ausgeprägter Antikommunismus gehört, mindestens in Westdeutschland, zur fortwährenden politischen Kultur – für sich genommen selbstredend nicht rechtsextrem, aber doch ein Ausgangs- und ein Anschlusspunkt für entsprechende politische Erscheinungen. Kurt Lenk analysierte, dass sich schon im 19. Jahrhundert in Deutschland ein Bewusstsein herausgebildet habe, in dem Traditionsbestände und weltanschauliche Motive zu finden seien, die bis in die jüngste Zeit wirksam seien. Dazu gehört die Verabsolutierung von ursprünglich demokratischen Konzepten wie »Volk« und »Nation«, welche emotional aufgeladen seien und sich zur politischen Instrumentalisierung eigneten. Der Politikwissenschaftler Kurt Sontheimer analysierte in einer Studie zur politischen Kultur der Bundesrepublik, dass die Erinnerung an das nationalsozialistische Erbe nach 1945 mental unterdrückt wurde, und damit auch nationalistische und antidemokratische Auffassungen in den Hintergrund traten, gewissermaßen sublimiert wurden. Gleichwohl, so Sontheimer, wirkten die damit verbundenen und verwandten Traditionen und Haltungen fort, darunter etwa Idealismus und Konfliktscheue.

Rechtsextremismus kann als eine eigene politische Kultur verstanden werden, die in Widerspruch zum politischen System steht, da in ihm etwa Volksgemeinschaftsdenken und völkische Homogenitätsideale kultiviert sind, die mit der Idee des Pluralismus und dem Gleichheitsgedanken nicht in Übereinstimmung zu bringen sind. Peter Dudek und Hans-Gerd Jaschke schrieben deshalb in ihrer klassischen Studie von einer rechtsextremen »Stammkultur« in der Bundesrepublik, die sich aus älteren Quellen speise und die sich in der Geschichte des Landes fortwährend reproduziert habe. So wie das Erbe des Nationalsozialismus zur Basiserzählung der Bundesrepublik im Größeren gehöre, so hatte der Nachkriegs-Rechtsextremismus eine – wie es Fabian Virchow nennt – Sub-Basiserzählung aufzubieten, die um »Fremdbestimmung« und »Umerziehung« kreiste. Nicht aus dem Blick geraten dürfen bei der Unterscheidung der rechtsextremen von anderen politischen Kulturen freilich ihre fließenden Übergänge.

Psychologie: Autoritarismus und Dominanzkultur

Die psychologischen (und dabei auch: sozialisationstheoretischen) Ansätze zur Erklärung des Rechtsextremismus gehen maßgeblich auf die vom Exilanten Theodor Adorno geleitete und 1950 veröffentliche Studie zur *Authoritarian Personality* zurück, in der an Vorarbeiten von Erich Fromm (»Autoritärer Charakter«), Max Horkheimer *(Autorität und Familie)* und Wilhelm Reich *(Massenpsychologie des Faschismus)* angeknüpft und Anleihen bei der Psychoanalyse Sigmunds Freud genommen wurden. In dieser Studie wurde danach gefragt, mit welchen Charaktereigenschaften die Hinwendung von Personen zum Rechtsextremismus zu erklären sei. Historischer Hintergrund der Studie war die nationalsozialistische Herrschaft, geforscht wurde anhand von Befragungen, die in den USA durchgeführt wurden.

Zur Ausprägung einer autoritären Persönlichkeit führen, so die Ergebnisse, vor allem Verarbeitungsmuster von emotionalen Erfahrungen in der Kindheit und Jugend von Individuen. Besonders für die Erziehungswissenschaften bietet dieser Erklärungsansatz darum Anknüpfungspunkte bei der Entwicklung von pädagogischen Gegenkonzepten. Keineswegs wurden in der Studie psychische Krankheitsbilder von Individuen als Erklärungsansatz hingestellt, sondern eine kritische gesellschaftstheoretische Einbettung vorgenommen. Herausgearbeitet wurde die Existenz einer Geisteshaltung, die mit hoher Wahrscheinlichkeit bei Rechtsextremen vorzufinden sei. Diese »Autoritarismus« genannte Mentalität sei als oft verborgene, individuelle Charakterstruktur dem konkreten politischen Programm vorgelagert. Das Merkmalsbündel des Autoritarismus wurde in der »F-Skala« (implizite Demokratiefeindlichkeit und Faschismuspotential) zusammengefasst und umfasste Posten wie einen ausgeprägten Konventionalismus, eine autoritäre Unterwürfigkeit und Aggression, Abwehrhaltungen gegen Fantasie und Sensibilität, Aberglaube und Denken in Stereotypen, Machtdenken und Imponiergehabe, Zynismus, die Veranlagung, emotionale Impulse feindselig und verschwörungswitternd nach außen zu projizieren, und eine übertriebene Beschäftigung mit Sexuellem. Ethnozentrismus, Antisemitismus, eine vorurteilsbestimmte Sicht auf die Welt und rigide Vorstellungen von Geschlechterrollen seien Ausflüsse dieser Charakterstruktur. Autoritarismus ist als Gegenbegriff zu einem demokratischen Bewusstsein zu verstehen, er muss sich jedoch nicht notwendig politisch rechtsgerichtet ausdrücken, sondern kann beispielsweise auch eine primär religiöse Ausprägung haben. Allerdings lässt sich besonders die nur scheinbar widersprüchliche Kombination aus autoritärer Unterwürfigkeit und Aggression eindrücklich im Rechtsextremismus nachweisen. Rechtsextremismus, so Kurt Lenk, sei auf der Ebene der Mentalität als Kopplung von Größenwahn und Verfolgungswahn zu verstehen: Man sei von der Grandesse der eigenen Person und des eigenen Volks überzeugt, wähne sich gleichzeitig aber unterdrückt und ausgenutzt von fremden, feindlichen Mächten. Der Autoritarismus sei, so die Ergebnisse der von Adorno geleiteten Studie, kein reines Zwangsverhältnis, in dem nur die Angst vor Bestrafung ein bestimmtes Verhalten hervorbringt, sondern ihm liege eine emotionale Bindung zugrunde, die sich eher sogar aus Liebe speise. Gehorsam werde in der Sozialisation vom Individuum verinnerlicht und erhielte sich dann aus sich selbst heraus aufrecht. Es bedürfe im Zweifel also keiner äußeren Gewalt mehr, sondern die eigene Unterwerfung werde von autoritären Charakteren bejaht. Gehorsam und Unterordnung zahlten sich aus, weil sie es erlaubten, sich als Teil eines überlegenen Kollektivs zu sehen, das legitimiert sei, gegen andere Gewalt auszuüben. Dieses Zusammenspiel von Macht und Gehorsam verschaffe dem Individuum Befriedigung. Die Objekte, an denen sich eine autoritäre Persönlichkeit ausrichtet, so wurde in der Studie analysiert, könnten im politischen wie im sozialen Leben verortet sein und als Personen (Führer, Chef), als Kollektive (Sportteam, Partei) oder als abstrakte Ideen (Religion, »Rasse«) in Erscheinung treten.

Quelle des Autoritarismus sei, wie erwähnt, der Sozialisationsprozess, infolge dessen sich ein Individuum die entsprechenden Züge aneigne. Die Verarbeitung emotionaler Erlebnisse, die Erziehung und die Einbindung und Gestalt von sozialen Institutionen wie Familie, Schule, Sport nähmen darauf Einfluss. Umweltkräfte seien also entscheidend – und diese wiederum von der gesamten Gesellschaft, also von sozialen und auch ökonomischen Faktoren geprägt. Als Gegenstände einer Kritik des Rechtsextremismus seien also die Vergesellschaftungsprozesse und ihre Instanzen in den Fokus zu nehmen.

Der Autoritarismus als psychologischer Ansatz zur Erklärung des Rechtsextremismus ist weiterhin wirkmächtig und wurde in neueren Untersuchungen fortentwickelt. Die Gesellschaft und auch der Prozess der Vergesellschaftung haben sich seit den ursprünglichen Untersuchungen gewandelt. Etwa hat sich die zentrale Stellung der klassisch-patriarchalen Familie seitdem zwar nicht aufgelöst, aber transformiert, und ihre Totalität wurde relativiert. Auch die Wandlung der kapitalistischen Ökonomie, ihr zentraler gesellschaftlicher Stellenwert und ihre Krisenanfälligkeit tragen, so wird analysiert, autoritäre Potenziale. Die Leipziger »Mitte«- bzw. »Autoritarismus«-Studien zur Verbreitung rechtsextremen Denkens in der Bevölkerung knüpfen ausdrücklich an die Studie zur autoritären Persönlichkeit an. Das »autoritäre Syndrom«, so Forscher Oliver Decker, zeige sich auch heute in Konventionalismus, autoritärer Unterwürfigkeit sowie Aggression und sei Ausdruck der anhaltenden autoritären Dynamiken in der Gesellschaft. Die Ökonomie als gesellschaftsprägende Kraft sei selbst eine die Individuen zurichtende Autorität, die zunehmend nach Selbstoptimierungstechniken, Flexibilität und Ähnlichem verlange. Diese Konstellation berge wegen der Krisenanfälligkeit des Kapitalismus das Risiko eines Umschlagens in die Regression. Der Begriff der »Mitte« in den Leipziger Studien verweist zudem darauf, dass Autoritarismus und rechtsextreme Einstellungen keine Erscheinungen von Randgruppen seien. »Mitte« meint dabei keine horizontale (nach politischer Verortung) und auch keine vertikale (nach wirtschaftlicher und sozialer Lage) Kategorie, sondern einen Idealtypus – das breite Selbstverständnis der deutschen Gesellschaft.

Die Psychologin Birgit Rommelspacher brachte den Rechtsextremismus wiederum in Verbindung mit der Frage, wie gesellschaftliche Machtverhältnisse mit den Emotionen und dem Denken und Handeln der Menschen verkoppelt sind. Nicht tatsächliche wirtschaftliche Not, sondern ein Gefühl des Zu-Kurz-Kommens sei eine Geisteshaltung, die den Rechtsextremismus maßgeblich befördere. Wenn sich eine Gesellschaft rasant ändere – Rommelspacher schrieb am Anfang der 1990er-Jahre vor dem Hintergrund des erstarkenden Neonazismus in der gerade erst untergegangenen DDR –, würden erlernte Identitäten infrage gestellt, was als Verlust der inneren Kohärenz erlebt werde. Diese Beschämung und Selbstentwertung könne sich dann aggressiv nach außen richten. Doch auch ein subjektiver Bedeutungsgewinn könne als narzisstische Selbstbestätigung wirken und eine ähnliche Abgrenzungsreaktion hervorrufen. Die Aggressionen richteten sich gegen das »Fremde« und allein die Begegnung mit ihm könne eine narzisstische Kränkung auslösen. Aus dem Bewusstsein verdrängte Triebe würden auf das »Fremde« projiziert, in dem Unmoral, Unordnung und Gefahr verortet wird. Das »Fremde« werde so auf einen Platz verwiesen, der in der gesellschaftlichen Hierarchie unter dem eigenen liege, womit es unterworfen werden müsse. Rommelspacher nannte diese Erscheinung »Dominanzkultur«: Der exklusive Zugang zu Macht und Ressourcen werde gegen Eindringlinge verteidigt. Es handele sich beim Rechtsextremismus und weiter gefasst bei Diskriminierungsmechanismen wie Rassismus und Sexismus also nicht primär um Krisenreaktionen, sondern um die Verteidigung von eigentlich ungerechtfertigten Privilegien. Sie dienten dem relativen Machterhalt der Etablierten und Bessergestellten.

Beachtlich ist ferner die frühe Analyse des Nationalsozialismus, die der Philosoph Ernst Bloch bereits am Anfang der 1930er-Jahre anstellte und in der er ebenfalls einen Zusammenhang zwischen Ökonomie und Gesellschaft auf der einen Seite und in der Mentalität und Psychologie verwurzelten Haltungen auf der anderen Seite herausstellte. Der Marxist Bloch wich damit von der Linie der KPD ab, die im Nationalsozialismus nur einen Agenten des Kapitalismus sehen wollte. Das soziale Ungleichgewicht, das der moderne Kapitalismus verursache, rufe Widerstände hervor, die er als materiell begründet und »gleichzeitig« zur materiellen Entwicklung der Verhältnisse ansah. Parallel dazu gebe es jedoch auch Widersprüche gegen die Verhältnisse, die nicht objektiven, sondern subjektiven Charakter hätten: eine Sehnsucht nach Einfachheit und Geborgenheit, nach Mythos und Metaphysik. Diese »ungleichzeitigen« Widersprüche seien Restbestände aus früheren Zeiten im Bewusstsein der Bevölkerung. Mithilfe von harmonistischen Bildern der Vergangenheit tische der Nationalsozialismus »das unerfüllte Märchen der guten alten Zeit« wieder auf. Als Gegenmittel empfahl Bloch »ungleichzeitige Propaganda«, um der nationalsozialistischen Werbung dieses Feld nicht zu überlassen. Traditionalismus, Rückwärtssehnsucht und ein unscharfes Unbehagen an der Welt wurden von Bloch so als – potenziell überwindbare – Bestände in den Köpfen der Menschen herausgearbeitet, die, wenn sie mobilisiert werden, eine entscheidende Basis für das politische Potenzial des Rechtsextremismus hätten.

Soziales: Reaktion auf Krisen, Desintegration und Modernisierung

Der US-Politikwissenschaftler und Soziologe Seymour Martin Lipset brachte am Ende der 1950er-Jahre eine sozialstrukturelle Komponente in die damalige Diskussion ein, indem er politische Orientierungen an Klassen- bzw. Schichtzugehörigkeit koppelte. Den tieferstehenden gesellschaftlichen Schichten ordnete er linke Orientierungen und Mentalitäten zu, während in den Oberschichten traditionell rechte Orientierungen und Mentalitäten zu finden seien. In den Mittelschichten wiederum sei sowohl die Basis für den Liberalismus als auch für den Faschismus und Nationalsozialismus auszumachen. Lipset, der die politischen Verhältnisse der Weimarer Republik untersuchte, grenzte somit den Nationalsozialismus von der alten, wilhelminischen Rechten ab. Er stellte antidemokratische Einstellungen als Reaktionen auf gesellschaftliche oder wirtschaftliche

Krisenerscheinungen heraus, die überall in der Gesellschaft aufzufinden seien, jedoch eben unterschiedliche Ausprägungen fänden – je nach Schichtzugehörigkeit als extremistische Linke, extremistische Rechte oder im Fall der Mittelschichten als Faschismus, der darum ein »Extremismus der Mitte« sei. Spätere Analysen der Wahlen in der Weimarer Republik relativierten diesen Befund, da die NSDAP zwar durchaus eine starke und überdurchschnittlich ausgeprägte Basis unter Angestellten und anderen Angehörigen der Mittelschicht hatte, aber eben auch von der Arbeiterschaft gewählt wurde. Die NSDAP sei, so Jürgen Falter, eine »Volkspartei des Protestes mit Mittelstandsbauch« gewesen.

Lipset wies mit seiner Analyse jedoch eindrücklich auf die unterentwickelte liberale Tradition in Deutschland als eine Ursache für den Durchbruch des Nationalsozialismus hin. Durch die fortschreitende Krise hätten sich die Mittelschichten vom demokratischen Staat entfernt und dem Nationalsozialismus zugewandt. Nicht unähnlich hatte zuvor schon der Soziologe Theodor Geiger dem Mittelstand eine »ideologische Verwirrung« attestiert, die Resultat des vollzogenen oder drohenden gesellschaftlichen Abstiegs in die Armut gewesen sei. Das habe emotional zu Hass und politisch zu einem Rechtsruck geführt. Auch für die Bundesrepublik konnte nachgewiesen werden, dass die soziale Mitte eine wichtige Basis für den Rechtsextremismus darstellt. Beispielsweise fußten die Wahlerfolge der NPD in den 1960er-Jahren auf Mobilisierungserfolgen der Partei in den Mittelschichten. Das Stichwort des »Extremismus der Mitte« hat sich derweil vom unmittelbaren Rahmen der Theorie Lipsets gelöst und wird auch in anderen Zusammenhängen gebraucht.

Der Ansatz, den Rechtsextremismus als Krisenreaktion auf eine ökonomische oder soziale Deklassierung zu betrachten, ist seitdem weiter modifiziert worden und findet sich in den jüngeren Diskussionen in verschiedenen Varianten. Als Ursache des Rechtsextremismus wurden Vorgänge sozialer Desintegration ausgemacht: ein prozesshaftes Herausfallen von Bevölkerungsteilen aus den Agenturen des gesellschaftlichen Zusammenhalts, ein Zurückziehen aus der gesellschaftlichen Teilhabe und aus sozialen Beziehungen. Dies äußere sich auch auf emotionaler Ebene (etwa: Ängste vor Überforderung und »Überfremdung«), könne frusthaft-resignativ sein (»Politikverdrossenheit«) und in Protesthaltung, Protestverhalten und letztlich auch in Gewalt münden. Das Gefühl eines unverschuldeten und ungerechten Zurückgesetztwerdens wird als Deprivation bezeichnet. Die empirischen Befunde deuten darauf hin, dass bei Rechtsextremen vor allem eine »relative« und keine »absolute« Deprivation aufzufinden ist. Das heißt: Ein Statusverlust mitsamt ökonomischen, sozialen und emotionalen Folgen wird von Rechtsextremen antizipiert und gefürchtet, ist bei ihnen aber meist keineswegs eingetreten. Allenfalls reklamieren Rechtsextreme einen höheren Status für sich, als sie gegenwärtig innehaben. Als fremd oder feindlich markierten Gruppen wird unterstellt, die Ordnung zu zerstören und dadurch für den eigenen drohenden Statusverlust verantwortlich zu sein. »Fremde« würden systematisch bevorteilt, während man selbst um die Ansprüche, die man habe, betrogen werde.

Der Soziologe Wilhelm Heitmeyer hat in seinen Studien ab den 1990er-Jahren den Rechtsextremismus – verstanden als Kombination aus Gruppenbezogener Menschenfeindlichkeit und Gewaltaffirmation – ebenfalls als ein Krisenreaktionsmuster erklärt. Er griff dabei auf Konzepte des Soziologen Ulrich Beck zurück, der analysierte, dass sich die Bundesrepublik seit der Mitte der 1980er-Jahre in einem Übergang von einer Industrie- zu einer »Risikogesellschaft« befinde. Modernisierung und Globalisierung verursachten eine Individualisierung, Enttraditionalisierung und eine Pluralisierung von Lebensstilen. Daraus resultiere ein relatives Mehr an individuellen Entscheidungsmöglichkeiten, was jedoch eine »riskante Freiheit« sei. Heitmeyer machte vor dem Hintergrund der rechtsextremen Jugendgewalt der 1990er-Jahre mit der Modernisierung einhergehende Individualisierungsprozesse für eine soziale, und politische Desintegration verantwortlich. Traditionelle Agenturen der gesellschaftlichen Einbindung und Partizipation – Kirchen, Familien, Parteien und ähnliches – verlören an Wirkkraft und hinterließen eine Lücke. Den davon betroffenen Personen gehe Orientierung und Halt verloren. Die dadurch verursachte Unsicherheit führe zur Suche nach neuen Gewissheiten. Opfern der Modernisierung könne sich der Rechtsextremismus anbieten und ihnen den Wiedergewinn von Stabilität, Bindung und Handlungsmacht versprechen. Als Antwort auf den Flexibilisierungszwang der Globalisierung formuliere er eine voraussetzungslose Zugehörigkeit auf Grundlage von Ethnie und Nation. Kritisch gegen den – mit der Zeit mehrmals abgewandelten – Ansatz von Heitmeyer wurde unter anderem angeführt, dass dieser einer Entschuldigung der Rechtsextremen das Wort rede: Täterinnen und Täter würden zu Opfern der Globalisierung erklärt.

Die Entsolidarisierung, die ein durch die Globalisierung entfesselter Kapitalismus hervorbringe, werde von Rechtsextremen im Kern inhaltlich gar nicht abgelehnt, sondern im Sinne eines »Rechts des Stärkeren« bejaht und geteilt. Zudem überschätze Heitmeyer die frühere Bindungskraft gesellschaftlicher Agenturen und hinterfrage deren Struktur nicht kritisch. In empirischen Untersuchungen konnten nicht alle Annahmen Heitmeyers bestätigt werden. Rechte Gewalttäterinnen und -täter stammten beispielsweise keineswegs überproportional häufig aus zerrütteten Familien. Sie hatten auch keine überdurchschnittlich häufigen Desintegrationserfahrungen wie Entlassungen oder Schulabbrüche erlebt und gehörten nicht vorrangig zu Milieus, die vom Rückzug traditioneller Stabilisierungsagenturen wie Kirchen oder Gewerkschaften geprägt waren.

GEGENMASSNAHMEN

Vom Rechtsextremismus gehen große Gefahren aus. Er greift demokratische Institutionen an und stellt die Grundlagen des gesellschaftlichen Zusammenlebens infrage. Für ganze Bevölkerungsgruppen stellen Rechtsextreme eine konkrete Bedrohung von Leib und Leben dar. Dem Rechtsextremismus in allen seinen Ausprägungen entgegenzutreten ist darum eine elementare Herausforderung der deutschen Gegenwart – und auch der Zukunft. Sie zu meistern kann nicht gelingen, indem man sie ignoriert, kleinredet oder versucht, ihre Bewältigung zu delegieren. Es handelt sich um eine komplexe, gesamtgesellschaftliche Aufgabe. Dazu gehört es auch, Grenzen zu ziehen und den Rechtsextremen aufzuzeigen: bis hierhin und nicht weiter.

Dass die Einflussmöglichkeiten des Rechtsextremismus in der deutschen Nachkriegsgesellschaft insgesamt beschränkt blieben, ist zu einem großen Anteil ein Verdienst des politischen Widerstandes, der ihm gesellschaftlich entgegengebracht wurde. Immer wieder haben sich Menschen den rechtsextremen Aktivitäten entgegengestellt. Direkt nach dem Zweiten Weltkrieg gründeten sich lokale Zusammenschlüsse ehemaliger Widerstandskämpferinnen und -kämpfer und die weiterhin existente »Vereinigung der politischen Gefangenen und Verfolgten des Nazi-Systems« (VVN, inzwischen VVN-BdA) wurde ins Leben gerufen.

1959 und 1960 wurden im Westen Deutschlands und in West-Berlin massenhaft Hakenkreuze und antisemitische Parolen geschmiert – eine offene Kampfansage, die sich insbesondere gegen jüdische Überlebende des Nationalsozialismus richtete. Berliner Jugendliche organisierten im Januar 1960 einen Protestzug gegen diese rechten Provokationen, an dem 40 000 Menschen teilnahmen. Als Geste der Solidarität und einer unversöhnlichen Ablehnung neuer nationalsozialistischer Tendenzen ging von dieser Demonstration eine ungeheure symbolische Wirkung aus. Die in den 1960er-Jahren einem politischen Durchbruch zustrebende NPD wurde auch durch den zivilen Widerstand in ihre Schranken gewiesen. Dass das Tun einer rechtsextremen Partei keine unwidersprochene Normalität sein darf, machten die Proteste am Rand der NPD-Veranstaltungen deutlich. In der DDR waren es die Angehörigen von Oppositionsgruppen und dissidenten Jugendkulturen, etwa aus der Punkszene, die gegen das staatoffizielle Verleugnen der dort vorhandenen rechtsextremen Tendenzen mit hohem persönlichem Risiko protestierten. Gegen den rasant ansteigenden Rassismus und Nationalismus nach 1989 gingen im vereinigten Deutschland Tausende auf die Straße. Jugendliche aus migrantischen Communitys schlossen sich zusammen, um einen Selbstschutz zu leisten. Angehörige von Antifagruppen, Mitglieder von Gewerkschaften und Kirchengemeinden versuchten angesichts einer nur zurückhaltend oder gar nicht einschreitenden Polizei teilweise unter dem Einsatz ihrer Körper, einen Schutz von Flüchtlingsunterkünften zu gewährleisten.

Staatlicherseits wurden in Reaktion auf die rechte Gewalt der frühen 1990er-Jahre von den jeweiligen Bundesregierungen mehrjährige Förderprogramme aufgelegt, um die Bekämpfung und Prävention von Rechtsextremismus, Jugendgewalt und anderen Phänomenen jenseits der repressiven Bearbeitung durch Behörden wie Verfassungsschutz und Polizei zu fördern. Die Bemühungen wurden nach dem von Bundeskanzler Gerhard Schröder im Jahr 2000 ausgerufenen »Aufstand der Anständigen« ausgebaut. Die Erfolgsbilanz der einzelnen Projekte fiel gemischt aus. Die akzeptierende Jugendarbeit mit rechtsextremen Jugendlichen im ersten Bundesprogramm »Aktionsprogramm gegen Aggression und Gewalt« (1992–1996) beispielsweise wurde vielfach und zu Recht kritisiert, weil sie in manchen Orten faktisch eine Verstetigung der rechtsextremen Subkulturen bewirkte. Mit dem »Civitas«-Programm (2001–2006) fand ein Umdenken statt, indem die Stärkung der demokratischen Kräfte in der Zivilgesellschaft und der Schutz potenziell Betroffener in den Mittelpunkt der Aufmerksamkeit gerückt wurde. Dieser gesellschaftspolitische Ansatz hat weiter Bestand. Zudem wurde die Konzentration auf den eng gefassten Rechtsextremismus gelockert und ein breiteres Verständnis der Förderung von Teilhabe und Gleichberechtigung sowie die Verringerung von gesellschaftlichen Ausgrenzungsmechanismen in den Aufgabenkatalog der Programme aufgenommen. Das seit 2015 laufende Bundesprogramm »Demokratie leben« adressiert ein breites Themenspektrum »von Rechtsextremismus über Antisemitismus, Homosexuellen- und Transfeindlichkeit, islamistischen Extremismus, Islam- und Muslimfeindlichkeit sowie Antiziganismus bis zu linkem Extremismus«.

Trotz mancher Schwächen haben die Programme eine positive Wirkung gezeigt. Im Rahmen der Bundesprogramme ist eine Infrastruktur aufgebaut worden, die grundlegende Angebote mit dem Ziel der Rechtsextremismuseindämmung macht. Flächendeckend existieren »Mobile Beratungen«, die Gemeinwesen, Kommunen und Engagierte im Themenfeld unterstützen (www.bundesverband-mobile-beratung.de). Für Betroffene rechter, rassistischer und antisemitischer Gewalttaten stehen professionelle Beratungsstellen zur Verfügung (www.verband-brg.de). Bislang verharren diese erfolgreichen Einrichtungen allerdings im Projektstatus. Sie werden nicht dauerhaft gefördert, sondern müssen vor jedem Förderzyklus um ihre Weiterfinanzierung bangen. Forderungen nach einer Verstetigung mithilfe eines Demokratieförderungsgesetzes ist bislang nicht entsprochen worden. Ende 2020 wurde von der Bundesregierung ein Maßnahmenpaket vorgestellt, das vorsieht, bis 2024 eine hohe Gesamtsumme von 1,15 Milliarden Euro in die Förderung von Demokratie und die Bekämpfung von Rechtsextremismus und Rassismus zu investieren. Die insgesamt 89 Maßnahmen sollen auf mehrere Ministerien und Behörden verteilt werden und beinhalten unter anderem Forschungsvorhaben, die Förderung von Diversität im öffentlichen Dienst, Kooperationen von Behörden, themenspezifische Weiterbildungen und Instrumente zur Diskriminierungsbekämpfung. Allerdings wurde das Paket bis dato nur teilweise umgesetzt.

Ein Kernbereich der Arbeit gegen den Rechtsextremismus stellt – auch jenseits von Bundesprogrammen – die außerschulische Bildungsarbeit dar. Angebote werden von Einrichtungen wie der »Bundeszentrale für politische Bildung« bis hin zu kleinen lokalen Initiativen gemacht. Einen wichtigen Beitrag leisten Institutionen wie Gedenkstätten oder das »Anne Frank Zentrum« (Berlin) und die »Bildungsstätte Anne Frank« (Frankfurt am Main), die historisches Wissen vermitteln und Verbindungen zwischen Geschichte und Gegenwart herstellen.

Zu einem Rückgrat des zivilgesellschaftlichen Engagements gegen den Rechtsextremismus ist die 1998 gegründete private »Amadeu Antonio Stiftung« geworden, die nach einem der ersten Todesopfer rechtextremer Gewalt nach der Wiedervereinigung benannt ist. Basisarbeit in ihren jeweiligen Kommunen leisten ehrenamtliche Initiativen, die anlassbezogen oder kontinuierlich tätig sind und sehr unterschiedliche Profile haben – von ausgesprochen bürgerlichen »Runden Tischen gegen rechts« bis zu jugendlichen und dezidiert linken und manchmal linksradikalen Antifagruppen. Erfreulich viele gesellschaftliche Organisationen wie Sozial- und Sportverbände, Gewerkschaften oder Kirchen haben spezialisierte Arbeitsgruppen eingerichtet, die rechtsextremen Tendenzen (auch in der eigenen Mitgliedschaft) entgegenzuwirken versuchen. Im Bereich der Jugendkulturen ist seit 2006 die Initiative »Kein Bock auf Nazis« aktiv, die Jugendliche zum Engagement einlädt und dafür mit Bands wie »Die Ärzte« kooperiert. Eine neue Entwicklung ist die verstärkte Aktivität und größere Sichtbarkeit von migrantischen und schwarzen Selbstorganisationen, die sich im Zuge der »Black lives Matter«-Proteste zusammenfinden und lautstark gleiche Rechte einfordern.

Eine fundierte und kritische Befassung mit dem Rechtsextremismus wird von nichtstaatlichen Institutionen wie dem Berliner »Antifaschistischen Pressearchiv und Bildungszentrum« ermöglicht, deren Expertisen unter anderem in die kritische Begleitung des NSU-Strafprozesses des Netzwerkes »NSU Watch« einflossen. Aktuelle Meldungen und Analysen zum Themenfeld sind in Internetmedien wie dem »Störungsmelder« (einem Projekt von »Zeit Online«), »Belltower News« (bei der »Amadeu Antonio Stiftung« angesiedelt) und dem Jusos-nahen Dienst »Endstation Rechts« zu finden. Als »Fachmagazin für Migration« bietet das »Migazin« (www.migazin.de) eine aktuelle Berichterstattung, die auch Rechtsextremismus und Rassismus berührt. Die »Neuen deutschen Medienmacher*innen« – ein »bundesweites Netzwerk von Journalist:innen mit und ohne internationale Geschichte« – betreiben eine Vielzahl von Projekten, die »mehr Vielfalt, Repräsentation und Bewusstsein, weniger Diskriminierung und ausschließende Strukturen« in der deutschen Gesellschaft erreichen wollen (https://neuemedienmacher.de/projekte).

Den Rechtsextremismus zurückzudrängen ist in erster Linie ein Abwehrkampf. Den Einsatz für positive Ziele kann dieser Kampf nicht ersetzen. Es geht so simpel wie fundamental um den Schutz der Voraussetzungen für eine freie, offene und inklusive Gesellschaft, für Demokratie und ein menschliches Miteinander. Trotz Rückschlägen und Schwierigkeiten, trotz seiner fraglos fortbestehenden Existenzbedingungen und trotz der Destruktivität, die der Rechtsextremismus entfaltet: Es braucht einen langen Atem, doch die Breite und Größe der Gegenkräfte und die Kreativität und Vielfalt derjenigen, die sich ihm entgegenstellen, geben Anlass für einen vorsichtigen Optimismus.

WEITERFÜHRENDE LITERATUR

Überblick

Armin Pfahl-Traughber: Rechtsextremismus in Deutschland. Eine kritische Bestandsaufnahme. Wiesbaden 2019.

Samuel Salzborn: Rechtsextremismus. Erscheinungsformen und Erklärungsansätze. Bonn 2015.

Richard Stöss: Rechtsextremismus im Wandel. Bonn 2010.

Matthias Quent: Deutschland rechts außen. München 2019.

Fabian Virchow, Martin Langebach, Alexander Häusler (Hg.): Handbuch Rechtsextremismus. Wiesbaden 2016.

Begriff und Konzepte

Michael Minkenberg: Demokratie und Desintegration. Der politikwissenschaftliche Forschungsstand zu Rechtsradikalismus, Fremdenfeindlichkeit und Gewalt. Berlin 2005.

Karin Priester: Rechter und linker Populismus. Annäherung an ein Chamäleon. Frankfurt am Main 2012.

Geschichte

Gideon Botsch: Die extreme Rechte in der Bundesrepublik Deutschland 1949 bis heute. Bonn 2012.

Hans-Gerd Jaschke, Peter Dudek: Entstehung und Entwicklung des Rechtsextremismus in der Bundesrepublik (2 Bde.). Opladen 1984.

Norbert Frei, Franka Maubach, Christina Morina, Maik Tändler: Zur rechten Zeit. Wider die Rückkehr des Nationalismus. Berlin 2019.

Bernd Wagner: Rechtsradikalismus in der Spät-DDR. Zur militant-nazistischen Radikalisierung. Berlin 2014.

Geschlecht

Ursula Birsl: Rechtsextremismus und Gender. Opladen 2011.

Robert Claus, Esther Lehnert, Yves Müller (Hg.): »Was ein rechter Mann ist …« Männlichkeiten im Rechtsextremismus. Berlin 2010.

Esther Lehnert, Heike Radvan: Rechtsextreme Frauen in der Gegenwart. Opladen 2016.

Zur AfD

Sebastian Friedrich: Die AfD. Analysen – Hintergründe – Kontroversen. Berlin 2019.

Hajo Funke, Christiane Mudra: Gäriger Haufen. Die AfD: Ressentiments, Regimewechsel und völkische Radikale. Hamburg 2018.

Gudrun Hentges, Christoph Butterwegge, Gerd Wiegel: Rechtspopulisten im Parlament. Polemik, Agitation und Propaganda der AfD. Frankfurt am Main 2018.

Milieus, Jugendgruppen und Kulturgemeinschaften
Maik Baumgärtner, Jesko Wrede: »Wer trägt die schwarze Fahne dort …«: Völkische und neurechte Gruppen im Fahrwasser der Bündischen Jugend heute. Hannover 2009.
Karsten Wilke: Die Hilfsgemeinschaft auf Gegenseitigkeit (HIAG) 1950–1990. Veteranen der Waffen-SS in der Bundesrepublik. Paderborn/Wien 2011.
Dietrich Heither, Michael Gehler, Alexandra Kurth: Blut und Paukboden. Frankfurt 2001.
Samuel Salzborn: Grenzenlose Heimat. Geschichte, Gegenwart und Zukunft der Vertriebenenverbände. Berlin 2000.

Neonazis
Andrea Röpke, Andreas Speit (Hg.): Braune Kameradschaften. Die neuen Netzwerke der militanten Neonazis. Berlin 2004.
Christoph Schulze: Etikettenschwindel. Die Autonomen Nationalisten zwischen Pop und Antimoderne. Marburg 2017.

Jugend- und Subkultur
Robert Claus: Ihr Kampf. Wie Europas extreme Rechte für den Umsturz trainiert. Bielefeld 2020.
Christian Dornbusch, Jan Raabe (Hg.): RechtsRock – Bestandsaufnahme und Gegenstrategien. Hamburg/Münster 2002.

Terrorismus und Gewalt
Stefan Aust, Dirk Laabs: Heimatschutz. Der Staat und die Mordserie des NSU. München 2014.
Kemal Bozay, Bahar Aslan, Orhan Mangitay, Funda Özfirat (Hg.): Die haben gedacht, wir waren das. MigrantInnen über rechten Terror und Rassismus. Köln 2016.
Fabian Virchow: Nicht nur der NSU – Eine kleine Geschichte des Rechtsterrorismus in Deutschland. Erfurt 2020.

Rechtsextreme in Sicherheitsbehörden und Armee
Rafael Behr: Cop Culture – der Alltag des Gewaltmonopols: Männlichkeit, Handlungsmuster und Kultur in der Polizei. Wiesbaden 2008.
Aiko Kempen: Auf dem rechten Weg? Rassisten und Neonazis in der deutschen Polizei. München 2021.
Dirk Laabs: Staatsfeinde in Uniform. Wie militante Rechte unsere Institutionen unterwandern. Berlin 2021.

Publizistik
Helmut Kellershohn (Hg.): »Die Deutsche Stimme« der »Jungen Freiheit«. Lesarten des völkischen Nationalismus in zentralen Publikationen der extremen Rechten. Münster 2013.
Thomas Pfeiffer: Für Volk und Vaterland. Das Mediennetz der Rechten. Berlin 2002.

Netzmilieus
Jean-Philipp Baeck, Andreas Speit (Hg.): Rechte Egoshooter. Von der virtuellen Hetze zum Livestream-Attentat. Berlin 2020.
Maik Fielitz, Holger Marcks: Digitaler Faschismus. Die sozialen Medien als Motor des Rechtsextremismus. Berlin 2020.

Verschwörungsdenken
Katharina Nocun, Pia Lamberty: Fake Facts. Wie Verschwörungstheorien unser Denken bestimmen. Köln 2020.
Matthias Meisner, Heike Kleffner (Hg.): Fehlender Mindestabstand: Die Coronakrise und die Netzwerke der Demokratiefeinde. Freiburg 2021.

»Reichsbürger«

Jan Rathje: Reichsbürger, Selbstverwalter und Souveränisten. Vom Wahn des bedrohten Deutschen. Münster 2017.

Andreas Speit (Hg.): Reichsbürger. Die unterschätzte Gefahr. Berlin 2017.

Dirk Wilking (Hg.): »Reichsbürger«. Ein Handbuch. Potsdam 2017.

Neue Rechte

Julian Bruns, Kathrin Glösel, Natascha Strobl: Die Identitären. Handbuch zur Jugendbewegung der Neuen Rechten in Europa. Münster 2014.

Margret Feit: Die »Neue Rechte« in der Bundesrepublik. Organisation. Ideologie. Strategie. Frankfurt am Main 1989.

Volker Weiß: Die Autoritäre Revolte. Die Neue Rechte und der Untergang des Abendlandes. Stuttgart 2017.

Kampagnen und Strategien

Stephan Braun, Alexander Geisler, Martin Gerster: Strategien der extremen Rechten. Hintergründe – Analysen – Antworten. Wiesbaden 2016.

Lars Geiges, Stine Marg, Franz Walter: Pegida. Die schmutzige Seite der Zivilgesellschaft? Bielefeld 2015.

Helmut Kellershohn, Wolfgang Kastrup (Hg.): Kulturkampf von rechts. AfD, Pegida und die Neue Rechte. Münster 2016.

Juliane Lang, Ulrich Peters (Hg.): Antifeminismus in Bewegung – Aktuelle Debatten um Geschlecht und sexuelle Vielfalt. Hamburg 2018.

Martin Langebach, Michael Sturm (Hg.): Erinnerungsorte der extremen Rechten. Wiesbaden 2015.

Deborah Lipstadt: Betrifft: Leugnen des Holocaust. Zürich 2006.

Verbreitung

Oliver Decker, Elmar Brähler (Hg.): Autoritäre Dynamiken. Alte Ressentiments – neue Radikalität. Gießen 2020.

Wilhelm Heitmeyer: Deutsche Zustände. Folgen 1–10. Frankfurt am Main / Berlin 2002–2011.

Andreas Zick, Beate Küpper, Wilhelm Berghan: Verlorene Mitte – Feindselige Zustände. Bonn 2019.

Internationale Dimension

Cas Mudde: Rechtsaußen. Extreme und radikale Rechte in der heutigen Politik weltweit. Bonn 2020.

Bibliografische Information der Deutschen Nationalbibliothek
Die Deutsche Nationalbibliothek verzeichnet diese Publikation in der Deutschen Nationalbibliografie; detaillierte bibliografische Daten sind im Internet über http://dnb.d-nb.de abrufbar.

Lektorat: Stefan Gücklhorn
Umschlaggestaltung: Karina Bertagnolli, Wiesbaden & Anja Carrà, Weimar
Bildnachweis: Demonstration vor dem Tatort des Mordanschlags von Solingen vom 29. Mai 1993, © picture alliance / Jochen Eckel | Jochen Eckel
Satz und Bearbeitung: SATZstudio Josef Pieper, Bedburg-Hau
Der Titel wurde in der Times New Roman gesetzt.
Gesamtherstellung: CPI books GmbH, Leck – Germany

ISBN: 978-3-7374-1180-6

Mehr über Ideen, Autoren und Programm des Verlags finden Sie auf www.verlagshausroemerweg.de und in Ihrer Buchhandlung.

»Ich weiß nicht, was werden soll, wenn es noch mehr werden, die so eine menschenverachtende Ideologie haben. Ich weiß nur, was ich gesehen habe. Und ich weiß, was dann kommen wird.«

Esther Bejarano

»Wir müssen sie entdecken,
wir müssen sie enthüllen.
Wir müssen ihre Schandtaten
und ihre Lügen aufzeigen.
Die Menschen müssen aufwachen und sehen, welche
Gefahr von diesen Faschisten
wieder auf uns zukommt.
Wir müssen ihnen das
Handwerk legen.«

Shlomo Lewin